Harper
Collins

Zum Buch:

Die 16-jährige Nujeen Mustafa leidet an Zerebralparese, die sie schon früh an den Rollstuhl fesselte. Im Jahr 2014 begannen in ihrer Geburtsstadt Kobane heftige Auseinandersetzungen zwischen ISIS-Kämpfern und von den USA unterstützten kurdischen Streitkräften. Als ihre Tante und ihr Onkel vom IS ermordet wurden, flohen Nujeen und ihre Schwester aus Aleppo zuerst über die Grenze in die Türkei und dann weiter nach Europa. Derzeit leben sie in Deutschland.

„Außergewöhnlich! Die Angst, die Erschöpfung und die Niedergeschlagenheit sind auf jeder Seite greifbar."

The Times

Zur Autorin:

Christina Lamb ist eine mehrfach preisgekrönte Journalistin der Sunday Times. Sie wurde bereits fünfmal von der BBC bei den British Press Awards zur „Auslandskorrespondentin des Jahres" gewählt. 2009 wurde sie mit dem renommierten Prix Bayeux Calvados für ihre Berichterstattung aus Afghanistan ausgezeichnet und gewann zahllose Preise, u.a. für ihre Berichterstattung über den Krieg gegen den Terrorismus. Sie ist die Co-Autorin des internationalen Bestsellers „Ich bin Malala", über die junge Pakistanerin, die 2014 den Friedensnobelpreis bekam.

Nujeen Mustafa
mit Christina Lamb

Nujeen – Flucht in die Freiheit

Im Rollstuhl von Aleppo nach Deutschland

Aus dem Englischen von
Friedrich Pflüger und Wolfram Ströle

Harper
Collins

HarperCollins®

FSC
MIX
Papier
FSC® C014496

1. Auflage: Oktober 2018
Ungekürzte Ausgabe im HarperCollins Taschenbuch

Originaltitel: „Nujeen: One Girl's Incredible Journey
From War-torn Syria In A Wheelchair"
Erschienen bei: William Collins, London

Published by arrangement with
HarperCollins *Publishers*, London

Umschlaggestaltung: HarperCollins Germany/Deborah Kuschel, Artwork
HarperCollins *Publishers* Ltd 2017
Umschlagabbildung: STR/AFP/Getty Images
Lektorat: Maya Gause
Satz: GGP Media GmbH, Pößneck
Printed in Germany
Dieses Buch wurde auf FSC®-zertifiziertem Papier gedruckt.
ISBN 978-3-95967-262-7

www.harpercollins.de

INHALT

PROLOG

Die Überfahrt *9*

TEIL EINS

Ein Land verlieren Syrien 1999–2014 *19*

1 Fremd im eigenen Land *23*
2 Die Mauern von Aleppo *36*
3 Fernsehen *48*
4 Tage des Zorns *58*
5 Eine geteilte Stadt *73*
6 Alles in Trümmern *89*
7 Vom Winde verweht *103*
8 Verzeih mir, Syrien *115*

TEIL ZWEI

Die Reise Europa, August – September 2015 *125*

9 Erweitern Sie Ihre Welt *129*
10 Auf der Suche nach einem Schleuser *143*
11 Die Todesroute *155*
12 Frei wie ein ganz normaler Mensch *166*
13 Durch das schöne Tor *179*
14 Ungarn, öffne die Tür! *192*
15 Der härteste Tag *205*
16 Durch die Heidi-Berge *221*
17 Danke, Mama Merkel *232*

TEIL DREI

Ein normales Leben Deutschland 2015 *247*

18 Fremd im fremden Land *251*
19 Endlich Schülerin *261*
20 Ein schreckliches Neujahr *268*
21 Ein Ort namens Zuhause *273*

Danksagung *291*
Meine Reise *295*

„Ich sehe die Erde! Sie ist so wunderschön!“

JURI GAGARIN,
DER ERSTE MENSCH IM WELTALL,
1961

PROLOG

DIE ÜBERFAHRT

Behramkale, Türkei, 2. September 2015

Vom Strand aus konnten wir die Insel Lesbos sehen – und Europa. Auf beiden Seiten erstreckte sich das Meer, so weit das Auge reichte, und es war nicht stürmisch, sondern ruhig, nur mit ganz kleinen Schaumkronen gesprenkelt, die aussahen, als würden sie auf den Wellen tanzen. Die Insel stieg wie ein felsiger Brotlaib aus dem Wasser und schien gar nicht so weit entfernt. Aber die grauen Schlauchboote waren klein und lagen tief im Wasser, beschwert mit so vielen Menschenleben, wie die Schleuser darauf hatten unterbringen können.

Ich sah das Meer zum ersten Mal, wie es überhaupt das erste Mal für alles war – die Reise im Flugzeug und im Zug, den Abschied von meinen Eltern, den Aufenthalt im Hotel und jetzt die Fahrt in einem Boot! In Aleppo hatte ich kaum je unsere Wohnung im fünften Stock verlassen.

Von unseren Vorgängern hatten wir gehört, dass ein Boot mit einem funktionierenden Motor an einem schönen Sommertag wie diesem für die Überfahrt über den Meeresarm nur eine gute Stunde brauche. Der Weg von der Türkei nach Griechenland war an dieser Stelle besonders kurz – er betrug nur zwölf Kilometer. Das Problem war, dass die

Motoren oft alt und billig waren und mit Ladungen von fünfzig bis sechzig Menschen ihre Mühe hatten, deshalb dauerte die Überfahrt drei oder vier Stunden. In regnerischen Nächten mit drei Meter hohen Wellen, die die Boote wie Spielzeug hin und her warfen, schafften sie es manchmal überhaupt nicht, und die hoffnungsvolle Reise endete in einem nassen Grab.

Der Strand war nicht sandig, wie ich ihn mir vorgestellt hatte, sondern mit Kies bedeckt – unmöglich für meinen Rollstuhl. Dass wir am richtigen Ort für die Überfahrt waren, sahen wir an einem zerrissenen Karton mit der Aufschrift „Schlauchboot, Made in China, max. 15 Personen" und einer Spur zurückgelassener Habseligkeiten, die sich wie Flüchtlingsstrandgut über das Ufer zogen. Da lagen Zahnbürsten, Windeln und leere Kekspackungen, herrenlose Rucksäcke und jede Menge Kleider und Schuhe. Jeans und T-Shirts waren weggeworfen worden, weil es auf dem Boot dafür keinen Platz gab und die Schleuser dafür sorgten, dass ihre Passagiere mit so wenig Gepäck wie möglich reisten. Ein Paar graue hochhackige Pantoletten mit flauschigen schwarzen Bommeln – wer nahm so etwas auf eine solche Reise mit? Eine kleine pinkfarbene Kindersandale mit einer Plastikrose, der Blinkschuh eines Jungen und ein großer grauer Teddybär mit nur noch einem Auge. Wie schwer mochte es seinem Besitzer gefallen sein, ihn zurückzulassen! Die vielen Sachen verwandelten den schönen Strand in eine Müllkippe, was mich traurig machte.

Der Minibus des Schleusers hatte uns an der Küstenstraße abgesetzt und wir hatten die Nacht in einem Olivenhain verbracht. Von dort mussten wir noch anderthalb

Kilometer zum Strand hinuntergehen. Das klingt vielleicht nach nicht viel, ist aber sehr weit für einen Rollstuhl auf holprigem Boden, wenn nur die Schwester einen schiebt und die türkische Sonne sengend auf einen herunterbrennt und einem den Schweiß in die Augen treibt. Es gab auch eine Straße, die im Zickzack hangabwärts führte. Sie zu benutzen wäre viel bequemer gewesen, aber das durften wir nicht, weil uns sonst vielleicht die türkische Gendarmerie gesehen und verhaftet und in ein Flüchtlingslager gebracht oder sogar zurückgeschickt hätte.

Ich reiste mit zwei meiner vier älteren Schwestern – mit Nahda, die sich aber auch um ihr Baby und drei weitere kleine Mädchen kümmern musste, und der mir am nächsten stehenden Nasrine, die sich immer um mich kümmert und so schön ist wie ihr Name, der Name einer weißen Rose, die in den Bergen Kurdistans wächst. Außerdem begleiteten uns ein Cousin und zwei Cousinen, deren Eltern – meine Tante und mein Onkel – im Juni zu einer Beerdigung nach Kobane gefahren und dort von Heckenschützen des Daesch erschossen worden waren. An diesen Tag will ich gar nicht denken.

Der Weg war holprig und meine Schwester zog den Rollstuhl leider rückwärts, sodass ich landeinwärts blickte und das Meer nur ab und zu sah. Es war leuchtend blau. Blau ist meine Lieblingsfarbe, denn es ist die Farbe von Gottes Planeten Erde. Alle schwitzten furchtbar und waren angespannt. Der Rollstuhl war für mich zu groß. Ich umklammerte die Armlehnen so fest, dass mir die Arme wehtaten, und mein Hintern war vom vielen Holpern wund, aber ich sagte nichts.

Wie bei allen Orten, durch die wir bisher gekommen waren, erzählte ich meinen Schwestern Dinge, über die ich mich vor der Abreise informiert hatte. Auf dem Berg über uns lag zu meiner Begeisterung die antike Stadt Assos mit der Ruine eines Athenatempels. Aristoteles hatte einst dort gelebt und seine Philosophenschule gegründet. Von dort oben konnte er den Wechsel von Ebbe und Flut beobachten und die Theorie seines früheren Lehrers Platon anfechten, nach der die Gezeiten von Flüssen verursachte Strömungen seien. Später griffen die Perser die Stadt an und die Philosophen mussten fliehen. Aristoteles wurde schließlich in Mazedonien der Lehrer des jungen Alexander, den man „den Großen" nannte. Der Apostel Paulus kam auf der Reise von Lesbos nach Syrien ebenfalls durch Assos. Meine Schwestern schien das wie immer nicht besonders zu interessieren.

Schließlich gab ich auf und sah zu, wie die Möwen sich von den thermischen Winden tragen ließen und hoch am leuchtend blauen Himmel mit lautem Geschrei ihre eleganten Schleifen zogen. Wie sehr ich mir doch wünschte, ich könnte fliegen. Nicht einmal Astronauten können das.

Nasrine sah immer wieder auf das Smartphone, das unser Bruder Mustafa uns für die Reise gekauft hatte, damit wir auf Google Maps auch wirklich den Koordinaten folgten, die der Schleuser uns gegeben hatte. Als wir dann schließlich zur Küste kamen, stellte sich trotzdem heraus, dass es nicht die richtige Stelle war. Jeder Schleuser hat eine bestimmte Stelle – wir hatten uns bunte Stoffstreifen um die Handgelenke gebunden, um uns auszuweisen –, und wir waren an der falschen Stelle herausgekommen.

Wir mussten nicht mehr weit gehen, doch kurz vor unserem Ziel versperrte eine senkrechte Felswand den Weg. Der kürzeste Weg darum herum führte durch das Wasser, aber schwimmen konnten wir natürlich nicht. Also mussten wir einen weiteren zerklüfteten Hang hinauf und wieder hinunter steigen, um die richtige Stelle am Strand zu erreichen. Dieser Hang war die Hölle. Wenn man ausrutschte und ins Meer fiel, war man auf jeden Fall tot. Und der Weg war so steinig, dass man mich weder schieben noch ziehen konnte, sondern tragen musste. Meine Cousinen verspotteten mich: „Du bist die Königin, Königin Nujeen!"

Als wir endlich am richtigen Strand ankamen, ging die Sonne in einer Explosion von Pink und Purpur unter, als hätte eine meiner kleinen Nichten den Himmel mit Buntstiften vollgemalt. Von den Hängen über uns hörte ich das leise Bimmeln der Ziegenglocken.

Die Nacht verbrachten wir im Olivenhain. Nach Sonnenuntergang fiel die Temperatur plötzlich und der Boden war hart und steinig, obwohl Nasrine alle unsere Kleider um mich ausbreitete. Aber ich war schrecklich müde, weil ich noch nie in meinem Leben so viel Zeit draußen verbracht hatte, und schlief den größten Teil der Nacht. Feuer konnten wir nicht machen, weil uns dann womöglich die Polizei bemerkt hätte. Einige deckten sich mit den Kartons der Schlauchboote zu. Ich kam mir vor wie in einem Film, in dem eine Gruppe zelten geht und etwas Schreckliches passiert.

Das Frühstück bestand aus Würfelzucker und Nutella, was vielleicht verlockend klingt, aber armselig ist, wenn man sonst nichts hat. Die Schleuser hatten versprochen, dass wir am frühen Morgen abfahren würden, deshalb standen wir in der Morgendämmerung alle mit unseren Schwimmwesten am Strand bereit. Die Handys hatten wir zum Schutz während der Überfahrt in Partyballons gesteckt, ein Trick, den man uns in Izmir gezeigt hatte.

Am Strand warteten noch verschiedene andere Gruppen. Wir hatten jeder fünfzehnhundert Dollar gezahlt statt der üblichen tausend, um ein Boot nur für unsere Familie zu bekommen, doch es sah so aus, als würden noch andere bei uns mitfahren. Insgesamt waren wir 38 Personen – 27 Erwachsene und 11 Kinder. Aber jetzt, da wir hier waren, konnten wir nichts dagegen tun. Umkehren ging nicht, und außerdem hieß es, wer es sich anders überlegte, würde von den Schleusern mit Messern und Viehtreibern zum Einlenken gebracht.

Der Himmel war wolkenlos und aus der Nähe sah ich, dass das Meer nicht nur eine Farbe hatte, nicht nur das einheitliche Blau der Bilder und meiner Fantasie. Nahe am Strand war es leuchtend türkis und weiter draußen tiefer blau. Dann wurde es immer dunkler, zuerst grau und vor der Insel dann blauviolett.

Ich kannte das Meer nur aus den Dokumentarfilmen von *National Geographic* und kam mir jetzt vor wie in einem dieser Filme. Ich war ganz aufgekratzt und verstand nicht, warum die anderen so nervös waren. Für mich war es das größte Abenteuer!

Andere Kinder liefen über den Strand und sammelten verschiedenfarbige Kiesel. Ein kleiner afghanischer Junge schenkte mir einen Kiesel in Gestalt einer Taube, flach und grau und von einer weißen Marmorader durchzogen. Er fühlte sich kühl an und das Meer hatte ihn ganz glatt geschliffen. Ich habe manchmal Schwierigkeiten, Dinge mit meinen ungeschickten Fingern zu halten, aber diesen Stein ließ ich nicht fallen.

In unserer Gruppe waren Menschen, die wie wir aus Syrien kamen, aber auch welche aus dem Irak, aus Marokko und Afghanistan. Sie unterhielten sich in einer Sprache, die wir nicht verstanden. Einige tauschten Erlebnisse aus, aber die meisten sagten nicht viel. Das brauchten sie auch gar nicht. Wenn jemand alles zurücklässt, was er kennt und sich in seiner Heimat aufgebaut hat, um eine so gefährliche und ungewisse Reise anzutreten, dann muss es schlimm stehen.

Der Morgen brach an und wir sahen zu, wie die ersten Boote abfuhren. Zwei fuhren mehr oder weniger gerade hinaus, aber zwei andere fuhren in ganz verschiedene Richtungen. Die Boote hatten keinen Steuermann – die Schleuser ließen einen Flüchtling zum halben Preis reisen, wenn er dafür das Boot steuerte, auch wenn er keinerlei Erfahrung damit hatte. „Ein Boot fährt sich genauso wie ein Motorrad“, behaupteten die Schleuser. Mein Onkel Ahmed sollte unser Boot fahren. Das hatte er vermutlich auch noch nie getan, weil wir nie am Meer waren und er in seinem alten Beruf Handys verkauft hatte, aber er versicherte uns, er kenne sich aus.

Wir hatten gehört, dass einige Flüchtlinge Vollgas geben, um so schnell wie möglich nach Griechenland zu kommen, und dann auf halber Strecke mit Motorschaden liegen bleiben. Manchmal hat der Motor auch nicht genügend Sprit. Dann sammelt einen die türkische Küstenwache ein und bringt einen zurück. Im Café Sinbad in Izmir haben wir eine Familie aus Aleppo kennengelernt, die die Überfahrt schon sechs Mal versucht hatte. Dafür hätte unser Geld nicht gereicht.

Gegen neun Uhr rief Onkel Ahmed den Schleuser an, aber der sagte, wir müssten noch warten, bis die Küstenwache weg sei. „Wir haben den falschen Schleuser genommen“, sagte Nasrine. Ich machte mir Sorgen, man könnte uns wieder übers Ohr gehauen haben.

Wir hatten nicht mit einem so langen Aufenthalt gerechnet und bekamen bald Hunger und Durst, was angesichts des vielen Wassers vor uns paradox war. Meine Cousinen brachen auf, um nach Wasser für mich und die Kinder zu suchen, aber in der Nähe gab es keins.

Es wurde immer heißer. Der Schleuser kam zwar mit Schlauchbooten für uns und die anderen Gruppen, sagte aber, wir könnten erst aufbrechen, wenn die Küstenwache Schichtwechsel hätte. Die marokkanischen Männer waren halb nackt und begannen zu singen. Der Nachmittag kam und die Wellen wurden höher und schlugen klatschend auf den Strand. Keiner von uns wollte nachts fahren, denn wir hatten Geschichten von Piraten auf Jetskiern gehört, die im Dunkeln in die Boote steigen und den Motor und die Wertsachen der Flüchtlinge stehlen.

Um fünf nachmittags hieß es endlich, die Küstenwache habe Schichtwechsel und das könnten wir zur Abfahrt nutzen. Ich blickte wieder auf das Meer. Es war dunstig geworden und das Geschrei der Möwen klang nicht mehr so fröhlich. Über der felsigen Insel lag ein dunkler Schatten. Einige nennen die Überfahrt an dieser Stelle *rihlat al-moot*, Todesroute. Entweder sie führte uns nach Europa oder sie verschlang uns. Ich hatte zum ersten Mal Angst.

Zu Hause habe ich auf *National Geographic* oft eine Serie namens *Brain Games* gesehen, die zeigte, wie man Angst und Panik in Gedanken kontrollieren kann. Ich begann also tief ein- und auszuatmen und sagte mir immer wieder, ich sei stark.

TEIL EINS

EIN LAND VERLIEREN
SYRIEN 1999–2014

„Die Flüchtlinge sind keine Zahlen, sie sind Personen … Und als solche müssen sie behandelt werden.“

PAPST FRANZISKUS, 16. APRIL 2016

1

FREMD IM EIGENEN LAND

Ich sammle weder Briefmarken noch Münzen noch Fußballkarten – aber dafür Fakten. Mich interessiert alles, was mit Physik und dem Weltraum zu tun hat, besonders die Stringtheorie. Auch Historisches finde ich spannend, zum Beispiel, was man über Dynastien wie die Romanows weiß. Und über umstrittene Persönlichkeiten wie Howard Hughes und J. Edgar Hoover.

Mein Bruder Mustafa sagt, ich bräuchte nur etwas zu hören und schon wüsste ich es auswendig. Ich kann alle Romanows aufzählen, vom ersten Zar Michael bis zu Nikolaus II., der zusammen mit seiner ganzen Familie einschließlich seiner jüngsten Tochter Anastasia von den Bolschewiken ermordet wurde. Ich kenne das genaue Datum der Thronbesteigung Elizabeths II. von England und die Daten ihrer beiden Geburtstage, des tatsächlichen und des offiziellen. Ich würde sie gerne einmal kennenlernen und fragen, wie es ist, Königin Victoria als Ururgroßmutter zu haben, und ob sie es nicht seltsam findet, dass alle in einem Lied singen, Gott solle sie schützen.

Ich weiß auch, dass Giraffen als einzige Tiere keine Laute von sich geben, weil sie keine Stimmbänder haben. Das fand ich immer besonders interessant, aber dann haben die Leute angefangen, unseren Diktator Baschar al-Assad „die

Giraffe“ zu nennen, weil er einen langen Hals hat.

Ich weiß auch etwas, das niemandem gefallen dürfte. Wer weiß, dass einer von 113 Menschen auf der Welt heute ein Flüchtling oder Vertriebener ist?

Viele fliehen vor Kriegen wie dem, der unser Land Syrien verwüstet, oder denen im Irak, in Afghanistan und in Libyen. Andere laufen vor Terroristen in Pakistan und Somalia weg oder vor der Verfolgung durch die Mullah-Regimes im Iran und in Ägypten. Wieder andere flüchten vor der Diktatur in Gambia, vor der Zwangsrekrutierung in Eritrea und vor Hunger und Armut in afrikanischen Ländern, die ich noch nicht mal von der Landkarte her kenne.

Im Fernsehen sagen die Reporter immer wieder, der Menschenstrom aus dem Nahen Osten, Nordafrika und Zentralasien nach Europa stelle die größte Flüchtlingskrise seit dem Zweiten Weltkrieg dar. 2015 sind über 1,2 Millionen Flüchtlinge nach Europa gekommen. Ich war einer davon.

Ich hasse das Wort „refugee“ mehr als jedes andere Wort der englischen Sprache. Das deutsche „Flüchtling“ klingt genauso abweisend. Gemeint ist damit doch ein Bürger zweiter Klasse mit einer Nummer auf dem Handrücken oder auf einem Armband, der niemandem willkommen ist.

Im Jahr 2015 wurde ich zu einem Faktum, einer Zahl in einer Statistik. Sosehr ich Fakten mag – wir sind keine Zahlen, sondern Menschen mit einer Geschichte. Was ich hier aufschreibe, ist meine Geschichte.

Ich heiße Nujeen. Das bedeutet „neues Leben“, und dieses neue Leben war eigentlich gar nicht geplant. Meine Eltern hatten schon vier Jungen und vier Mädchen, und als ich sechsundzwanzig Jahre nach meinem ältesten Bruder Shiar am Neujahrstag 1999 geboren wurde, waren einige schon verheiratet und das jüngste Kind, Nasrine, war neun. Deshalb dachten alle, die Familienplanung sei längst abgeschlossen.

Meine Mutter wäre bei meiner Geburt fast gestorben und war danach so geschwächt, dass im Grunde meine älteste Schwester Jamila mich versorgte. Sie war für mich immer meine zweite Mutter. Anfangs waren alle glücklich über das Baby im Haus, aber dann hörte ich nicht auf zu weinen und zu schreien. Beruhigen konnte man mich nur mit einem Kassettenrekorder, der *Alexis Sorbas* spielte, aber das machte die anderen fast genauso wahnsinnig wie mein Geschrei.

Wir lebten in einer staubigen, verwahrlosten Wüstenstadt namens Manbidsch in Nordsyrien, unweit der türkischen Grenze und etwa dreißig Kilometer westlich des Euphrat und der Tischrin-Talsperre, die uns mit Strom versorgte.

Meine früheste Erinnerung ist das Rascheln des Kleids meiner Mutter – eines hellen Kaftans, der ihr bis zu den Knöcheln reichte. Sie hatte lange Haare und wir nannten sie Ayee und meinen Vater Yaba, beides keine arabischen Wörter. Das Erste, was man über mich wissen sollte, ist, dass ich Kurdin bin.

Wir waren eine von fünf kurdischen Familien in einer überwiegend arabischen Stadt. Die Araber waren zwar Beduinen, sahen aber auf uns herab und nannten unser Wohngebiet „Hügel der Ausländer“. In der Schule und in den Geschäften mussten wir ihre Sprache sprechen, die kurdische Sprache Kurmandschi verwendeten wir nur zu Hause. Für meine Eltern, die kein Arabisch sprachen und weder lesen noch schreiben konnten, war das sehr hart. Auch mein ältester Bruder Shiar litt darunter. Die anderen Kinder in der Schule machten sich über ihn lustig, weil er kein Arabisch konnte.

Es geht in Manbidsch sehr traditionell zu und die Vorschriften des Islam werden streng eingehalten. Meine Brüder mussten deshalb in die Moschee gehen, und wenn Ayee im Basar einkaufen wollte, musste einer von ihnen oder mein Vater sie begleiten. Wir sind Muslime, aber nicht so strenggläubig. In der höheren Schule trugen meine Schwestern und Cousinen als einzige Mädchen kein Kopftuch.

Unsere Familie war aufgrund einer Fehde mit einem benachbarten Dorf aus unserem kurdischen Dorf südlich der Stadt Kobane weggezogen. Wir Kurden sind in Stämme gegliedert und meine Familie gehört dem großen Stamm Kori Beg an, der von dem berühmten kurdischen Widerstandskämpfer Kori Beg abstammt. Damit dürften fast alle Kurden mit uns verwandt sein. Die Bewohner des Nachbardorfs waren auch Kori Beg, aber ein anderer Clan. Zum Streit mit ihnen kam es lange vor meiner Geburt, aber wir alle kannten die Geschichte. Beide Dörfer besaßen Schafe, und eines Tages ließen einige Hirtenjungen aus dem anderen Dorf ihre Herde auf unseren Wiesen weiden. Darüber kam es zum Kampf mit unseren Hirtenjungen. Kurze Zeit später gingen einige unserer Verwandten zu einer Beerdigung in das andere Dorf. Unterwegs wurden sie von zwei Männern des anderen Dorfes beschossen. Als unsere Leute das Feuer erwiderten, wurde einer der beiden Männer getötet. Die anderen schworen Rache und wir mussten fliehen. So kamen wir nach Manbidsch.

Die Menschen wissen nicht viel über die Kurden. Manchmal kommt es mir geradezu so vor, als seien wir dem Rest der Welt vollkommen unbekannt. Wir sind ein stolzes Volk mit einer eigenen Sprache, eigenen Speisen, einer eigenen Kultur und einer langen Geschichte, die zweitausend Jahre zurückreicht bis zu unserer ersten Erwähnung als Kurti. Wir sind rund dreißig Millionen Menschen, hatten aber nie ein eigenes Land. Damit sind wir das größte staatenlose Volk der Welt.

Wir, das heißt die Kurden, hofften auf ein eigenes Land, als die Briten und Franzosen das besiegte Osmanische Reich nach dem Ersten Weltkrieg aufteilten, genauso wie die Araber glaubten, sie würden die ihnen nach dem Arabischen Aufstand versprochene Unabhängigkeit erlangen. Die Alliierten unterzeichneten 1920 sogar ein Abkommen, den sogenannten Vertrag von Sèvres, der die Autonomie für Kurdistan vorsah.

Doch der neue türkische Anführer Kemal Atatürk, der sein Land in die Unabhängigkeit geführt hatte, weigerte sich, den Vertrag anzuerkennen. Und dann wurde in Mossul, das zu Kurdistan gehört hätte, Öl entdeckt. – Der Vertrag wurde nie ratifiziert.

Außerdem hatten zwei Diplomaten, der Brite Mark Sykes und der Franzose Georges Picot, bereits ein Geheimabkommen unterzeichnet, das den Nahen Osten zwischen Frankreich und Großbritannien aufteilte und die modernen Staaten Irak, Syrien und Libanon schuf. Damit blieben die Araber unter kolonialer Herrschaft. Die neuen Grenzen, die entlang einer schnurgeraden Linie vom irakischen Kirkuk bis nach Haifa in den Sand gezeichnet wurden, nahmen kaum Rücksicht auf Stammes- und ethnische Zugehörigkeiten, und wir Kurden wurden auf vier Länder verteilt, in denen die Lebensweisen ganz anders waren als in unserem Volk.

Heute leben etwa die Hälfte der Kurden in der Türkei. Ein weiterer Teil lebt im Irak, ein Teil im Iran. Etwa zwei Millionen leben in Syrien und stellen dort die größte Minorität, rund fünfzehn Prozent. Obwohl wir verschiedene Dialekte sprechen, kann ich doch einen Kurden von jedem anderen Menschen der Welt unterscheiden, zum einen aufgrund der Sprache, zum anderen aber auch aufgrund des Aussehens. Einige von uns leben in Städten wie Istanbul, Teheran und Aleppo, die meisten aber in den Bergen und auf den Hochebenen im Grenzgebiet von Türkei, Syrien, Irak und Iran.

Da wir von Feinden umringt sind, müssen wir stark sein. Unser kurdischer Shakespeare Ehmedê Xanî schrieb im 17. Jahrhundert: „Diese Türken und Perser lassen sie nicht in Ruhe. Die Kurden sind in vier Ecken, auf beiden Seiten befinden sich die kurdischen Stämme. Mit ihren mörderischen Pfeilen haben sie sich gegenseitig ins Ziel genommen."

Yaba glaubt, dass es eines Tages ein Kurdistan geben wird, vielleicht noch zu meinen Lebzeiten. „Wer eine Geschichte hat, hat auch eine Zukunft", sagt er immer.

Komisch ist, dass viele berühmte „arabische" Helden Kurden sind, was aber niemand zugibt. Zum Beispiel Saladin, der die Kreuzfahrer zurückgeschlagen und die Europäer aus Jerusalem vertrieben hat, oder Yusuf al-Azma, der 1920 mit den syrischen Truppen gegen die französischen

Besatzer kämpfte und in der Schlacht fiel. In der Empfangshalle von Assads Palast hängt ein riesiges Gemälde von Saladin und seiner arabischen Armee und es gibt bei uns viele Statuen von Yusuf al-Azma und nach ihm benannte Plätze, aber ihre kurdische Abstammung wird nirgends erwähnt.

Stattdessen nennt das syrische Regime uns „ajanib", Fremde, obwohl wir schon vor den Kreuzfahrern hier gelebt haben. Viele syrische Kurden haben keine Ausweise, aber ohne diese orangefarbenen Karten darf man kein Grundstück kaufen, nicht im Staatsdienst arbeiten, nicht wählen und seine Kinder nicht auf weiterführende Schulen schicken.

In der Türkei haben die Kurden wahrscheinlich die größten Schwierigkeiten. Atatürk führte eine sogenannte Türkisierung durch und die Kurden werden dort nicht einmal als Volk anerkannt, sondern Bergtürken genannt! Unsere Familie lebt auf beiden Seiten der Grenze und eine Tante von mir, die in der Türkei zu Hause war, sagte, sie sei sogar gezwungen gewesen, ihrem Sohn keinen kurdischen, sondern einen türkischen Namen zu geben, und habe ihn deshalb Orhan genannt. Nasrine hat sie einmal besucht und erzählt, dass man dort nicht Kurdisch spricht und ihre Tante das Radio ausschaltete, wenn Nasrine anfing, kurdische Musik zu spielen.

Wir Kurden haben ein eigenes Alphabet, das die Türkei aber nicht anerkennt. Bis vor Kurzem konnte man noch verhaftet werden, wenn man die Buchstaben Q, W und X verwendete, die es im Türkischen nicht gibt. Man stelle sich das vor: Wegen eines Konsonanten konnte man ins Gefängnis kommen!

Bei uns sagt man: „Kurden haben nur in den Bergen Freunde." Wir lieben die Berge und glauben, dass wir von Kindern abstammen, die sich in den Bergen vor Zuhak versteckt haben, einem bösen Riesen, aus dessen Schultern zwei Schlangen wuchsen, die täglich mit dem Gehirn eines Jungen gefüttert werden mussten. Ein schlauer Schmied namens Kawa, der seine Söhne nicht verlieren wollte, gab den Schlangen stattdessen die Gehirne von Schafen zu fressen und versteckte die Jungen, bis er eine Armee zusammenhatte, mit der er den Riesen töten konnte.

Wenn Kurden unter sich sind, erzählen sie einander immer Geschichten. Die berühmteste ist eine kurdische Version von *Romeo und Julia* namens *Mem und Zin.* Auf einer Insel herrscht ein Fürst, der zwei schöne Schwestern hat, die er einsperrt. Eine davon heißt Zin. Eines Tages entkommen Zin und ihre Schwester und gehen als Männer verkleidet zu einem Fest. Dort lernen sie zwei gut aussehende Musketiere kennen. Einer davon ist Mem. Schwestern und Musketiere verlieben sich ineinander. Nach einigen weiteren Verwicklungen endet die Geschichte damit, dass Mem eingesperrt und getötet wird und Zin vor Kummer am Grab des Geliebten stirbt. Sogar nach dem Tod sind sie noch getrennt, weil zwischen ihnen ein Dornbusch aus dem Boden wächst. Die Geschichte beginnt mit den Worten: „Wenn nur unter uns Eintracht wäre, wenn wir alle einem von uns folgen würden, könnte er alle Türken, Araber und Perser zu Vasallen machen." Für viele Kurden symbolisiert das unseren Kampf um ein eigenes Land: Mem repräsentiert das kurdische Volk und Zin das Land Kurdistan, das durch unglückliche Umstände zerrissen ist.

Manche halten die Geschichte für wahr und sagen, dass es sogar ein Grab gibt, das man besuchen kann.

Ich habe die Geschichte als Kind immer wieder gehört, aber ich mag sie eigentlich nicht. Sie ist sehr lang und sie kommt mir auch ziemlich unwahrscheinlich vor. Ich fand *Die Schöne und das Biest* viel besser, weil es hier um etwas Gutes geht, um die Liebe, die sich auf innere, charakterliche Werte richtet und nicht auf die äußere Erscheinung.

Bevor mein Vater Yaba alt und müde wurde, nicht mehr arbeitete und nur noch rauchte und darüber schimpfte, dass seine Söhne nicht in die Moschee gingen, hatte er mit Schafen und Ziegen gehandelt. Er hatte fünfundzwanzig Hektar Land, auf denen er die Tiere hielt wie vor ihm sein Vater, eine Tradition, die bis zu meinem siebten Großvater zurückreicht, der Kamele und Schafe hatte.

Meine älteren Geschwister erzählen, dass mein Vater anfangs immer nur eine Ziege auf dem Samstagsmarkt erwarb und in der folgenden Woche anderswo mit einem kleinen Gewinn wieder verkaufte. Mit der Zeit wurde daraus eine Herde von zweihundert Schafen. Viel verdienen konnte man damit vermutlich nicht, denn unser Haus hatte nur zwei Zimmer und einen Hof mit einer kleinen Küche, die für so viele Leute viel zu eng war. Aber mein ältester Bruder Shiar schickte Geld, und davon bauten wir ein weiteres Zimmer, in dem Ayees Nähmaschine stand und ich spielte, wenn niemand hinsah. Wenn wir keine Gäste hatten, schlief ich dort auch gemeinsam mit ihr.

Shiar lebt in Deutschland und ist Filmregisseur. Er hat einen Film mit dem Titel *Mes – Lauf!* gedreht über einen verrückten alten Mann, der ständig durch eine kurdische Kleinstadt in der Südtürkei läuft. Der Mann freundet sich mit einem armen Jungen an, der Kaugummis verkauft, aber dann übernimmt das türkische Militär die Herrschaft. Der Film hat in der Türkei für Empörung gesorgt, weil der alte Kurde einen türkischen Offizier schlägt. Einige meinten, das dürfe nicht gezeigt werden. Als ob sie den Unterschied zwischen einem Film und dem wirklichen Leben nicht kennen würden!

Ich kannte Shiar nicht, denn er hatte Syrien schon 1990, lange vor meiner Geburt, im Alter von siebzehn Jahren verlassen, um nicht zur Armee eingezogen zu werden und im Golfkrieg im Irak kämpfen zu müssen. Wir Kurden durften in Syrien nicht studieren und bekamen keine Anstellung im Staatsdienst, aber in der Armee und der Baath-Partei waren wir willkommen. Alle Schulkinder sollten in die Partei eintreten, aber Shiar weigerte sich, und als man ihn und einen anderen Jungen zur Aufnahme ins Parteibüro bringen wollte, konnte er entkommen. Er hatte immer davon geträumt, Filmregisseur zu werden, was merkwürdig ist, denn es gab in unserem Haus in Manbidsch, in dem er aufwuchs, nicht einmal einen Fernseher, nur ein Radio, weil die religiösen Menschen Fernsehen ablehnten. Mit zwölf nahm er zusammen mit Klassenkameraden eine eigene Hörspielreihe auf, und er nutzte jede Gelegenheit, um bei anderen Leuten fernzusehen. Irgendwie brachte unsere Familie viertausendfünfhundert Dollar auf, um für ihn in Damaskus einen falschen irakischen Pass zu kaufen. Dieses Dokument in Händen, flog er zum Studium nach Moskau. Er blieb allerdings nicht lange in Russland, sondern ging nach Holland und bekam dort Asyl. Weil es nicht viele kurdische Filmemacher gibt, ist er bei uns berühmt, aber wir durften nicht von ihm sprechen, weil das Regime seine Filme nicht mag.

In unserem Familienstammbaum sind nur Männer verzeichnet, aber nicht Shiar, damit niemand ihn mit uns in Verbindung brachte, denn dadurch hätten wir in Schwierigkeiten kommen können. Warum Frauen nicht aufgeführt sind, verstand ich nicht.

Ayee war Analphabetin. Meinen Vater hatte sie mit dreizehn geheiratet; sie war also, als sie so alt war wie ich jetzt, schon vier Jahre verheiratet und hatte einen Sohn. Aber sie nähte alle unsere Kleider, weiß von jedem Land der Welt, wo es liegt, und findet von jedem beliebigen Ort nach Hause zurück. Außerdem kann sie gut Dinge zusammenzählen; sie merkte immer, wenn die Händler auf dem Basar sie übers Ohr hauen wollten. In unserer Familie können alle gut rechnen außer mir. Mein Großvater mütterlicherseits war wegen Waffenbesitzes von den Franzosen eingesperrt worden. Er hatte die Zelle mit einem gebildeten Mann geteilt und bei ihm lesen gelernt. Daran nahm sich Ayee ein Beispiel für uns: Sie wollte, dass wir zur Schule gingen. Ihre älteste Tochter Jamila hatte die Schule mit zwölf verlassen, weil Mädchen in unserem Stamm traditionell nicht länger zur Schule gehen, sondern zu Hause bleiben und den Haushalt führen. Aber meine anderen Schwestern Nahda, Nahra und Nasrine gingen alle genauso wie meine Brüder Shiar, Farhad, Mustafa und Bland zur Schule. Ein kurdisches Sprichwort sagt: „Löwe ist Löwe, egal ob Mann oder Frau.“ Yaba sagte, sie könnten bis zu den Abschlussprüfungen bleiben.

Morgens saß ich immer auf der Türstufe und sah ihnen nach, wenn sie ihre Ranzen schwingend und mit Freunden oder Freundinnen plaudernd aufbrachen. Die Tür war mein Lieblingsplatz. Ich spielte dort im Sand und sah die Menschen kommen und gehen. Vor allem wartete ich auf eine bestimmte Person – den Salep-Mann. Wer Salep nicht kennt: Es ist eine Art Smoothie aus Milch, die mit dem Pulver der Wurzelknollen einer Bergorchidee angedickt und mit Rosenwasser oder Zimt gewürzt wird. Salep wird aus einem kleinen Aluminiumbehälter in einen Becher geschöpft und schmeckt köstlich. Ich wusste immer, wann der Salep-Mann kam, weil aus dem Gettoblaster an seinem Karren Koranverse kamen und nicht Musik wie bei den anderen Straßenhändlern.

Es war einsam, wenn alle gegangen waren, nur Yaba rauchte und ließ seine Gebetskette klacken, wenn er nicht zu seinen Schafen ging. Rechts vom Haus, zwischen uns und dem Nachbarhaus, in dem mein Onkel und mein Cousin und meine Cousinen wohnten, wuchs eine hohe Zypresse, die dunkel und Furcht einflößend war. Und unser Dach war immer von Straßenhunden und streunenden Katzen bevölkert, vor denen ich Angst hatte, weil ich nicht weglaufen konnte, wenn sie mich bedrängten. Ich mag keine Hunde und Katzen und überhaupt nichts, was schnell laufen kann. Es gab da eine Familie weißer Katzen mit orangefarbenen Flecken, die alle anfauchten, die in ihre Nähe kamen. Die hasste ich ganz besonders.

Nur in warmen Sommernächten war ich gern auf dem Dach. Wir schliefen dann dort und die Dunkelheit hüllte uns ein wie ein Handschuh und es wehte eine frische Brise, die über der Wüste abgekühlt war. Ich lag gern auf dem Rücken und blickte zu den Sternen hinauf, von denen es so viele gab und die sich wie ein funkelnder Weg endlos in die Ferne erstreckten. Damals träumte ich zum ersten Mal davon, Astronautin zu werden, weil man im Weltraum schwebt und die Beine keine Rolle spielen.

Lustig ist übrigens, dass man im Weltraum nicht weinen kann. Weil es dort keine Schwerkraft gibt, laufen die Tränen nicht hinunter wie auf der Erde, sondern sammeln sich in den Augen, bilden eine flüssige Kugel und breiten sich wie eine seltsame Wucherung vor dem restlichen Gesicht aus. Also Vorsicht!

2

DIE MAUERN VON ALEPPO

Aleppo, Syrien, 2003–2008

Die Menschen haben mich immer mit anderen Augen gesehen als meine Schwestern. Die sind so hübsch, besonders Nasrine mit ihren langen mahagonibraun glänzenden Haaren und der hellen Haut, auf der sich ein paar Sommersprossen bilden, wenn die Sonne scheint. Aber ich, ich sehe arabischer aus, habe große, vorstehende Schneidezähne und verdrehe die Augen und schiele und die Brille rutscht mir ständig von der Nase. Und das ist noch nicht alles.

Vielleicht weil Ayee schon etwas älter war, als sie mich bekam, nämlich vierundvierzig, wurde ich zu früh geboren – nämlich um vierzig Tage, genauso lang, wie bei den Christen der Prophet Jesus vor seiner Kreuzigung in der Wüste gefastet hat. Mein Gehirn bekam nicht genügend Sauerstoff und kam irgendwie aus dem Gleichgewicht. Es sendet nicht die richtigen Signale an meine Beine, die deshalb ein eigenes Leben führen. Sie strampeln, wenn ich spreche, meine Knöchel gehen nach innen, meine Zehen zeigen nach unten und meine Fersen nach oben und ich kann nicht gehen. Es sieht so aus, als müsste ich immer auf Zehenspitzen gehen. Und meine Finger biegen sich nach außen statt nach innen, wenn ich nicht aufpasse. Im Grunde verhalten sich meine Gliedmaßen wie chinesische Glücksfische, die sich zusammenkrümmen und die man dann nicht mehr gerade kriegt.

Als ich nicht anfing zu laufen wie andere Kinder, gingen meine Eltern mit mir zum Arzt. Der sagte, dass in meinem Gehirn eine Verbindung fehle, die sich aber bis spätestens fünf noch bilden würde, und dann würde ich laufen, vorausgesetzt, ich bekäme genügend Eiweiß und Kalzium. Meine Mutter gab mir jede Menge Eier zu essen und verabreichte mir Vitaminspritzen, aber meine Beine wollten trotzdem nicht laufen. Wir gingen zu vielen Ärzten. Mein Bruder Shiar rief aus Deutschland an und nannte meinen Eltern einen Spezialisten in Aleppo, zu dem sie mich bringen sollten. Der Spezialist legte mich in eine Maschine, die aussah wie ein Sarg aus Kunststoff, und machte ein Kernspintomogramm. Anschließend sagte er, ich hätte eine Gleichgewichtsstörung, eine Form der Zerebralparese. Ich verstand nicht, was diese langen Wörter bedeuteten, merkte aber, dass sie Ayee und Yaba Angst machten. Der Arzt sagte, ich müsste operiert werden und bräuchte Krankengymnastik.

Weil Manbidsch so schmutzig und verwahrlost war und vielleicht auch wegen der vielen Katzen und Hunde hatte ich oft so schlimmes Asthma, dass ich nach Luft schnappte, bis ich im Gesicht blau anlief.

Als ich vier war, zogen wir deshalb nach Aleppo, wo ich medizinische Hilfe bekam und meine Schwester Nahda und mein Bruder Bland studieren konnten. Nahda war so intelligent, dass sie in Manbidsch die beste Schülerin war und als erste Frau in unserer Familie die Universität besuchte. Sie studierte Jura und ich dachte, dass sie vielleicht eine berühmte Anwältin würde.

Aleppo ist ein geschichtsträchtiger Ort – einige sagen, es sei die älteste heute noch bewohnte Stadt der Welt – und die größte Stadt Syriens. Man bekommt dort alles. Wir wohnten in einem höher gelegenen kurdischen Viertel namens Scheich Maksud im Nordwesten, mit Blick über die ganze Stadt mit ihren hellen steinernen Gebäuden, die in der Spätnachmittagssonne rosafarben wie Mandelblüten leuchteten. In der Mitte lag auf einem Hügel die Zitadelle, die seit vielleicht tausend Jahren über Aleppo wachte.

Unser neues Zuhause war eine Wohnung im fünften Stock des Hauses Nummer 19 in einer Straße namens George al-Aswad, benannt nach einem Christen, dem das Land früher gehört hatte – rund zehn Prozent der Bevölkerung waren Christen und der christliche Friedhof lag ganz in der Nähe. Es gefiel mir dort besser als in Manbidsch, weil keine Katzen und Hunde auf dem Dach Lärm machten und es keinen unheimlich dunklen Baum gab, vor dem ich mich unter der Decke verstecken musste. Außerdem war es größer. Es hatte vier Zimmer, ein Badezimmer und zwei Balkone, von denen aus man die ganze Welt vorbeispazieren sehen konnte. Meine Mutter fühlte sich auch wohler, weil in der Umgebung so viele Kurden wohnten. Und am besten war, dass die Wohnung ein Wohnzimmer hatte, in dem wir fernsehen konnten.

Meine Brüder Shiar und Farhad lebten beide im Ausland, Mustafa blieb in Manbidsch. Er betrieb dort eine Firma, die Brunnen grub, ein einträgliches Geschäft, da wir in einer Dürrezeit lebten. Anfangs wohnten alle meine Schwestern bei uns in Aleppo, aber dann heirateten Jamila, Nahda und Nahra nacheinander (und ich musste jedes Mal weinen). Als nach Jamilas Hochzeit in Aleppo die Leute zu uns nach Hause kamen, um dem Brautpaar zu gratulieren, saß ich auf dem Sofa und starrte unseren Cousin Mohammed finster an, den Jamila geheiratet hatte. Jamila konnte gelegentlich aufbrausend sein wie eine Windbö, vor allem wenn jemand sich in ihre Haushaltsführung einmischte, aber sie hatte sich um uns alle gekümmert.

Zuletzt waren nur noch Bland, Nasrine und ich übrig. Bland schlief im Fernsehzimmer zusammen mit Ayee und mir – und Mustafa, wenn er bei uns war –, Nasrine hatte eine kleine Kammer für sich.

Unser Wohngebäude hatte sechs Stockwerke, aber die Etage über uns war baufällig, deshalb wohnten wir praktisch ganz oben. Die anderen Bewohner waren ebenfalls Kurden, aber aus anderen Städten. Unsere Nachbarn auf demselben Stock hatten Kinder – vier Mädchen namens Parwen, Nermin, Hemrin und Tallin und einen Jungen namens Kawa, das Nesthäkchen. Ich mochte sie, aber wenn wir spielten, fühlte ich mich ihnen immer unterlegen. Sie rannten oft vor mir davon und lachten, wenn ich auf meine seltsame Art hinter ihnen herhoppelte. Ich sah mit meinen Zähnen aus wie ein Kaninchen und bewegte mich auch wie eins mit meinen seltsamen Sprüngen. Eine andere Familie zwei Stockwerke tiefer hatte eine Schildkröte als Haustier, die sie mir hochbrachte. Wenn die anderen Kinder wegrannten, hielt ich sie gern auf dem Schoß und sah sie mir an. In der Welt der Kinder fühlte ich mich nicht wohl und auch nicht willkommen.

Mein Ersatz für den entgangenen Spaß war das Fernsehen. Ich sah mir alles an, angefangen mit Zeichentrickfilmen und Disney-DVDs. Meine Familie war fußballbegeistert, viele Spiele sahen wir uns gemeinsam an. Dann, als ich acht war und wir eine Satellitenschüssel bekamen, schaute ich Dokumentarfilme zu Themen aus Geschichte und Naturwissenschaften. Und viel später, als wir einen Computer hatten, entdeckte ich Google und begann, alle Informationen zu sammeln, die ich kriegen konnte. Danke, Sergey Brin! – Ich würde dich gern eines Tages kennenlernen.

Zunächst ging ich in ein physiotherapeutisches Behandlungszentrum, das sich „Bruderschaft“ nannte. Untergebracht war es in einem traditionellen syrischen Wohnhaus mit einem großen Innenhof mit Schaukeln und einem Brunnen gleich am Eingang. Einen Aufzug gab es nicht, ich musste mich am Geländer die Treppe hinaufziehen.

Die Therapeuten lächelten freundlich, aber dann musste ich schwierige Dinge machen wie Gleichgewichtsübungen auf einem Gummiball. Sie schnallten mich auch mit Bändern um die Hüften und an meinen Beinen hinunter an ein Gerät, mit dessen Hilfe ich lernen sollte, gerade zu stehen. Es sah aus, als stammte es aus einer Folterkammer von Assad.

Ich sollte zweimal wöchentlich zur Therapie in die Bruderschaft gehen, aber ich hatte ständig Asthmaanfälle und kam so oft ins Krankenhaus, dass die Ärzte mich dort schon kannten. Die Anfälle schienen immer mitten in der Nacht zu kommen und manchmal bekam ich so wenig Luft, dass Ayee fürchtete, ich würde sterben. Meine liebe

Schwester Jamila tröstete und beruhigte mich immer, und nach ihrer Hochzeit und ihrem Auszug von zu Hause taten das Bland und Nasrine.

Alles Mögliche konnte einen Anfall auslösen. Am schlimmsten war Rauch – in Syrien rauchen so gut wie alle Männer und auch einige Frauen. In unserer Wohnung durfte niemand rauchen, aber ich konnte sogar den Rauch vom Erdgeschoss riechen. Außerdem schienen die Anfälle immer an Feiertagen zu kommen – ich verbrachte vier Opferfeste im Krankenhaus.

In meinem Land gibt es kaum Einrichtungen für Behinderte und die Asthmaanfälle kamen so oft, dass ich nicht zur Schule gehen konnte. Meine dritte Schwester Nahra konnte aufgrund zu schlechter Noten nicht studieren und war deshalb bis zu ihrer Heirat ebenfalls zu Hause. Sie war zwar sehr auf ihr Äußeres bedacht und interessierte sich viel mehr als meine anderen Schwestern für alles, was mit Kosmetik zu tun hatte – ständig mussten wir auf sie warten, bis sie im Bad fertig war –, aber sie vertrat auch die Ansicht, meine Behinderung sei keine Entschuldigung dafür, nichts zu lernen. Und so brachte sie mir, seitdem ich sechs war, lesen und schreiben auf Arabisch bei. Sie ließ mich immer wieder denselben Satz schreiben, bis das Blatt voll und ich halb wahnsinnig war.

Ich lernte rasch. Nasrine staubte in der örtlichen Schule Lehrbücher für mich ab, die ich dann in nur wenigen Wochen durcharbeitete. Als ich erst lesen konnte, bestand meine Welt aus Büchern, Fernsehen und Auf-dem-Balkon-Sitzen. Von dort konnte ich zwischen den Pflanzen hindurch über die anderen Dächer mit der im Wind flatternden Wäsche, den Satellitenschüsseln und den Wassertanks sehen. Dahinter ragten bleistiftdünn die Minarette auf, von denen fünfmal am Tag zum Gebet gerufen wurde und die abends in magisch grünes Licht getaucht waren. Meine Aufmerksamkeit galt aber überwiegend unserer Straße. Sie war auf beiden Seiten von Wohnblocks wie unserem gesäumt – die einzigen Läden waren ein Lebensmittelgeschäft und ein Laden, der Fußballtrikots verkaufte. Die Straße war nicht übermäßig belebt. Gelegentlich fuhr ein hupendes Auto oder Motorrad hindurch und jeden Morgen schob ein Mann seinen Karren entlang, der Gasflaschen zum Heizen und Kochen verkaufte. Er war vermutlich Christ, denn aus der Spieluhr, die er dabeihatte, kamen Weihnachtslieder.

An seinem Karren hingen außerdem auch die allgegenwärtigen Bilder unseres Diktators Baschar al-Assad. In unserem Teil der Welt pflegen die Staatschefs den Personenkult. Alles wurde nach Assad benannt, immer nur Assad – der Assad-See, die Assad-Akademie und sogar ein Assad-Schreibverein. Auf den Straßen erschienen fast wöchentlich neue Plakate mit Bildern von ihm. Einige zeigten ihn als seriösen Staatsmann, der andere Staatsoberhäupter trifft, andere als Vatergestalt, die lächelt und winkt oder mit einem ihrer Kinder auf dem Rücken Fahrrad fährt. Darunter standen Wohlfühlsprüche wie *Kullna ma'ak* – „Wir sind alle bei euch“. Es hieß, seine Augen seien gefärbt, damit sie noch blauer aussehen. Ich glaube, ich habe mich durch solche Dinge täuschen lassen.

Es gab auch Bilder seines verstorbenen Vaters Hafis, der die Familiendynastie 1970 begründet hatte. Als eins von elf

Kindern aus einer armen Familie stammend, stieg er um die Zeit, in der mein Vater seinen Wehrdienst ableistete, zum Kommandeur der Luftwaffe auf. Dann putschte er sich an die Macht und regierte das Land jahrzehntelang. Die Assads gehörten wie wir einer Minderheit an, den Alawiten, doch waren sie damit Schiiten, während die meisten Syrer wie wir Sunniten sind. Vielleicht zeigten sie deshalb eine so große Unsicherheit, denn sie führten unser Land wie einen Polizeistaat, mit fünfzehn verschiedenen Geheimdiensten. Wer protestierte, wurde eingesperrt oder umgebracht. Hafis überlebte mehrere Anschläge und starb schließlich 2000, im Jahr nach meiner Geburt, eines natürlichen Todes, an einem Herzinfarkt.

Als sein Nachfolger war eigentlich sein ältester Sohn Basil vorgesehen, ein draufgängerischer Armeeoffizier und Reiter. Aber Basil liebte schnelle Autos und verunglückte tödlich, als er irgendwann im Jahr 1994 mit seinem Mercedes auf der Straße zum Flughafen von Damaskus mit überhöhter Geschwindigkeit unterwegs war. Also kam der schmale, schüchterne zweite Sohn Baschar an die Macht, das Muttersöhnchen, wie es hieß. Anfangs waren die Menschen mit ihm sehr zufrieden. Im Unterschied zu seinem Vater, der in der Sowjetunion zum Piloten ausgebildet worden war, durchlief er am Londoner West Eye Hospital seine Klinikzeit als Augenarzt und seine Frau Asma war in Großbritannien geboren. Ihr Vater arbeitet als Kardiologe in London. Wir waren stolz auf unseren gut aussehenden Präsidenten und seine schöne Frau, die die ganze Welt bereisten und sogar die Queen besuchten, und glaubten, sie wären liberaler und würden einiges verändern. Anfangs war es auch so – Baschar ließ viele Hundert politische Gefangene frei, erlaubte politische Debatten unter Intellektuellen und genehmigte die erste unabhängige Zeitung seit Jahrzehnten. Er setzte das Rentenalter in der Armee herab, um die alte Garde seines Vaters loszuwerden. Man sprach schon vom „Damaszener Frühling".

Doch leider kehrte alles innerhalb von zwei Jahren wieder zum Alten zurück, vielleicht aufgrund eben jener alten Garde, die keine Veränderungen mochte. Die Menschen lebten wieder in Angst vor dem Muchabarat, unserem Geheimdienst, und niemand sagte, was er dachte, weil man nie wusste, wer einem zuhörte oder einen beobachtete.

Einer meiner Lieblingssprüche lautet: „Lache, solange du atmest, und liebe, solange du lebst." Ich verstehe nicht, warum man sich im Unglück suhlen sollte, wenn die Welt doch so schön ist. Das ist einer meiner Nujeen-Grundsätze. Ein anderer ist der, dass ich nicht glaube, dass Menschen böse geboren werden, nicht einmal Assad. Das Problem ist, dass er als Kind verwöhnt wurde und dann das Königreich seines Vaters geerbt hat. Die Familie Assad betrachtete uns gleichsam als ihr Eigentum, das sie auf jeden Fall behalten will. Wir sprachen nie über Assad, weder zu Hause noch unter uns. Wir wussten, dass das Regime seine Spitzel überall hat. Die Wände haben Ohren, sagten wir immer, also sei still.

Auch ich war auf der Hut und wusste etwa, wann die Männer am Spätnachmittag von der Arbeit nach Hause kamen, weil sie dann ihre Wasserpfeifen anzündeten. Das süße Aroma des Rauchs stieg zu mir auf und reizte meine anfälligen Lungen. Manchmal, wenn ich die Schatten über die Straße wandern und Gestalten in gewundenen Gassen verschwinden sah, wünschte ich mich an ihre Stelle. Wie es wohl war, sich in einem Gewirr enger Gassen zu verlieren?

Nach Aleppo kommen viele Touristen und alle sagen, wie schön es ist mit seiner mittelalterlichen Zitadelle, der großen Moschee und dem ältesten überdachten Basar der Welt, auf dem Güter der Seidenstraße wie indische Gewürze, chinesische Seide und persische Teppiche verkauft wurden. Da unsere Wohnung so hoch lag, konnte ich, wenn jemand aus meiner Familie mich stützte, abends auf einem beleuchteten Hügel in der Mitte die Zitadelle sehen. Wie ich mir wünschte, ich könnte hingehen und sie mir ansehen. Ich bat meine Mutter, mich hinzubringen, aber das ging wegen der vielen Treppen nicht.

Ich sah immer nur unser Zimmer und die Teile der Wohnung, in die ich mit meinem Kaninchengang gelangen konnte. Meine Familie unternahm Versuche, mit mir nach draußen zu gehen, aber es kostete viel Mühe, weil wir keinen Aufzug hatten. Man musste mich fünf Stockwerke hinuntertragen und die Straßen waren so mit Schlaglöchern übersät, dass sogar ein gesunder Mensch als Fußgänger seine Schwierigkeiten hatte. Der einzige für mich erreichbare Ort war das Haus meines Onkels, weil es in der Nähe lag und einen Aufzug hatte. Mein Interesse am Ausgehen ließ entsprechend nach. Wenn ich einmal ausging, wollte ich nach fünf Minuten schon wieder heim. Man könnte wohl sagen, dass ich mich selbst einsperrte.

Manchmal spürte ich Yabas traurigen Blick auf mir. Er schimpfte nie mit mir, auch nicht, als ich beim Wasserballspielen das Badezimmer flutete, und brachte mir alles, was ich wollte, oder beauftragte meine Brüder damit – ob nun mitten in der Nacht ein Brathähnchen aus dem Restaurant oder den Schokoladen-Kokos-Kuchen, den ich so mochte. Ihm zuliebe versuchte ich, glücklich auszusehen. Nie ließ er mich etwas selbst tun. Nasrine ärgerte das. Wenn ich Durst hatte und etwas zu trinken wollte, bestand mein Vater darauf, dass sie es mir brachte, auch wenn die Flasche nur auf der anderen Seite des Tischs stand. Einmal sah ich sie weinen. „Jetzt sind wir noch da, Yaba", sagte sie. „Aber was tut Nuj, wenn wir alle sterben?"

Das Schlimmste an meiner Behinderung ist, dass ich nicht einfach weggehen und mich irgendwo ungestört ausweinen kann. Man ist nie für sich. Manchmal hat man einfach nur schlechte Laune und will die ganze negative Energie aus sich rausheulen, aber das ging bei mir nicht, weil ich nirgendwohin konnte. Ich war immer von anderen abhängig. Ich versuchte immer zu vermeiden, dass andere mir beim Gehen zusahen. Wenn ich jemanden kennenlernte, erzählte meine Mutter immer das mit meiner Geburt und fügte noch hinzu, wie klug ich sei, als wollte sie sagen: „Seht doch, sie kann zwar nicht gehen, aber geistig ist sie nicht behindert." Ich saß dann nur stumm da und starrte den Fernseher an.

Der Fernseher wurde meine Schule und mein Freund. Ich war immer nur mit Erwachsenen zusammen, zum Beispiel meinen Onkeln, die in der Nähe wohnten. Mit Spielsachen spielte ich nie. Wenn Verwandte zu Besuch kamen, brachten sie Puppen oder Stofftiere mit, die aber alle auf ein Regal wanderten und dort blieben. Mustafa meint, ich sei mit dem Kopf eines Erwachsenen geboren worden. Wenn ich mich mit Gleichaltrigen anfreunden wollte, klappte das nicht. Mein ältester Bruder Shiar hat eine Tochter, Rawan, die anderthalb Jahre jünger ist als ich und uns mit ihrer Mutter ein paar Mal besucht hat. Ich wollte wirklich ihre Freundin sein und habe ihr zuliebe alles getan, selbst die langweiligsten Spiele gespielt oder mich als Model für experimentelle Frisuren zur Verfügung gestellt. Aber sobald jemand auftauchte, der gehen konnte, war ich abserviert. Einmal, als sie fünf war und ich sieben, fragte ich sie, warum sie nicht mit mir spielte. „Weil du nicht gehen kannst", sagte sie. Manchmal hatte ich wirklich das Gefühl, nicht zu den anderen Menschen dazuzugehören.

3

FERNSEHEN

Aleppo, 2008–2010

Nicht nur Fakten mag ich, sondern auch Daten. Am 19. April 1770 zum Beispiel entdeckte James Cook Australien und am 4. September 1998 wurde Google gegründet. Das Datum, das ich am wenigsten mag, ist der 16. März, ein schwarzer Tag in der Geschichte der Kurden. An diesem Tag warfen 1988, in den letzten Tagen des irakisch-iranischen Kriegs, rund zwanzig Kampfflugzeuge Saddam Husseins über der hauptsächlich von Kurden bewohnten Stadt Halabdscha im Nordirak eine tödliche Mischung aus Senfgas und Nervenkampfstoffen ab. Die Stadt war an die Iraner gefallen, die sich mit den Kurden im Ort verbündet hatten, und Saddam wollte sie bestrafen. Wir nennen diesen Tag den „blutigen Freitag". Mehrere Tausend Männer, Frauen und Kinder wurden getötet – wir wissen bis heute nicht genau, wie viele, vielleicht fünftausend – und bei Tausenden schmolz die Haut und sie bekamen nicht mehr richtig Luft. In der Folgezeit wurden viele missgestaltete Kinder geboren.

Unser kurdischer Fernsehsender spielte an diesem Tag jedes Jahr traurige Lieder über Halabdscha und zeigte alte Filmaufnahmen, die mich furchtbar betrübt machten. Es war schrecklich zu sehen, wie nach der Bombardierung der Stadt weiße, schwarze und gelbe Rauchsäulen aufstiegen, wie Menschen schreiend wegrannten und ihre Kinder hinter sich herzogen oder auf den Schultern trugen und wie die Leichen sich türmten. In einem Filmbericht hieß es, das Gas hätte süßlich nach Äpfeln gerochen, und ab da konnte ich keine Äpfel mehr essen. Ich hasse diesen Tag und wünschte, ich könnte ihn aus dem Kalender streichen. Saddam war ein noch schlimmerer Diktator als Assad. Trotzdem unterstützte der Westen ihn jahrelang und versorgte ihn sogar mit Waffen. Manchmal scheint es niemanden zu geben, der die Kurden mag. Unsere Sorgen sind unermesslich.

Der März ist für Kurden die schlimmste und zugleich schönste Zeit, weil wir in diesem Monat Newroz feiern, das alljährliche Fest zum Frühlingsanfang, das wir mit den Persern teilen. Für uns erinnert es auch an den Tag, an dem der böse, Kinder fressende Tyrann Zuhak von dem Schmied Kawa besiegt wurde.

In den Tagen vor Newroz war die Wohnung von himmlischen Essensdüften erfüllt. Ayee und meine Schwestern machten gefüllte Weinblätter mit einer Füllung aus Tomaten, Auberginen, Zucchini und Zwiebeln und mit würzigem Hackfleisch gefüllte Kartoffeln (eine lassen wir immer leer, sie bringt dem Glück, der sie bekommt). Newroz war der einzige Tag im Jahr, an dem ich ausging. Einige Tage vorher schmückten wir wie alle unsere Nachbarn unsere Balkone mit roten, grünen, weißen und gelben Lichtern, den Farben der Flagge von Kurdistan. Am eigentlichen Feiertag zogen wir dann unser Nationalkostüm an und brachen in einem Kleinbus auf.

Dem Regime gefiel das natürlich nicht, deshalb patrouillierten an diesem Tag viele Polizisten auf den Straßen. Man erlaubte das Fest nur, weil man wusste, wie stur wir Kurden sind, und fürchtete, ein Verbot könnte zu Unruhen führen. Trotzdem brauchte man eine offizielle Genehmigung, die schwer zu bekommen war. Und wir durften nicht auf den Straßen feiern, in denen wir wohnten, sondern mussten auf ein ödes Stück Land namens Haql al-rmy am Stadtrand von Aleppo fahren, das die Armee als Schießplatz verwendete, was der Name übersetzt auch bedeutet. Weil der Boden dort steinig ist, nahmen wir eine Menge Teppiche mit, auf denen wir dann während des Picknicks sitzen konnten.

Manchmal hoffte ich, ehrlich gesagt, das Fest würde verboten, weil ich es hasste, hinzugehen. Zum einen waren die fünf Stockwerke nach unten schon fast eine Folter. Und wenn wir dann ankamen, war es wahnsinnig laut und voll und ich saß nicht gern auf dem harten Boden. Es war so unbequem, und ich konnte nicht einmal sehen, wie Leute tanzten, geschweige denn, wie sie zu unseren patriotischen Liedern vorbeimarschierten. Und wir mussten aufpassen, was wir sagten, denn bei den Feierlichkeiten gab es Luftballon-, Zuckerwatte- und Eisverkäufer, von denen es hieß, sie seien Spitzel von Assads Geheimdienst. Wir waren überhaupt immer sehr vorsichtig. Am Abend gab es dann noch ein großes Feuer, um das die Leute tanzten, und Feuerwerk hellte den Himmel auf.

Ungefähr eine Woche später wurden dann die Organisatoren verhaftet, also die Leute, die die Bühne für die Musiker und die Lautsprecheranlage aufgebaut hatten. 2008 erschossen Polizisten drei junge Männer, die in einer kurdischen Stadt Newroz feierten, und manche forderten ein Verbot des Fests. Aber statt den offenen Konflikt mit den Kurden zu riskieren, gab das Regime bekannt, ab jetzt sei an diesem Tag Muttertag und alle Feierlichkeiten würden diesem Tag gelten. Ganz schön trickreich, diese Assads.

Im selben Jahr verpasste ich Newroz, denn die Ärzte wollten meine Achillessehnen verlängern, damit ich die Füße anwinkeln konnte und endlich auch mit den Fersen auf den Boden kam, statt immer nur auf den Zehenspitzen zu stehen. Als ich im Al-Salam-Krankenhaus aufwachte, steckten die unteren Hälften meiner beiden Beine in Gips. Ich hatte das Gefühl, dass meine Füße brannten, und schrie. Ich vermisste meine älteste Schwester, die einfühlsame Jamila, die im Vorjahr geheiratet hatte und weggezogen war. Bland hatte seine Ausbildung beendet und arbeitete als Buchhalter für eine Handelsgesellschaft, Nasrine folgte dem Beispiel meiner Schwester Nahda und studierte an der Universität Aleppo, und zwar Physik. Zwar freute ich mich für sie alle, aber es bedeutete, dass ich jetzt den ganzen Tag mit Ayee und Yaba allein zu Hause war.

Eines Tages, als ich auf dem Teppich auf dem großen Balkon saß, kam Ayee mit meinem Onkel Ali, der eben erst von einem Verwandtenbesuch aus Homs zurückgekehrt war. „Dein Onkel hat dir etwas mitgebracht“, sagte sie. Onkel Ali überreichte mir einen Karton mit Papiertaschentüchern und lachte, als er meine Enttäuschung sah. Ein Karton mit Taschentüchern war doch wirklich kein besonderes Geschenk.

„Schau rein“, sagte er. Das tat ich und zwischen den

Taschentüchern saß eine kleine Schildkröte. Homs war für seine Schildkröten berühmt. Ich war so glücklich, dass ich die Schachtel den ganzen Tag auf dem Schoß hielt. Wie ich es liebte, mit dem Finger über das Muster des gewölbten Panzers zu streichen und zu sehen, wie die Schildkröte ihren kleinen Kopf herausstreckte, der grau und runzlig war wie eine Schlangenhaut und kleine schwarze Knopfaugen hatte. Am ersten Tag bewegte sie sich kaum und ich hatte schreckliche Angst, ich könnte sie verletzt haben, weil ich in meiner Familie berüchtigt dafür war, dass ich alles kaputt machte, was ich anfasste. Auch an den nächsten Tagen sah ich alle zwei Minuten nach, ob sie noch lebte. Wir hielten sie auf dem Balkon, gaben ihr Salatblätter zu essen und nannten sie Sriaa, nach dem arabischen Wort für „schnell", weil sie extrem langsam war, noch langsamer als ich.

Der Einzige, der die Schildkröte nicht mochte, war Yaba. Sie war seiner Meinung nach *haram* oder unislamisch. Ich lachte, aber dann kam der Sommer und wir schliefen draußen auf dem Balkon. Eines Nachts wurden wir alle durch lautes Fluchen geweckt. Die Schildkröte war auf meinen Vater gekrochen und der war daraufhin richtig wütend geworden.

Am folgenden Tag konnte ich Sriaa nirgends finden. Ich suchte sie überall auf dem Balkon und in mir keimte ein schrecklicher Verdacht. Schließlich ging ich zu Yaba.

„Wo ist sie?", wollte ich wissen.

„Ich habe sie weggegeben. Sie soll verkauft werden", sagte er. „So ist es am besten, Nujeen. Es ist grausam, Tiere einzusperren."

„Nein!“, schrie ich. „Die Schildkröte gehört mir, und sie hat sich hier wohlgefühlt. Woher willst du wissen, was jetzt mit ihr passiert?“ Ich heulte mir die Augen aus.

Da mein Vater sie aus religiösen Gründen weggegeben hatte, durfte ich mich natürlich nicht beklagen. Und insgeheim war ich erleichtert. Ich hatte solche Angst gehabt, Sriaa könnte sterben. Wenn man eine Schildkröte am Schwanzende hält, kann sie sterben. Das hätte ich nicht ertragen.

Ohne die Schildkröte und die anderen Kinder des Hauses, die in der Schule waren, blieb mir nur der Fernseher. Dank der Satellitenschüssel hatte plötzlich die ganze Welt Einzug in mein Zimmer gehalten. *National Geographic*, geschichtliche Sendungen, Kunst und Unterhaltung … ich mochte Filme über Geschichte und Tiere. Mein liebstes Tier ist der Löwe, der König des Dschungels – und das unheimlichste der Piranha, der in neunzig Sekunden einen Menschen fressen kann.

Vor allem sah ich Dokumentarfilme. Mein gesamtes Wissen über Außerirdische, das Weltall und Astronauten wie Neil Armstrong und Juri Gagarin stammt aus solchen Filmen. Ich ärgerte mich über Gagarins Äußerung, dass er 1961, als er als erster Mensch die Kármán-Linie ins Weltall überquerte, keine Spur von Gott gesehen habe. Das ist für uns Muslime sehr schlimm. Aber später hieß es in einer anderen Sendung, er habe das gar nicht gesagt. Wir werden doch immer angelogen.

Der Fernseher lief die ganze Zeit. Sein bläuliches Aquariumlicht flackerte Tag und Nacht, bis Ayee oder Mustafa manchmal riefen, ich solle ihn ausschalten, damit sie schlafen könnten. Da ich ja nicht zur Schule ging, sah ich manchmal bis drei Uhr morgens fern. Wenn ich dann um halb neun aufstand, ging es weiter. Mein Lieblingstag war der Dienstag, weil an diesem Tag eine arabische Version von *Wer wird Millionär?* gesendet wurde. Ich liebte Quizshows. Es gab noch eine andere Quizsendung, die jeden Abend um sechs Uhr lief. Sie hieß *Al Darb,* nach dem arabischen Wort für „Spur" oder „Fährte", und in ihr traten Teams gegeneinander an. Ich konnte meist alle Fragen beantworten.

Der Fernseher war nicht groß – 20 Zoll – und der Bildschirm hatte auf der einen Seite einen großen Sprung, weil ich mich einmal am Kabel festgehalten hatte, als ich aufstehen wollte. Der Fernseher war zur Seite gekippt und auf mich gefallen. Ich hatte geweint, aber nicht weil ich verletzt gewesen wäre, sondern weil ich gedacht hatte, der Fernseher sei kaputt. Bland schimpfte ab und zu mit mir. „Nujeen, du sitzt den lieben langen Tag zu Hause vor dem Fernseher und findest das schöner als rauszugehen, aber kein Mensch kann die ganze Zeit drinnen sein", sagte er. Ich hörte nicht auf ihn. Aber manchmal fragte ich mich, was wohl andere behinderte Menschen machten. Dann setzte ich mich wieder vor den Fernseher.

Ayee, Nasrine und ich sahen gerne Tennis, die US Open, die French Open, die Australian Open und vor allem natürlich Wimbledon mit seinem makellosen Rasenteppich und den Schiedsrichtern in ihrer schicken grünen und purpurroten Montur. Schon bald kannte ich alle Regeln. Ayee mochte Andy Murray, mir gefiel Roger Federer am besten und Nasrine schwärmte für Nadal. Und im Fußball war meine Lieblingsmannschaft Barcelona, während Nasrine zu Real Madrid hielt.

Einmal saßen wir auch alle zusammen vor dem Fernseher: bei der Fußballweltmeisterschaft 2010. Meine Familie liebt Fußball! Wie üblich hängten alle im Viertel die Fahnen ihrer Lieblingsmannschaften auf. Bei mir hing für Messi eine argentinische Flagge vom Balkon, bei unserem Nachbarn war es die italienische. Aber ich war nicht richtig bei der Sache und sehnte mich nach meiner zweiten Mutter Jamila. Die Ärzte hatten gesagt, mein Zustand würde sich mit zunehmendem Alter verbessern, aber meine Füße, die doch jetzt eigentlich eine natürlichere Haltung haben sollten, erschienen mir verkrümmter denn je. Mein Bruder Farhad in England hörte schließlich von einen berühmten Chirurgen in Aleppo und fand auch dessen Adresse heraus. Er war so berühmt, dass es Monate dauerte, einen Termin zu bekommen. Dann endlich, eines Morgens, suchten wir in aller Frühe seine Praxis auf und bekamen eine Nummer zugeteilt. In der Praxis saßen Einwohner der umliegenden Dörfer, die schon die ganze Nacht warteten. Wir waren die Nummer 51. Jeder Patient bekam fünf Minuten. Als wir an der Reihe waren, war es Spätnachmittag.

Als der Arzt meine Füße sah, war er ärgerlich und warf meinen Eltern vor, sie hätten es nicht so weit kommen lassen dürfen und ich hätte krankengymnastische Übungen machen müssen. Er sagte, ich müsste so schnell wie möglich dreimal operiert werden, und schickte uns zur Blutentnahme ins Krankenhaus. Am folgenden Tag wollte er mich operieren.

Er operierte mich wieder an den Knöcheln und noch zweimal, um die Kniebänder zu verlängern, die sich aufgrund mangelnder Übung verkürzt hatten. Das Ganze kostete meine Familie viertausend Dollar, die mein zweitältester Bruder Mustafa von seinem Brunnengeschäft zahlte. Diesmal waren meine Beine vom Knöchel bis zur Hüfte eingegipst, nur die Zehen sahen heraus, und ich musste liegen.

Ich sollte eigentlich im Krankenhaus bleiben, wollte aber nach einer Nacht schon unbedingt nach Hause, um Fußball zu sehen. Ich wünschte mir so sehr, dass Argentinien gewann oder wenigstens Spanien. Die Schmerzen waren allerdings so schlimm, dass ich den ganzen Rückweg im Taxi nur schrie und zu Hause auch, bis Mustafa und Bland das Haus verließen, weil sie es nicht mehr aushielten.

Die Schmerzen hörten irgendwann auf, aber ich musste den Gips vierzig Tage lang tragen, was mir vorkam wie eine Ewigkeit. Dann kaufte mein Bruder mir spezielle Beinstützen, in die ich meine Beine tun konnte, um die Muskeln zu stärken. Sie sahen aus wie Roboterbeine und quälten mich furchtbar! Ich musste sie zehn Stunden täglich tragen und jammerte andauernd. Aber nach einer Woche hatte ich mich daran gewöhnt. Ich konnte jetzt mit einer Gehhilfe zum ersten Mal stehen und ohne fremde Hilfe Bereiche der Wohnung aufsuchen, in die ich sonst nie ging, zum Beispiel die Küche. Vom Balkon aus sah ich die Zitadelle. Ayee sagt, ich sei wie neugeboren gewesen.

Ungefähr um diese Zeit fing ich an, eine amerikanische Seifenoper zu sehen. Sie hieß *Zeit der Sehnsucht* und handelte von zwei rivalisierenden Familien in einer fiktiven Kleinstadt in Illinois, den Hortons und den Bradys, und einer Mafiafamilie namens DiMera und ihren Dreiecksverhältnissen und Fehden. Alle wohnten in Luxusvillen und hatten jede Menge Kleider. Die Kinder hatten jedes ein eigenes Zimmer und einer der Männer war Arzt in einem makellos sauberen Krankenhaus, ganz anders als das Al Salam, in dem ich gewesen war. Ihr Leben war so verschieden von unserem. Am Anfang verstand ich gar nichts und manchmal war die Geschichte auch seltsam, wenn zum Beispiel Leute von den Toten zurückkehrten, aber nach einer Weile kapierte ich dann, worum es ging. Ich sah die Serie zusammen mit Ayee. Nasrine machte das wahnsinnig. „Was findet ihr bloß daran?", fragte sie.

In der Familie hatten wir eine eigene Seifenoper. Meine Eltern verzweifelten schier, weil Mustafa nicht heiratete. Als zweiter Sohn hätte er nach Shiar heiraten müssen, der das 1999 tat, aber anfangs sagte er, er wolle Jamila den Vortritt lassen, und dann, als sie geheiratet hatte, meinte er, er brauche seine ganze Energie für die Arbeit, schließlich sei er unser Hauptenährer. Aber jetzt war er fünfunddreißig, was in unserer Kultur schon sehr alt ist. Bei uns werden die Ehen arrangiert, man heiratet nicht aus Liebe. Liebesheiraten waren nach dem, was ich in *Zeit der Sehnsucht* erlebte, auch nicht besonders empfehlenswert. Meine Mutter bemühte sich zwar weiterhin, geeignete Frauen aus unserem Volksstamm kennenzulernen, aber Mustafa lehnte immer nur lachend ab. Sogar wenn er sich gar nicht in der Wohnung aufhielt, war seine Hochzeit Gesprächsthema. Ich konnte es nicht mehr hören. Sobald das Thema aufkam, rief ich „Nicht schon wieder!" und hielt mir die Ohren zu.

4

TAGE DES ZORNS

Aleppo, 2011

Es war der 25. Januar 2011, kurz nach meinem zwölften Geburtstag. Ich sah gerade *Zeit der Sehnsucht* und überlegte, ob ich vielleicht eine Psychopathin sein könnte, weil ich die Bösen irgendwie immer am liebsten mochte, da kam Bland von der Arbeit hereingestürzt und schnappte sich die Fernbedienung. Ich sah ihn erstaunt an. Alle wussten, dass *ich* für das Fernsehprogramm zuständig war.

Bland ist sonst so ruhig und entspannt, dass ich immer das Gefühl habe, es gebe da noch eine Seite von ihm, die niemand kennt. Aber diesmal war er so aufgedreht wie einer der Staubteufel, die bei uns in der Wüste vorkommen. Jedenfalls nahm er nicht nur die Fernbedienung, sondern schaltete auch noch auf Al Jazeera um. In meiner Familie wissen alle, dass ich keine Nachrichten mag. Sie sind immer schlecht – Afghanistan, Irak, Libanon, seit meiner Geburt folgte in den anderen muslimischen Ländern ein Krieg auf den anderen.

„Es ist etwas passiert!", sagte er. Auf dem Bildschirm waren Tausende von Menschen zu sehen, die sich auf dem Hauptplatz von Kairo versammelt hatten, Fahnen schwenkten und den Rücktritt ihres langjährigen Präsidenten Hosni

Mubarak forderten. Ich bekam Angst. Diktatoren lassen auf Menschen schießen, das wussten wir und ich wollte es nicht sehen. Ich schüttelte den Kopf.

„Ich will aber meine Serie sehen", protestierte ich. Zu meinem „Behindertenbonus", wie ich es nenne, gehört, dass meine Geschwister alle wussten, dass sie mich nicht ärgern durften. Das galt sogar dann, wenn ich Sachen von Nasrine aus dem Fenster warf, zum Beispiel ihren blauen Füller oder die CD mit kurdischen Liedern, die sie ständig hörte.

Wie ich vorhergesehen hatte, kam es schon bald zum Einsatz von Tränengas, Gummigeschossen und Wasserwerfern, um die Demonstranten auseinanderzutreiben. Die dumpfen Schläge der Kugeln ließen mich zusammenzucken. Dann durfte ich endlich wieder zu meiner Serie zurückschalten. Aber die Proteste hörten nicht auf. Mustafa, Bland und Nasrine redeten von nichts anderem mehr, und sobald ich das Zimmer verließ, schalteten sie auf die Nachrichten um. Ich gab meinen Widerstand auf, und bald sah ich wie gebannt auf Al Jazeera, wie die Menschenmenge auf dem Tahrir-Platz immer größer wurde. Viele Demonstranten waren junge Menschen wie Bland und Nasrine und hatten sich die ägyptische Fahne auf das Gesicht gemalt oder rot-weiß-schwarze Tücher um den Kopf gebunden.

Eines Tages verfolgten wir mit klopfenden Herzen, wie eine Panzerkolonne auf den Platz fuhr. Es sah aus wie ein Aufmarsch von Monstern. Dutzende von Demonstranten versperrten ihnen mutig den Weg. Ich konnte kaum hinsehen. Doch dann geschah etwas Erstaunliches. Die Panzer schossen nicht, sondern blieben stehen. Die Demonstranten skandierten Sprechchöre und kletterten auf die Panzer und schrieben „Mubarak muss gehen!“ auf die Seiten. Sie plauderten sogar mit den Soldaten.

Ein paar Tage später drängten wir uns wieder auf dem Sofa und sahen zu, wie Mubarak-Anhänger scharenweise auf Pferden und Kamelen zum Tahrir-Platz vorrückten wie eine dämonische Reiterei. Sie wurden von den Demonstranten zurückgedrängt, die Steine warfen und Steinplatten aus dem Boden rissen und als Schilde verwendeten. Die Panzer bildeten eine Grenzlinie zwischen den beiden Gruppen. Staubwolken hingen in der Luft und an verschiedenen Stellen brannte es, sodass man kaum erkennen konnte, was vor sich ging. Endlich wurden die Mubarak-Anhänger verjagt und die Befürworter der Demokratie errichteten Barrikaden aus Straßenschildern, Metallzäunen und ausgebrannten Autos, um sie an der Rückkehr zu hindern.

Wir fragten uns, wohin das noch führen würde. Auf dem Platz entstand eine Zeltstadt mit einem Feldlazarett zur Behandlung der Verwundeten. Anderswo wurden Essen und Wasser ausgegeben und man konnte sich sogar die Haare schneiden und sich rasieren lassen. Man fühlte sich geradezu an ein Volksfest erinnert, wie unser Newroz. Ich sah Kinder in meinem Alter auf einem Bild von Mubarak herumtrampeln. Auch die berichtenden Journalisten waren ganz aufgeregt, und sie hatten für das Geschehen schon bald einen Namen: Arabischer Frühling sagten sie dazu. Für uns klang das ein wenig nach unserem Damaszener Frühling, der gar nicht gut ausgegangen war.

Die Besetzung des Platzes dauerte achtzehn Tage. Dann, am 11. Februar gegen 18 Uhr – Nahda und Nasrine waren gerade von der Hochzeit meines Onkels zurückgekommen und hatten mich aus einem Nickerchen geweckt – schalteten wir den Fernseher wieder ein und hörten den ägyptischen Vizepräsidenten sagen, Präsident Hosni Mubarak habe sich zum Rücktritt entschlossen. Kurz darauf kam die Nachricht, die Mubaraks seien mit einem Armeehubschrauber ins Exil in den Badeort Scharm el-Scheich am Roten Meer geflogen worden. Damit war seine Amtszeit nach dreißig Jahren beendet. Ich freute mich für Ägypten. Anschließend gab es Feuerwerk, Soldaten kletterten aus ihren Panzern und umarmten die Demonstranten und die Menschen sangen und johlten. Ging es wirklich so leicht? Wenn ich das nächste Mal am Nachmittag einschlief, war dann beim Aufwachen Gaddafi in Libyen abgetreten? Oder vielleicht sogar Assad?

Denn da war ja nicht nur Ägypten. Ohne dass es uns bewusst gewesen wäre, hatte der Arabische Frühling schon im Dezember zuvor in Tunesien begonnen. Ein armer, sechsundzwanzigjähriger Gemüsehändler namens Mohammed Bouazizi hatte sich dort vor einem Rathaus mit Benzin übergossen und angezündet. Wir Muslime waren schockiert, denn der heilige Koran verbietet uns, Feuer gegen Allahs Schöpfung einzusetzen. Der Gemüsehändler musste also wirklich verzweifelt gewesen sein und wir wussten nicht, ob er in den Himmel oder die Hölle kommen würde. Seine Angehörigen sagten, er sei es leid gewesen, von Beamten schikaniert zu werden. Vollends ausweglos müsse seine Lage geworden sein, als sie seinen Gemüsekarren beschlagnahmten, der sein Lebensunterhalt gewesen war. Als er im Januar an seinen Verbrennungen starb, kam es im Zentrum von Tunis zu heftigen Protesten. Zehn Tage später floh Präsident Zine el-Abidine Ben Ali, der dreiundzwanzig Jahre an der Macht gewesen war, mit seiner Familie nach Saudi-Arabien.

Schon bald berichtete das Fernsehen täglich von neuen Unruhen. Ob im Jemen, in Bahrain, Jordanien, Libyen, Algerien, Marokko oder sogar Oman, überall wurde gegen die Herrscher demonstriert – es war wie eine Epidemie, die sich über Nordafrika und den Nahen Osten ausbreitete. Natürlich wussten wir, dass die Assads seit vierzig Jahren regierten, aber es war uns nicht bewusst, wie lange die anderen Diktatoren schon an der Macht waren. Die Menschen versammelten sich nach dem Freitagsgebet und zogen durch die Straßen zu einem zentralen Platz. Es war von „Tagen des Zorns" die Rede.

Wann würde Syrien an der Reihe sein? Auch bei uns war die Bevölkerung überwiegend jung und arbeitslos und auch wir hatten einen Diktator und eine reiche Elite, die die Rechte der Menschen mit Füßen traten. Ich spürte sogar in meinem Zimmer im fünften Stock, wie das ganze Land den Atem anhielt. Nasrine sagte, an der Universität werde über nichts anderes mehr gesprochen. Meine Geschwister kamen mit verwirrenden Nachrichten nach Hause. In der Stadt al-Hasaka im Nordosten hatte ein Kurde sich selbst angezündet. Es gab verschiedentlich kleinere Demonstrationen, sogar eine in Damaskus, nachdem die Polizei in einem der großen Suqs einen Händler angegriffen hatte. Doch die Proteste weiteten sich nicht aus.

Der entscheidende Anstoß kam schließlich aus einem Ort, mit dem niemand gerechnet hatte – der kleinen, ländlichen

Stadt Deraa im Südwesten an der jordanischen Grenze, einer bekannten Hochburg der Regimeanhänger. Seit Langem schon wurden immer wieder Spitzenposten in Partei und Regierung mit Söhnen dieser Stadt besetzt. In den vergangenen Jahren hatten sie einen Ministerpräsidenten, einen Außenminister und den Chef der herrschenden Baath-Partei gestellt.

Auslöser der Unruhen war die Verhaftung einer Gruppe von Schülern Ende Februar, die regierungskritische Graffiti an das Schulgebäude gesprüht hatten. *Al-Shaab yureed eskat el nizam!* schrieben sie – „Das Volk will den Sturz des Regimes", genau wie die Demonstranten es in Kairo gerufen hatten. *Baschar raus!* fügte ein anderer hinzu. Und als sie von Sicherheitskräften erwischt wurden, war ein dritter gerade dabei zu schreiben: *Du bist der Nächste, Doktor.*

In den folgenden Tagen wurden zehn weitere Teenager verhaftet, sodass es insgesamt fünfzehn waren, und zum Büro des örtlichen Sicherheitsdienstes gebracht – wie gesagt, wir haben viele Geheimdienste. Dessen Chef war General Atef Najib, ein Cousin des Präsidenten, den alle fürchteten.

Seit der Zeit von Assads Vater und dem Sechstagekrieg 1967, in dem Israel unsere Golanhöhen vom See Genezareth im Süden bis zum Hermon im Norden besetzt hat, dürfen unsere Polizei und unsere Geheimdienste jede beliebige Person verhaften und für unbegrenzte Zeit ohne Verfahren festhalten. Gerechtfertigt wird das damit, wir befänden uns in einem ständigen Krieg mit dem „zionistischen Gebilde", wie Israel bei uns heißt, obwohl es 1973 erneut einen Krieg gegeben hat, in dem wir unser Land aber auch nicht zurückbekommen konnten. Assads Gefängnisse sind für Folter berüchtigt. Es heißt, der Tod sei leichter auszuhalten als ein syrisches Gefängnis, obwohl ich nicht weiß, wie das jemand wissen kann.

Schon bald kursierten Berichte, die Schüler würden geschlagen und gefoltert, mit den üblichen Methoden Assads wie Ausreißen der Fingernägel und Elektroschocks auf die Geschlechtsteile. Die verzweifelten Eltern gingen zu den Behörden und General Najib sagte ihnen: „Vergesst eure Kinder. Geht nach Hause und macht neue." Kann man sich das vorstellen? Überall im Land organisierten junge Leute einen Tag des Zorns zur Unterstützung der Schüler. Ich sah einmal, dass Nasrine und Bland in Facebook eine Seite mit der Überschrift *Die syrische Revolution gegen Baschar al-Assad 2011* aufgerufen hatten, aber die beiden schlossen sie schnell wieder. Wir hatten schon Angst, nur die Seite anzuschauen.

Im Gebiet von Deraa spielen die Volksstämme eine große Rolle und die verhafteten Jungen kamen aus allen großen Clans. Und auch dort hatten die Menschen, wie viele Bauern, die wir kannten, wegen der seit vier Jahren anhaltenden schweren Dürre zu kämpfen und konnten sich nicht gegen die Billigimporte aus der Türkei und China behaupten. Statt ihnen zu helfen, hatte die Regierung noch Subventionen gestrichen. Außerdem waren die Bauern über die selbstherrliche Art aufgebracht, in der General Najib in der Region herrschte.

Als die Familien der vermissten Jugendlichen nach dem Freitagsgebet am 18. März zum Haus des Gouverneurs von

Deraa marschierten, um mit einer Sitzblockade ihre Freilassung zu fordern, wurden sie von den religiösen und weltlichen Anführern der Region begleitet. Die Bereitschaftspolizei versuchte sie mit Wasserwerfern und Tränengas zu zerstreuen, dann kam die bewaffnete Polizei und eröffnete das Feuer. Vier Menschen wurden getötet. Als die Menschen das Blut sahen, gerieten sie in Panik. Da die Krankenwagen wegen der Sicherheitskräfte nicht durchkamen, mussten die Demonstranten die Verwundeten in eine Moschee in der Altstadt bringen, die sie zu einem provisorischen Lazarett umfunktionierten.

Zwei Tage später setzten Demonstranten das örtliche Hauptquartier der Baath-Partei und andere Behördengebäude in Brand. Präsident Assad schickte eine offizielle Delegation, die den Angehörigen der Opfer kondolierte, entließ den Gouverneur und versetzte General Najib.

Doch es war zu spät. Jetzt waren wir dran. Unsere Revolution hatte begonnen.

Wie vorauszusehen war (Diktatoren sind so fantasielos), reagierte Assad zunächst damit, dass er Panzer nach Deraa schickte, um die Proteste zu unterdrücken. Vielleicht weil die meisten Soldaten bei uns Alawiten sind wie die Assads, blieben die Panzer, anders als in Ägypten, nicht stehen. Stattdessen griffen sie die Moschee an, die zu einer Art Hauptquartier der Demonstranten geworden war, und zwar mit einer solchen Wucht, dass die Wände hinterher voller Blut waren. Die Beerdigungen der Opfer wurden dann zu Großkundgebungen. Wieder wurde auf die Demonstranten geschossen und weitere Menschen wurden getötet. Es gab noch mehr Beerdigungen und noch mehr Menschen gingen auf die Straße.

Die Regierung gab daraufhin bekannt, sie wolle die Steuern senken und die staatlich festgelegten Gehälter anheben, was nur für noch mehr Wut in der Bevölkerung sorgte. Beim nächsten Begräbnis am folgenden Tag kamen Zehntausende Menschen zusammen und riefen: „Wir wollen nicht euer Brot, wir wollen Würde!“ Dann, Ende März, hielt Assad im Parlament eine Rede, in der er die Demonstranten als „religiöse Extremisten“ und „ausländische Terroristen“ beschimpfte. Mit ihrer Verschwörung würden sie in unserem Land und bei unserem Volk nicht durchkommen, tobte er. „Wir sagen denen, ihr habt nur eine Wahl, nämlich aus eurem Scheitern zu lernen.“

Wir Syrer waren über diese Rede entsetzt. „Er behandelt uns wie Verräter!“, sagte Bland. Deraa befand sich im Belagerungszustand, aber jetzt kam es auch in anderen Städten zu wöchentlichen Kundgebungen gegen die Regierung. Berichtet wurde darüber auf Facebook und YouTube. Den ganzen April und Mai über gab es Proteste in Homs, Hama, Damaskus und Rakka – sie breiteten sich von Latakia an der Mittelmeerküste in die ländlichen Regionen an der türkischen Grenze im Norden aus und in die Provinz Deir ez-Zor im Osten, aus der unser Öl kommt.

Die Unruhen wurden jedes Mal gewaltsam niedergeschlagen, weil die Regierung glaubte, sie könnte sie einfach ersticken. Hunderte von Menschen wurden getötet. Aber die Proteste hörten nicht auf. Im ganzen Land skandierten die Menschen: „Wir opfern unsere Seele und unser Blut für dich, Deraa!“

Niemand sprach von etwas anderem. Selbst Mustafas Weigerung zu heiraten war vergessen. Die Atmosphäre war aufgeladen, knisterte förmlich. Revolution! Es war wie in den Geschichtssendungen, die ich gesehen hatte. Wir waren wie berauscht von dem Gedanken, wir könnten die Assads loswerden. Auf einmal redeten die Menschen über Dinge, die bisher unvorstellbar gewesen waren. Es war herrlich. Die Menschen erfanden Lieder gegen Assad. Ich dachte mir Flüche gegen ihn aus, die ich manchmal auch laut aussprach.

Wir Kurden glaubten, wir würden endlich unser Kurdistan oder Rojava bekommen, wie wir es nennen. Auf manchen Transparenten stand: „Demokratie für Syrien, Föderalismus für ein syrisches Kurdistan."

Aber Yaba meinte, wir würden uns Illusionen machen. Ältere Menschen wie er wussten, wie gefährlich das Regime war. Sie hatten erlebt, wie Hafis Assad und sein Bruder Rifat in den Achtzigerjahren in Hama die Proteste der Muslimbruderschaft erstickt, zehntausend Menschen massakriert und die Stadt dem Erdboden gleichgemacht hatten. Ihnen war klar, was die Assads tun würden.

Das Regime schien den Forderungen der Menschen gegenüber taub und blind zu sein. Statt auf wirkliche Veränderungen zu setzen, versuchte Assad jeweils Teile der Bevölkerung mit bestimmten Neuerungen ruhigzustellen. So erlaubte er Lehrerinnen das Tragen von Gesichtsschleiern, was erst im Jahr zuvor verboten worden war. Um zu verhindern, dass wir Kurden in die Proteste einstimmten, verlieh er per Präsidialerlass dreihunderttausend Kurden, die seit den Sechzigerjahren staatenlos waren, die Staatsbürgerschaft. Zum ersten Mal überhaupt wünschte sein Sprecher den Kurden im staatlichen Fernsehen ein schönes Newroz und spielte ein kurdisches Lied.

Aber das reichte nicht – die Menschen wollten weniger Korruption und mehr Freiheit. Rufe nach Reformen wurden zu Rufen nach dem Rücktritt Assads. Demonstranten rissen die neuesten Plakate ab, auf denen Baschar in Jeans auf dem Boden kniete und einen Baum pflanzte, und verbrannten sie. Sie warfen sogar Statuen seines verstorbenen Vaters um, dessen Namen wir kaum auszusprechen gewagt hatten.

Das meiste davon sahen wir auf Al Jazeera oder YouTube – das syrische Fernsehen zeigte es natürlich nicht. Unsere beste Informationsquelle war Mustafa, weil er ein Unternehmen aufgemacht hatte, das Lastwagen aus dem Libanon einführte, und deshalb ständig durch das Land fuhr und alles Mögliche sah. Wie Yaba war auch er der Ansicht, unser Regime sei zäher als die anderen. Als er aber sah, wie der erste Protest in Deraa sich nach Homs und Hama ausbreitete, änderte er seine Meinung.

Er berichtete, in Hama hätten sich so viele Leute versammelt, dass es aussah, als wäre eine menschliche Welle über den Hauptplatz geschwappt. In Hama waren damals, 1982, viele Menschen getötet worden und viele Demonstranten waren Waisen des Massakers. Sie zogen nach dem Freitagsgebet durch die Straßen und das Regime schlug wie immer zurück. Drei Armeelaster fuhren auf, die Soldaten eröffneten mit schweren Waffen das Feuer und töteten siebzig Menschen.

Die Menschen in der ersten Reihe hatten „friedlich!" gerufen, bevor sie niedergeschossen wurden. Das Morden empörte die ganze Stadt und schon bald war der ganze Platz voll.

„Das war's", sagte Mustafa, „nach drei Wochen ist alles vorbei."

Dann war er zufällig in der kurdischen Stadt Derik in der Südosttürkei nahe der Grenze, als dort der Geburtstag von Abdulhamid Hadschi Darwisch gefeiert wurde, dem Chef der kurdischen Demokratisch-Progressiven Partei. Dort wurde ausschließlich darüber gesprochen, wie wir Kurden uns zur Revolution verhalten sollten. Alle Kurden glaubten, das Regime sei am Ende, und die Gespräche drehten sich darum, wie wir sicherstellen konnten, dass wir einen eigenen Staat bekämen oder wenigstens eine gewisse Autonomie wie die Kurden im Nordirak. Man hatte einen Gesandten nach Bagdad geschickt, der dort Dschalal Talabani, den irakischen Staatspräsidenten, der ebenfalls Kurde war, nach seiner Meinung fragen sollte. Talabani meinte, das Assad-Regime würde nicht stürzen. Aber das wollten die Leute nicht hören, deshalb sagten sie: „Oh, Talabani ist alt geworden."

Wie sich herausstellte, hatte er recht. Er wusste, was in Syrien vorging.

Syrien war nicht dasselbe wie Ägypten und Tunesien. Assad hatte von seinem Vater gelernt, der den Aufstand in Hama brutal niedergeschlagen hatte, und von unseren früheren französischen Kolonialherren. Damals, im Jahr 1925, als wir noch unter französischer Herrschaft standen, hatten Muslime, Drusen und Christen sich in der sogenannten Syrischen Revolution gegen ihre Herren erhoben. Die Franzosen antworteten mit heftigem Artilleriefeuer, durch das ein ganzes Viertel der Altstadt von Damaskus dem Erdboden gleichgemacht wurde. Heute heißt das Viertel al-Harika, Feuersbrunst. Tausende von Menschen wurden dabei getötet oder zur Abschreckung auf dem zentralen Marja-Platz öffentlich hingerichtet. Der Aufstand wurde niedergeworfen und wir standen noch einmal zwanzig Jahre, bis 1946, unter französischer Herrschaft.

Vielleicht weil wir uns nicht an diese Geschichte erinnerten, waren wir jungen Menschen überzeugt, dass es Veränderungen geben würde. Als wir hörten, dass Assad im Juni wieder eine Rede halten wollte, erwarteten wir, dass er endlich größere Reformen ankündigen würde. Stattdessen verfolgte er erneut eine harte Linie. Er sprach von einer „Verschwörung" gegen Syrien und warf angeblich von ausländischen Mächten unterstützten „Saboteuren" und „religiösen Extremisten" vor, sie würden die Unruhen für sich ausnutzen. Solange das Chaos anhalte, seien keine Reformen möglich.

Es war offensichtlich, dass er oder vielleicht seine ganze Familie nicht daran dachte, die Macht abzugeben. Wie gesagt, die Assads hielten uns für ihr Eigentum.

Danach begann der organisierte Widerstand. Hunderte von Rebellengruppen vereinigten sich zur sogenannten Freien Syrischen Armee, abgekürzt FSA, und trafen Vorbereitungen für einen Krieg. Die meisten Rebellen waren jung und unerfahren und hatten keine militärische Ausbildung, aber unter ihnen waren auch unzufriedene Angehörige der

Armee Assads. Berichten zufolge waren sogar hochrangige Offiziere abtrünnig geworden und zur FSA übergelaufen. Kurden schlossen sich der FSA nicht an. Wir hatten unsere eigene Miliz, die Volksverteidigungseinheiten YPG.

Assad ging mit verstärktem militärischem Einsatz dagegen vor. Seine Angriffe galten in jenen frühen Tagen vor allem der Stadt Homs, aus der meine Schildkröte stammte und die sich als eine der ersten Städte erhoben hatte. Homs ist unsere drittgrößte Stadt und Sunniten, Schiiten, Alawiten und Christen hatten dort genau wie in Aleppo friedlich zusammengelebt. Obwohl Assads Truppen die Stadt zerstörten, gaben die Menschen nicht auf, vor allem nicht in dem alten Viertel Babr al-Amr. Homs galt schon bald als die Hauptstadt der Revolution. Wir dachten, der Westen würde auf das Morden hin intervenieren, wie er es in Libyen getan hatte. Dort hatte er eine Flugverbotszone eingerichtet, sodass Oberst Gaddafi seine Luftwaffe nicht gegen die Rebellen einsetzen konnte, ab April Luftangriffe auf Ziele des Regimes wie Gaddafis Residenz in Tripolis durchgeführt und die Rebellen auch noch auf andere Weise unterstützt. Die hatten im August die Hauptstadt Tripolis erobert und die Macht übernommen. Im Oktober wurde Gaddafi wie eine Ratte in die Enge getrieben und getötet. Seine Leiche wurde in einer Kühltruhe gezeigt, wie er selbst es mit seinen Gegnern gemacht hatte. Doch unsere Opposition war gespalten und der Westen schien nicht zu wissen, wie er reagieren sollte. Ausländer verließen das Land und Botschaften wurden geschlossen. Ende 2011 tobte in einem Großteil des Landes ein Kampf zwischen Widerstand und Armee. Mustafa meinte, das Chaos sei gut für sein Geschäft, weil er keinen Zoll mehr zahlen müsse, aber dann begann die FSA ebenfalls, Kontrollpunkte einzurichten. Yaba machte sich Sorgen um seinen Sohn, und um ihn nicht noch mehr zu beunruhigen, erzählte Mustafa uns nicht mehr so viel.

Komisch war, dass uns alles so weit weg vorkam, nicht nur mir im fünften Stock der George-al-Aswad-Straße 19, sondern auch Bland und meinen Schwestern. Wir wohnten zwar in der größten Stadt, aber Aleppo hatte sich bisher nicht wirklich an der Revolution beteiligt. Vielleicht weil wir das Industrie- und Handelszentrum Syriens waren und hier viele Reiche wohnten, gab es auch viele Anhänger des Regimes, die sich Sorgen über die Auswirkungen der instabilen Lage auf ihre Geschäfte machten. Außerdem lebten bei uns viele Minderheiten – Christen, Turkmenen, Armenier, Assyrer, Juden, Tscherkessen, Griechen und natürlich Kurden –, die zögerten, sich der Opposition anzuschließen, der hauptsächlich sunnitische Araber angehörten und die Berichten zufolge von Saudi-Arabien und Katar unterstützt wurde. Es war eine merkwürdige Situation, als gebe es parallel zwei verschiedene Welten. Da fand eine Revolution statt, die täglich Opfer forderte und zur Zerstörung von Homs führte, doch hier in Aleppo gingen die Leute ins Kino oder machten Picknicks und es wurden Häuser gebaut, als hätte sich nichts geändert. Das passte nicht zusammen.

Etwas Gutes gibt es immerhin zu berichten: Ungefähr um diese Zeit hörten meine Asthmaanfälle auf.

5

EINE GETEILTE STADT

Aleppo, 2012

Es heißt doch, Geschichte werde von den Siegern geschrieben, aber etwas verstehe ich nicht: Warum verherrlichen wir immer die Bösen? Selbst wenn sie schlimme Dinge getan haben, sprechen wir von ihrem Charisma oder ihrem Genie als Feldherrn. Als ich Lesen und Schreiben lernte, ließ meine dritte Schwester Nahra mich immer wieder dieselben Sätze auf Arabisch schreiben und einer davon war: „Alexander ist ein großer Held." Als ich später herausfand, dass er ein egoistischer, verwöhnter Bengel gewesen war, fühlte ich mich hintergangen.

Ich finde es schlimm, dass ich nichts über die Guten wusste und dafür alles über die Bösen. Zum Beispiel kenne ich Gandhi oder Nelson Mandela so gut wie gar nicht. Von Mandela habe ich erst anlässlich der Fußballweltmeisterschaft in Südafrika gehört. Warum weiß ich dafür so viel über Stalin und Hitler?

Ich weiß zum Beispiel, dass Hitler am 20. April 1889 geboren wurde, dass sein Vater Alois hieß und seine Mutter Klara und dass die Mutter an Brustkrebs starb und Hitler darunter schrecklich litt. Dann wollte er Maler werden, wurde aber von der Wiener Kunstakademie zweimal abgelehnt. Er glaubte, dass die meisten Mitglieder der Auswahlkommission Juden gewesen seien, also begann hier der Holocaust. Und er war in seine Nichte Geli verliebt, die sich später umbrachte. Und dann liebte er Eva Braun, die in einem Bunker in Berlin mit ihm zusammen Selbstmord beging.

Stalin hat in seinen Arbeitslagern und in der Zeit des Großen Terrors sechs Millionen Menschen getötet. Hitlers Regime hat noch mehr auf dem Gewissen – elf Millionen Menschen wurden getötet, siebzehn Millionen wurden zu Flüchtlingen. Aber ich kann nur von Stalin und Hitler etwas erzählen, von keinem einzigen ihrer Opfer. Wird es in fünfzig Jahren genauso mit Assad sein? Dann wird man sich nur an ihn erinnern, aber nicht an die guten Syrer. Wir sind dann nur noch Zahlen – ich, Nasrine, Bland und die anderen –, während der Tyrann in die Geschichte eingeht. Das ist eine schreckliche Vorstellung.

Als die Revolution im Frühjahr 2012 schließlich nach Aleppo kam, war es, als hätten wir alle geschlafen und seien jetzt aufgewacht. Wie der Moment am Morgen, wenn die Sonne in die Wohnung fällt und den Staub und die Spinnweben sichtbar macht.

Zu Nasrines Freude waren die ersten Menschen, die protestierten, Studenten der Universität. Als sie am 3. Mai zum Physikunterricht wollte, begegnete sie einer großen Demonstration, deren Teilnehmer Assads Rücktritt forderten. Sie und ihre Freundinnen schlossen sich den Demonstranten an. Es war sehr aufregend, weil sie zum ersten Mal in ihrem Leben an so etwas teilnahmen und Dinge riefen, die sie bisher nie hatten sagen dürfen. Dann hörten sie plötzlich einen Knall und als Nächstes begannen ihre Augen zu tränen und zu brennen und sie rannten weg. Wir hatten große Angst, weil wir das Regime kannten – wenn jemand verhaftet wurde, bedeutete das für den Betreffenden und womöglich auch die ganze Familie den sicheren Tod.

Am Abend bekam Nasrine von einer Freundin, die in einem Wohnheim wohnte, eine Nachricht. Sicherheitskräfte hatten das Wohnheim gestürmt und alle per Megafon aufgefordert, das Gebäude zu verlassen. Anschließend hatten sie die Bewohner mit Tränengas und Kugeln auseinandergetrieben. Einige Studenten hatten protestiert und sich geweigert herauszukommen. Da schossen die Sicherheitskräfte auf sie und töteten vier. Später am Abend tauchten auf Facebook Bilder eines toten Studenten in einem blutgetränkten Hemd und eines brennenden Wohnheims auf.

Die Studenten waren natürlich empört und aus Damaskus traf eine Delegation von UN-Beobachtern ein. Es kam zu noch größeren Demonstrationen von vielleicht zehntausend Studenten. Die Kundgebung wurde per Livestream im Internet übertragen, sodass alle sie sehen konnten. Am nächsten Tag zogen sie nach dem Freitagsgebet erneut durch die Straßen. Sie hielten Bilder der Toten hoch mit der Überschrift „Helden der Universität Aleppo". Immer wieder skandierten sie „Assad raus!" und „Das Volk will den Sturz des Regimes", die Parole der ägyptischen Demonstranten.

Yaba hatte Nasrine verboten hinzugehen. „Glaubst du, ein paar Studenten können diesem Regime den Garaus machen?", sagte er. „Von wegen! Überrollen werden die euch!“ Ich wusste, dass Nasrine es trotzdem tun würde. Als sie zurückkam, war sie sehr still, und sie ging auch nicht wieder hin. Ich weiß, dass meine Eltern und Geschwister mir manches nicht erzählten, weil sie glaubten, ich könnte es nicht verkraften, aber später erfuhr ich, dass viele Demonstranten verprügelt worden waren, dass man sie gezwungen hatte, Plakate von Assad zu küssen, und dass Nasrine mitangesehen hatte, wie ein Student weggeschleppt wurde, ein Architekturstudent im zweiten Jahr namens Ibrahim. Sicherheitskräfte folterten ihn mit Elektroschockern zu Tode. Der Student kam aus Hama wie viele andere Demonstranten, die im Massaker von 1982 ihre Eltern verloren hatten.

In Nasrines Fakultät gab es auch einen Studenten, der so blitzgescheit war, dass alle in Pythagoras nannten. Er verschwand, und als er wiederkam, trug er Verbände überall. Sein Gesicht war völlig verformt. Alle seine Noten wurden gelöscht und er musste das Jahr wiederholen.

Aber die Proteste hörten nicht auf. Studentinnen und Studenten, denen bisher nur Musik, Kleider, das Studium und ihre Freunde wichtig gewesen waren, beteiligten sich plötzlich an dem Versuch, einen Diktator zu stürzen. Die Universität war gespalten. Die eine Hälfte der Dozenten unterstützte die Revolution, die andere das Regime. Der Rektor der Universität schützte die studentischen Rebellen, deshalb wurde er eine Woche später aus dem Amt entfernt und durch einen Anhänger des Regimes ersetzt. Am Ende wurden alle oppositionellen Dozenten gefeuert. Auch die Studentenschaft war gespalten. Niemand konnte sich dem entziehen. Studenten, die bisher Freunde gewesen waren, bespitzelten einander plötzlich. Nasrines Physikkurs hatte nur sechzehn Teilnehmer, die ebenfalls in zwei Gruppen gespalten waren, während die Kurden noch eine dritte Partei darstellten, da sie niemandem trauen konnten.

Die Studenten demonstrierten nicht nur. Freiwillige Helfer versorgten die Demonstranten und schickten Berichte an die sozialen Medien. Provisorische Feldlazarette zur Behandlung verletzter Demonstranten wurden eingerichtet, denn wenn sie in staatliche Kliniken kamen, drohten ihnen Verhaftung und Tod. Im Juni stand in einem östlichen Vorort von Aleppo namens Neirab ein ausgebranntes Auto mit drei verkohlten und verstümmelten Leichen. Eine hatte eine Schusswunde. Die Hände hatte man ihr auf den Rücken gefesselt, Arme und Beine waren gebrochen. Wie sich herausstellte, handelte es sich um die Studenten Basel, Musab und Hazem, zwei Medizin- und einen Anglistikstudenten, die bei verletzten Demonstranten Erste Hilfe geleistet hatten. In der Woche zuvor waren sie vom Geheimdienst der Luftwaffe festgenommen worden.

Meine Familie sagte mir von solchen Dingen nichts, aber einmal sah ich Bilder eines auf der Straße liegenden Studenten, dem man den Kopf abgeschlagen hatte. Dort, wo der Kopf hätte sein sollen, war nur ein blutiger Stumpf. Wenn der Wind aus der entsprechenden Richtung wehte, bildete ich mir ein, ich könnte die unermüdlichen Sprechchöre der Demonstranten hören. Ayee und Yaba saßen immer wie auf Kohlen, wenn Bland und Nasrine draußen unterwegs waren.

Der Protest fand hauptsächlich im Ostteil Aleppos statt. Der Westteil wurde vom Regime kontrolliert. Im Viertel

Scheich Maksud tauchten furchterregende Gestalten auf den Straßen auf, *schabiha*, wie wir sie nannten, „Gespenster“. Es handelte sich um Banden von Kriminellen, die vom Regime dafür bezahlt wurden, die Menschen von den Demonstrationen abzuhalten und uns das Gefühl zu geben, dass das Regime seine Augen überall hatte.

Wir bewunderten die Revolutionäre und wollten wie sie Veränderungen. Wir wollten nicht mehr von derselben Familie regiert werden, die hier schon vierzig Jahre lang herrschte, vor allem aber wollten wir am Leben bleiben. Mustafa meinte, die Revolution sei für Menschen zwischen siebzehn und einundzwanzig interessant, aber nicht für Leute wie ihn, die älter seien und für den Unterhalt der Familie arbeiten müssten. Er berichtete auch, dass einige Leute in Kobane Geld bekommen hätten, um zu den Demonstrationen zu gehen. Nasrine hatte Revolutionslieder auf ihrem Handy. Ich musste daran denken, wie sie Yaba gefragt hatte, wer sich um mich kümmern würde, wenn sie tot seien, und überlegte, was meine Geschwister wohl getan hätten, wenn sie nicht auf mich hätten Rücksicht nehmen müssen. Wenn ich auf diese Zeit zurückblicke, wünsche ich mir manchmal, ich wäre damals älter gewesen und hätte mehr tun können. So konnte ich mir nur die Protestlieder anhören. Ich konnte nicht einmal ein Assad-Plakat abreißen.

Wie wir es anderswo in Syrien erlebt hatten, folgte auf die Revolution bald der Krieg. Assad setzte verstärkt die Armee ein und hatte den Kampf zu Jahresanfang auf die Stadt Homs konzentriert. Als wollte er dort ein Exempel statuieren, ließ er die Stellungen der Rebellen mit Mörser-

und Artilleriefeuer überziehen und jahrhundertealte Häuser, in denen sich Menschen aufhielten, zerbomben, bis nichts mehr davon übrig war. Kinder und ausländische Journalisten wurden getötet und die Stadt wurde eingeschlossen, sodass die Familien, die nicht geflohen waren, ohne Nahrungsmittel, Wasser und Medikamente in der Falle saßen.

Zwar gelang es dem Regime schließlich, die Rebellen zu vertreiben, aber viele Syrer waren entsetzt über die dabei angewandten Mittel. Viele hatten wie die Studenten von Aleppo das Gefühl, dass sie dem nicht tatenlos zusehen durften. Statt sich einschüchtern zu lassen, schlossen sich immer mehr Städte dem Kampf an.

Mustafa sagte, Assad würde große Gebiete Syriens verlieren, weil er sich darauf konzentrierte, Damaskus, Homs und die beiden Küstenprovinzen am Mittelmeer zu halten. Die Rebellen brachten dagegen viele ländliche Gegenden unter ihre Kontrolle, darunter auch Grenzübergänge zur Türkei und in den Irak, allerdings zu einem hohen Preis. An die zehntausend Menschen wurden getötet. Mustafa berichtete auch, die Menschen würden Sovereigns kaufen aus Sorge, dass syrische Pfund könnte demnächst seinen Wert verlieren.

Yaba ließ seine Gebetsperlen klacken und sagte, es würde alles nur noch schlimmer werden. Die Front kam zum Stillstand, die Rebellen beschafften sich stärkere Waffen. Einige wurden in Lagern der syrischen Armee beschlagnahmt, andere aus der Türkei, Jordanien und dem Libanon ins Land geschmuggelt und von Katar und Saudi-Arabien bezahlt. Assad dagegen wurde von Russland, China und dem Iran unterstützt. Der Rest der Welt würde ihn nicht aufhalten, das war klar.

Unser Krieg begann im Ramadan des heißen und staubigen Juli 2012 – dem Fastenmonat, in dem sowieso alle gereizt sind. Alles ging ganz schnell. Gewissermaßen über Nacht strömten die Rebellen vom Umland aus nach Aleppo hinein. Anfangs erzielten sie rasche Erfolge und brachten innerhalb weniger Tage Bezirke im Nordosten, Süden und Westen unter ihre Kontrolle. Unser Viertel Scheich Maksud wurde von der kurdischen Miliz YPG kontrolliert. Doch die Offensive brachte keine Entscheidung. Die Stadt war gespalten: Die Rebellen kontrollierten den Osten, die Streitkräfte des Regimes den Westen. Einige Gebiete gingen täglich hin und her. Schon bald waren die Kämpfe vor den Toren der Altstadt angekommen.

Wir hatten Angst. Das Regime würde versuchen, die FSA mit Panzern aus der Stadt zu vertreiben. Außerdem begegneten die Menschen der FSA mit gemischten Gefühlen, da sich ihr alle möglichen Gruppen angeschlossen hatten, darunter auch kriminelle Banden. Meine ältesten Brüder Shiar und Farhad, die die Vorgänge von Europa aus auf YouTube und Facebook verfolgten, riefen meine Eltern immer wieder an und sagten: „Geht weg, verlasst dieses schreckliche Aleppo, es ist gefährlich!"

Dort, wo die Rebellen nicht die Kontrolle übernommen hatten, tauchten die *schabiha* auf und verbreiteten Angst und Schrecken. Wenn sie kamen, ergriffen die Menschen oft die Flucht, was natürlich Zweck der Übung war. Einige Nachbarn erzählten mit gedämpfter Stimme Geschichten von durch die *schabiha* vergewaltigten Frauen, die ich nicht hören sollte. Ich hatte Angst um Nasrine. Die Universität lag in einer von der Regierung kontrollierten Gegend, war aber zu einem Zentrum des Protests geworden und viele Menschen suchten dort Unterschlupf. Nasrine konnte ihre Vorlesungen und Seminare nicht mehr besuchen, weil sie dann zwischen den Fronten hin und her hätte wechseln müssen, deshalb blieb sie zu Hause.

Als die Kämpfe andauerten, machten wir uns Sorgen, Bland könnte zum Militär eingezogen werden. Von meinen Brüdern hatte nur Mustafa Militärdienst geleistet. Shiar und Farhad hatten im Ausland Asyl gesucht, Bland hatte den Militärdienst wegen seines Studiums verschieben können. Doch im Krieg war Assads Armee zahlenmäßig nicht in der Lage, an so vielen Fronten gleichzeitig zu kämpfen. Sie holte deshalb Soldaten von ihrem alten Verbündeten, der Hisbollah, und zog immer mehr Männer zum Militärdienst ein. Nur wer Verbindungen und viel Geld hatte, konnte sich davor drücken. Im syrischen Fernsehen kämpften die Soldaten zwar heldenhaft, aber wir wussten alle, dass Assads Armee Frauen und Kinder tötete, und beteten, dass wir ihr nicht zum Opfer fielen.

Der Lärm wollte nicht aufhören. Ich hielt mir zwar die Ohren zu und stellte den Fernseher lauter, aber nichts konnte das Brummen der Kampfhubschrauber übertönen, die zu den Stellungen der Rebellen flogen, gefolgt vom Knattern der Gewehre.

Manchmal war ich allein in der Wohnung, wenn der Lärm begann und meine Eltern und Geschwister bei der

Arbeit, beim Studium oder beim Einkaufen waren. Ich sah im fünften Stock der George-al-Aswad-Straße 19 *Zeit der Sehnsucht* und versuchte nicht daran zu denken, was passieren würde, wenn eine Bombe die Wohnung traf und der Boden unter mir einstürzte. Was nützte mir dann mein ganzes Wissen? Ich hatte noch so viel vor, noch so viel zu lernen, ich wollte nicht sterben. Zwar bin ich Muslimin und wir glauben an das Schicksal, aber ich wollte nicht gehen, bevor ich getan hatte, was ich mir vorgenommen hatte.

Assad wollte Aleppo auf keinen Fall verlieren, also setzte er zum ersten Mal Kampfhubschrauber und -flugzeuge ein, die wie aufgebrachte Bienen summend über uns hinwegflogen, um irgendwo ihre tödliche Fracht abzuwerfen. Offenbar wollte er wie schon in Homs die Stellungen der Rebellen mit Artilleriefeuer und Bomben verwüsten, die Ruinen von der Umgebung abschneiden und die Rebellen zur Aufgabe zwingen. Anfangs waren die Bomben noch weiter weg, aber dann kamen sie näher und fielen auf ein Viertel namens Bustan al-Bascha in unserer Nähe, das die FSA kontrollierte. Unsere YPG hatten die FSA zwar bisher nicht hereingelassen, aber alle gingen davon aus, dass sie bald in unser Viertel kommen würde, und dann würde das Regime auch uns bombardieren.

Spüren Vögel eine bevorstehende Bombardierung? Ich hatte jedenfalls den Eindruck. Sie hörten auf zu singen und es wurde ganz still, als sei die Zeit stehen geblieben, und dann hörte man das Dröhnen der hintereinander näherkommenden Flugzeuge. Ich habe einmal einen Dokumentarfilm gesehen, in dem es hieß, man könne Honigbienen dazu abrichten, Sprengstoff zu riechen – wie abstrus ist das denn?

Wenn die Angriffe begannen, stürzten die Menschen in Schutzkeller, aber ich konnte das natürlich nicht. Da meine Familie mich nicht allein lassen wollte, saßen wir alle im fünften Stock, während das Haus gelegentlich erzitterte und die Fenster klapperten und alle versuchten, ihre Angst zu verbergen. Ich weinte oft, aber ich durfte das, weil ich die Jüngste war und außerdem behindert.

Wenn die Bomber verschwunden waren, gingen meine Geschwister auf den Balkon. Von dort konnte man graue Rauchsäulen von den bombardierten Stellen aufsteigen sehen. Ich ging einmal mit, aber nicht wieder. Es war ein so schreckliches Gefühl, dass an all diesen Orten die Menschen vermutlich tot waren, dass Familien wie unsere unter Beton begraben lagen. In den Schrecken mischte sich die Erleichterung, dass es nicht uns getroffen hatte. Ist das verwerflich? Ich hoffte, dass wer immer meine Schildkröte Sriaa jetzt hatte, gut auf sie aufpasste.

Schon bald war noch ein zweites Geräusch zu hören – lautes Hämmern. Einige Bewohner unseres Blocks reisten ab, und bevor sie gingen, nagelten sie aus Angst vor Plünderern Bleche über ihre Türen. Wer Geld und Pässe besaß, nahm das Flugzeug, andere fuhren mit dem Auto nach Damaskus oder auf das Land oder in den Libanon. Viele hatten dort Verwandte und für die anderen gab es Lager. Täglich hörten wir von Bekannten, die gegangen waren. Shiar und Farhad riefen weiter an und drängten meine Eltern zur Flucht, aber Yaba hatte Angst, die aus der Stadt führenden Straßen könnten gesperrt sein. Mein Vater litt von uns allen am meisten unter der Bombardierung. Doch er sagte, seine schlimmste Befürchtung seien nicht die Bomben aus der

Luft, sondern die Panzer, mit deren baldiger Ankunft er rechnete.

Dann stimmten meine Eltern schließen zu, die Stadt zu verlassen. Sie wollten in das schreckliche Manbidsch zurückkehren, das am 20. Juli von der FSA befreit worden war – die erste größere Stadt, die die Rebellen unter ihre Kontrolle brachten. Ich erinnere mich noch, wie meine Mutter an diesem Tag sagte, wir würden das Opferfest in unserem alten Haus in Manbidsch feiern, weil Ramadan sei, und dann wieder zurückkommen. Aber ich hatte das Gefühl, sie sagte das nur, weil sie mir irgendeine Erklärung für unsere Abreise geben musste und dass wir in Wirklichkeit nicht mehr nach Aleppo zurückkehren würden. Aber was für eine Alternative hatten wir? Die Bombardierung wurde so heftig, dass wir in den drei Nächten vor der Abfahrt nicht schlafen konnten. Ich glaubte sogar, wir würden sterben.

Ich hatte vor den Bomben Angst, aber ich wollte auch nicht nach Manbidsch mit seinen Katzen und Hunden zurückkehren. Unser letztes Essen in Aleppo war Pizza. Wegen des Ramadan konnten wir erst nach Sonnenuntergang essen – *iftar* sagen wir dazu, Fastenbrechen. Ich fastete nicht – auch das ein Behindertenbonus –, aber der Rest meiner Familie tat es. Ich aß eine Pizza mit Pilzen, meine Lieblingspizza. Während des Essens rief meine Schwester Jamila an und sagte: „Wisst ihr was? Gerade hat ein Hubschrauber Manbidsch bombardiert, vielleicht solltet ihr gar nicht herkommen." Ich war erfreut, weil ich glaubte, meine Eltern würden ihre Pläne ändern und mir ersparen, an diesen furchtbaren Ort zurückzukehren, aber das taten sie nicht.

Wir fuhren am Freitag, dem 27. Juli 2012, los, dem achten Tag des Ramadan, während das Regime das Nachbarviertel bombardierte. Ich wusste nicht, ob ich mein Zuhause je wiedersehen würde. Als Letztes sah ich noch die Sportnachrichten im Fernsehen und kämmte mir die Haare. Wir nagelten kein Blech vor die Wohnungstür. Ayee goss ein letztes Mal die Pflanzen, ließ die Fenster offen stehen und schloss die Wohnungstür ab. Ich blickte nicht mehr zurück.

Später wünschte ich mir, ich hätte etwas zurückgelassen, irgendeinen Hinweis auf mich, den dann Jahre später jemand anders finden würde, zum Beispiel eine Liste meiner zehn liebsten Genies, allen voran Leonardo da Vinci. Dann hätten die Leute gewusst, dass hier einmal ein Mädchen gewohnt hat, das zwar nicht gehen konnte, aber dafür eine Menge wusste.

Mustafa hatte für mich, Bland, Nasrine und meine Eltern einen Kleinbus organisiert. Im Bus war nicht viel Platz, und weil wir so taten, als seien wir nur vorübergehend weg, nahmen wir nur einige wenige Kleider, den Laptop, ein paar Fotos und wichtige Dokumente und natürlich den Fernseher mit. Auf dem Weg aus der Stadt sahen wir halb eingestürzte Häuser und jede Menge Trümmer; ich hatte den Eindruck, als seien die Gebäude einfach zerkrümelt worden. Die Straßen waren gestopft voll mit Hunderten von Menschen, die ebenfalls wegfuhren. Es sah aus, als fliehe ganz Aleppo überstürzt aufs Land, als hätten die Menschen buchstäblich das Frühstück stehen lassen.

Wir passierten verschiedene Kontrollpunkte, zuerst die des Regimes am Stadtrand, dann die der Rebellen. Bei denen des Regimes hielt ich die Luft an aus Angst, sie könnten feststellen, dass Bland keinen Militärdienst geleistet hatte, und ihn mitnehmen. Wegen der Kontrollen und der vielen anderen Autos brauchten wir für die neunzig Kilometer lange Fahrt drei Stunden statt der üblichen anderthalb. Aber wir waren noch rechtzeitig losgefahren. Meine Tante und mein Onkel, die einen Tag später aufbrachen, brauchten siebeneinhalb Stunden.

Wir wussten nicht, was für Zustände in Manbidsch unter der FSA herrschten. Es war eine Art Experiment für Syrien. Als wir in die Stadt fuhren, sahen wir ein paar Transparente, auf denen von Freiheit die Rede war, und einen Mann in einem Che-Guevara-T-Shirt, ansonsten sah alles aus wie früher.

Auch unser Haus hatte sich nicht verändert und ich freute mich überhaupt nicht auf die aggressive, weiß-orange gefleckte Katzenfamilie auf dem Dach und den unheimlichen schwarzen Baum. Die Katzen hatten sich noch vermehrt und die größte von ihnen hatte eine Geschwulst am Hals, was sie noch unheimlicher machte. Da es Sommer war und sehr heiß, schliefen wir auf dem Dach. In der ersten Nacht weinte ich viel und betete zu Gott, er möge die Kämpfe beenden, damit wir nach Hause zurückkehren konnten. Das einzig Gute war, die Sterne wieder zu erleben. Sie und die wunderbare Stille. Die konnte selbst Assad nicht zerstören.

Während der Ramadanmond aufging und den Boden mit dunklen und hellen Stellen überzog, die wie Meere und Berge aussahen, dachte ich an die vielen Dokumentarfilme über das Weltall und die Astronauten, die ich gesehen hatte. „Ich wüsste gern, was für Eindrücke und Gefühle Neil

Armstrong auf dem Mond hatte", sagte ich zu Ayee. „Schlaf bitte", murmelte sie. Aber ich hatte Schwierigkeiten zu schlafen, weil mich die Stechmücken plagten. Sie schienen meine Haut am attraktivsten zu finden. Schön, dass mich jemand mag! Am nächsten Morgen war ich mit Stichen übersät und musste mich ständig kratzen, während ich im Fernsehen die Eröffnung der Londoner Olympiade sah. Zu meiner Begeisterung war auch die Queen zu sehen. Es gab sogar ein Video von ihr mit James Bond. Ich wäre ja so aufgeregt, wenn ich der Queen mal begegnen würde.

Ich ärgerte mich immer noch, dass wir nach Manbidsch gefahren waren, aber in Wirklichkeit hatten wir Glück gehabt. Denn in der Woche nach unserer Abfahrt setzte das Regime in Aleppo Fassbomben ein – ganz buchstäblich mit Metallteilen oder Chemikalien gefüllte Fässer, die von Hubschraubern aus großer Höhe abgeworfen wurden, explodierten und im Umkreis von Kilometern verheerende Schäden anrichteten. Ein Großteil der Kämpfe konzentrierte sich auf die Altstadt. Nach Jahrhunderten des Friedens und des Tourismus wurde die Zitadelle von den Streitkräften des Regimes wieder in eine Festung verwandelt. Man verschanzte sich hinter den mittelalterlichen Mauern, feuerte durch die alten Schießscharten und bemannte die Türme mit Scharfschützen und Maschinengewehren.

Der Suq, unser überdachter Basar, war zur umkämpften Front geworden. Meine Schwestern waren immer so gerne dorthin gegangen und hatten mir von den märchenhaften kilometerlangen Gassen vorgeschwärmt, in denen man von der berühmten Seife bis zur feinsten Seide alles kaufen und in einer mit Fliesen geschmückten Karawanserei ein Bad nehmen, Tee trinken und plaudern konnte. Ich hatte Nasrine einmal alles Geld gegeben, das ich von Opferfesten und Geburtstagen gespart hatte, und sie kaufte mir davon eine Goldkette, die das Kostbarste war, das ich besaß. Jetzt lauerten dort rivalisierende Heckenschützen und es fielen fast jeden Nachmittag Granaten. Im September sahen wir im Fernsehen, wie der alte Suq brannte. Eine viele Jahrhunderte alte Geschichte ging in Flammen auf.

Ende 2012 sah es so aus, als würde die Schlacht um Aleppo gar nicht mehr aufhören. Die Kämpfe waren zu einem ausgewachsenen Krieg eskaliert; auf der einen Seite standen Assad und die Hisbollah und auf der anderen die verschiedensten Rebellengruppen einschließlich krimineller Banden und der Dschabhat al-Nusra oder al-Nusra-Front, dem syrischen Ableger von al-Qaida. Jedes Viertel wurde von einer anderen Rebellengruppe kontrolliert. Das Regime löschte ganze Stadtviertel aus, während die Opposition fast alle Versorgungswege abgeschnitten hatte.

Wer im Westteil wohnte, der vom Regime gehalten wurde, hatte es besser. Von Freunden und Verwandten, die noch in Aleppo waren, hörten wir, dass es im Osten kein Brennmaterial zum Kochen mehr gebe und man von den Bäumen in den Parks die Rinde abgezogen und die Äste abgeschlagen habe. Für Lebensmittel mussten die Menschen in langen Schlangen anstehen, die manchmal bombardiert wurden. Sogar in Müllkippen wurde nach Resten gewühlt, wie man es von armen afrikanischen Ländern kennt.

Einige Leute glaubten, der von unserem Propheten vorausgesagte Jüngste Tag stehe unmittelbar bevor.

6

ALLES IN TRÜMMERN

Manbidsch, Sommer 2012

Ich sah mir eine Sendung über die Bombardierung Dresdens an und Ayee wurde ärgerlich.

„Warum siehst du dir ständig diese alten Kriegsfilme an?“, fragte sie. „Wir haben selber Krieg.“

„Eines Tages, in fünfzig oder hundert Jahren, werden alle Bücher über unseren Krieg lesen“, antwortete ich.

Ich interessierte mich für den Ersten und Zweiten Weltkrieg. Ich konnte nicht glauben, dass Gavrilo Princip, der das Attentat auf Erzherzog Franz Ferdinand verübt hatte, das den Ersten Weltkrieg auslöste, ein siebzehnjähriger serbischer Teenager war. Besten Dank auch, Gavrilo, dass du so viel kaputt gemacht hast!

Dann fiel der Strom aus. Das ärgerte mich, weil ich *MasterChef* sehen wollte, die amerikanische Version der Kochshow, die sehr spannend geworden war, weil eine der Kandidaten, die Vietnamesin Christine Hà, blind war. Ich wollte, dass sie gewann. Wie konnte sie so gut kochen, wenn sie blind war? Das brachte mich auf den Gedanken, dass man, wenn man Erfolg haben wollte, zur richtigen Zeit am richtigen Ort sein musste. Wie Lionel Messi, der kleine Junge, über den sich alle lustig gemacht hatten, weil er Wachstumshormone nehmen musste, und der jetzt der beste Fußballspieler der Welt ist. Ich hatte so meine Zweifel, ob ich am richtigen Ort war. Wäre ich irgendwo anders gewesen, hätte ich vielleicht so werden können wie der fünfzehnjährige amerikanische Jugendliche, der eine Methode erfunden hatte, Bauchspeicheldrüsenkrebs frühzeitig zu erkennen, nachdem einer seiner besten Freunde an der Krankheit gestorben war. Ich möchte nützlich sein; das Gefühl, nichts tun zu können, ist grässlich. Aber ich bin davon überzeugt, dass jeder in dieser Welt seine Bestimmung hat – nur hatte ich meine noch nicht gefunden.

Seit Kriegsbeginn hatten wir ständig Stromausfälle. In Manbidsch war es zwar nicht so schlimm wie anderswo, weil wir den Staudamm in der Nähe hatten, aber auch bei uns gab es Rationierungen. An manchen Tagen hatten wir keinen Strom, an anderen kein Wasser. Deshalb füllten wir alle Gefäße mit Wasser, wenn wir welches hatten. Draußen auf der Straße war es nachts stockdunkel, weil die Straßenlaternen nicht mehr brannten. Jedes Haus hatte einen Vorrat an Kerzen und Taschenlampen. Wenn man keinen Strom und kein Fernsehen hatte, konnte man nur dem Krieg zuhören. Und so hörte ich das Brummen der Hubschrauber und das Knattern der Maschinengewehre.

„Warum habt ihr uns hierher gebracht?“, beschwerte ich mich fast täglich. Wir waren vor dem Krieg aus Aleppo geflohen, aber jetzt war der Krieg nach Manbidsch gekommen, denn das Regime wollte die FSA mit Bomben aus der Stadt vertreiben. Die FSA benutzte eine Schule in der Nähe als Hauptquartier, deshalb fielen in der Umgebung häufig

Bomben. Ich verstand nicht, was wir hier sollten. Die Umrisse der Kampfflugzeuge am Himmel sahen aus wie die Stukas aus den alten Filmen über den Zweiten Weltkrieg. Sie griffen auch genauso an. Die Piloten gingen kurz vor dem Ziel im Sturzflug nach unten, warfen ihre Bomben ab und gingen wieder steil nach oben. Im staatlichen syrischen Fernsehen wurde über diese Angriffe nicht berichtet.

In der ersten Woche nach unserer Rückkehr stieg ein dummer Nachbar mit seinem Gewehr aufs Dach und wollte die Flugzeuge abknallen. „Bist du wahnsinnig?“, schrie meine Mutter. „Wenn sie dich mit deinem Gewehr sehen, glauben sie, dass wir von der FSA sind, und töten uns alle.“ Sie konnte ganz schön heftig werden.

Wir wurden Waffenexperten, konnten bald zwischen MiG-21- und MiG-23-Kampfflugzeugen und Kampfhubschraubern unterscheiden und zwischen Bomben, Streubomben und Raketen. Bland ging immer nach draußen oder aufs Dach, um zu sehen, was passierte, und jedes Mal schimpfte Yaba und befahl ihm, wieder hereinzukommen.

An einem Tag gegen Mittag war Nasrine zu Besuch bei Jamila, als die Bombardierung begann. Ich sah gerade einen faszinierenden Dokumentarfilm über die Raumfahrt zum Mond, als ich über mir das Brummen eines Hubschraubers hörte. Ich wollte es zuerst nicht glauben: Willst du mich ärgern, Assad? Ich wollte weiter fernsehen, aber der Lärm wurde immer lauter. Es gab einen Raketenbeschuss. Jedes Mal, wenn eine traf, spürten wir, wie das ganze Zimmer vibrierte. Ayee und ich versteckten uns im Bad, weil es die stärkste Decke hatte, mit einer Schicht Zement über dem Lehmdach. Unsere andere Zuflucht war der Raum unter der Betontreppe des Hauses, aber da kam ich nur schwer rein.

Wir blieben vier Stunden im Bad. Wenn jemand sterben musste, wollte ich es sein. Die anderen aus meiner Familie waren alle zu etwas nütze, ganz im Gegensatz zu mir, wie ich fand. Ramadan und das Opferfest waren vergangen, aber wir waren immer noch nicht nach Aleppo zurückgekehrt wie versprochen.

„Du hast mich angelogen!“, beschuldigte ich Ayee. „Wir gehen überhaupt nicht mehr zurück, stimmt's?“

An einem anderen Abend waren wir zu Hause. Yaba betete, Ayee und ich saßen nur da, weil wir Stromausfall hatten. Die Fenster standen offen, weil die Ventilatoren nicht liefen. Plötzlich tauchte ein Kampfflugzeug auf und bombardierte die Straße direkt hinter unserem Haus. Alles bebte. Zement und Lehm bröselte von den Wänden und Türen und Fenster gingen zu Bruch.

„Streubomben“, sagte Ayee.

Ich hatte solche Angst, dass ich mit offenem Mund auf dem Rücken lag und aussah, als sei ich tot. Ayee legte sich neben mich und nahm mich in die Arme. Wir hörten ein zweites Flugzeug über uns. Da hielt ich es nicht mehr aus. „Geh weg, Flugzeug!“, schrie ich. „Weg, weg, weg!“

Ayees Handy begann zu klingeln. Nasrine hatte den Angriff vom Dach von Jamilas Haus aus beobachtet und gesehen, wie die Bomben neben unserem Haus einschlugen. Sie war völlig panisch.

Endlich verschwanden die Flugzeuge. Wir hatten wieder Strom und ich schaltete den Fernseher ein und sah eine türkische Serie mit dem Titel *Samar.* Ayee holte einen Besen und fegte die Glasscherben und Zementbrocken zusammen.

Am folgenden Tag erfuhren wir, dass die Flugzeuge eine Beerdigung in der Straße hinter uns bombardiert und fünf Menschen getötet und Dutzende verletzt hatten. Die Druckwelle war so heftig gewesen, dass das Bein einer Frau auf einen Baum hinaufgeschleudert wurde. Von unseren Nachbarn erfuhren wir, ein Spitzel aus der Gegend hätte an das Regime durchgegeben, an der Beerdigung würden wichtige Leute teilnehmen. Das stimmte nicht – es waren nur ganz normale Menschen wie wir anwesend, die versuchten, sich irgendwie durchzuschlagen. Jetzt hatte die Beerdigung zu fünf weiteren Beerdigungen geführt.

Nach einer Weile hatten wir uns so sehr an die Bomben gewöhnt, dass ich gar nicht mehr wusste, was „normal“ war. Nasrine und Bland rannten jedes Mal aufs Dach, wenn Bomben abgeworfen wurden, aber ich wollte das nicht sehen, weil ich wusste, dass es Narben in meiner Psyche hinterlassen würde. Ich hatte Sendungen über Psychologie gesehen und wollte nicht zu einer Soziopathin oder Serienmörderin werden. Meine Geschwister schienen sich in dieser Hinsicht keine Sorgen zu machen.

Nasrine versuchte sogar, ihr Studium fortzusetzen, und wollte Anfang 2013 unbedingt wegen einer Physikprüfung wieder in der Universität erscheinen. Wir machten uns große Sorgen, weil die Hochschule am ersten Tag der Prüfungen im Januar bombardiert worden war. Am Abend vorher sprach sie ein Gebet für die Reise. Für die Fahrt brauchte sie siebzehn Stunden, weil sie wegen der Frontverläufe einen großen Kreis fahren musste. Der Kleinbus, in dem sie saß, wurde von einem Freiwilligen gesteuert, der sich per Handy im Voraus darüber informierte, welche Orte er meiden musste. Sie kamen auf der Tarik-al-Bab-Straße von Osten in die Stadt. Anschließend mussten sie nach Süden abbiegen und dann nach Westen, um die Altstadt zu umfahren, in der die meisten Kämpfe stattfanden. Trotzdem musste Nasrine am Schluss noch eine Frontlinie überqueren. Sie passierte zuerst einen Kontrollpunkt der FSA und dann einen des Regimes. Dazwischen lag eine Gasse, die von Heckenschützen unsicher gemacht wurde. Während sie hinüberrannte, sah sie vier Leichen auf dem Boden liegen, die wegen der Heckenschützen niemand holen konnte und die deshalb von Hunden gefressen wurden. Danach sprach sie nie wieder davon, nach Aleppo zurückzukehren. Das Ergebnis der Prüfung erfuhr sie übrigens nie.

Niemand wusste so genau, wer in Manbidsch das Sagen hatte. Im Stadtzentrum stand ein Gebäude namens Serai. Früher hatte es die Gerichte beherbergt und die Büros des Bürgermeisters und der Polizei. Die Beamten und Polizisten waren entweder geflohen oder zu den Rebellen übergelaufen und jetzt tagte dort ein sogenannter Revolutionsrat, bestehend aus Ingenieuren, Geistlichen, einem Apotheker, einem ketterauchenden ehemaligen Geheimdienstoffizier, einem Anwalt, einem Fliesenfabrikanten und einem Dichter, der fünfzehn Jahre lang im Gefängnis gesessen hatte.

Einiges war gut. Die Läden hatten geöffnet, sogar die Goldhändler, und zwei unabhängige Zeitungen waren gegründet worden. Eine davon hieß *Straßen der Freiheit*. Sie brachte lauter gegen Assad gerichtete Nachrichten und eine Bildergeschichte, in der er „Beescho“ oder „Baby Baschar“ genannt wurde. Das hatten wir noch nie erlebt.

Nicht gut waren die vielen bewaffneten Milizen, die die Stadt unsicher machten. Bland meinte, es gebe siebenundvierzig verschiedene Brigaden. Die größte wurde von einem untersetzten, stiernackigen Mann angeführt, der sich Prinz nannte und in einem weißen Toyota-Hillux-Pick-up voller bewaffneter Männer herumfuhr. Vor dem Krieg ein Kleinkrimineller, war er im Chaos der Revolution mächtig geworden. Er hatte reiche Leute entführt und von ihnen Lösegeld erpresst, von dem er dann Autos und Waffen für seine Gefolgsleute kaufte. Mustafa berichtete, Prinz hätte den Besitzer einer Tankstelle aufgesucht, der Benzin hortete, und ihm zwanzig Millionen türkische Lira abgenommen.

Alle Brigaden schrieben ihre Namen auf die Flanken ihrer Pick-ups, deckten die Schrift dann aber mit Dreck zu, um nicht von den Flugzeugen des Regimes bombardiert zu werden. Manchmal kämpften sie auch gegeneinander und einmal gab es eine heftige Schießerei zwischen zwei Stämmen, von denen der eine Angehörige des anderen entführt hatte. Abends schlossen sich Leute aus der Nachbarschaft zu Gruppen zusammen, um ihre Wohnblocks zu schützen.

Assads Leute waren natürlich wütend darüber, dass sie Manbidsch verloren hatte. Und wenn sie es schon nicht haben konnten, wollten sie offenbar dafür sorgen, dass auch die Rebellen es nicht bekamen – wie Kinder, die einander die Spielsachen kaputt machen. Also bombardierten sie unsere Wasserleitungen, Getreidesilos und Verwaltungsgebäude. Aber wir sind doch Menschen und keine Spielsachen! Den Luftangriffen hatten die Rebellen nichts entgegenzusetzen. Außerdem hatten sie kein Geld, um die Stadt zu verwalten. Die Administration lag darnieder, denn es gab keine Behörden mehr. Wer sich scheiden ließ oder heiratete oder ein Kind bekam, erhielt kein Dokument, mit dem das Ereignis bestätigt worden wäre. Nichts wurde registriert. Und alle Schulen hatten geschlossen.

Die Leute beschwerten sich, weil sie kein Wasser hatten und ihre Rente nicht mehr bekamen. Außerdem hatte das Regime das Internet abgeschaltet, was für Leute wie mich, die sich informieren wollten, sehr ärgerlich war. Strom hatten wir nur deshalb, weil wir in der Nähe des Staudamms wohnten, der einen großen Teil von Syrien mit Strom versorgt. Hätte man uns den Strom gesperrt, wäre der Staudamm möglicherweise von den Rebellen bombardiert worden.

Benzin wurde in die Stadt geschmuggelt, aber es war sehr teuer. Auf dem Basar gab es jede Menge Kleider und Geräte zu kaufen. Angeblich waren dafür Häuser in Aleppo geplündert worden, deren Bewohner geflohen waren, deshalb kauften wir nie etwas, obwohl wir in unserem Haus mehr oder weniger campten, weil wir fast alles in Aleppo zurückgelassen hatten. Was wäre gewesen, wenn wir plötzlich unseren Sachen begegnet wären? Brot dagegen brauchten wir unbedingt und vor den Bäckereien bildeten sich lange Schlangen.

Ein anderes Problem war, dass man im Krieg nie wusste, was gleich passieren würde. Nasrine und Ayee gingen einmal zu ihrem üblichen Kleidergeschäft im Basar, um etwas für eine Hochzeit zu kaufen, und Nasrine sah unterwegs in einem anderen Geschäft eine Langjacke. Ayee wollte weitergehen, aber Nasrine kann sehr hartnäckig sein, also gingen sie hinein und sie probierte die Jacke an. Sie hatte sie gerade angezogen, da waren plötzlich Flugzeuge zu hören, und unmittelbar darauf erfolgte eine Explosion. Das Geschäft, in das sie eigentlich hatten gehen wollen, war bombardiert worden und drei Menschen wurden getötet, darunter der Besitzer. „Die Jacke hat mir das Leben gerettet", sagte Nasrine danach. Später erfuhr sie, dass Evelin, eine alte Schuldfreundin, dort eingekauft hatte. Sie hatte beide Beine verloren und ihr Mann war getötet worden.

Aber nicht nur die Bomben waren ein Problem. Mustafa fährt, wenn er seine Lkws holt, vielleicht zweitausend Kilometer in der Woche. Er sagt, vor der Revolution konnte man in der Wüste schlafen und niemand klaute etwas oder fasste auch nur etwas an. Jetzt sei das anders. Die Kontrollpunkte der FSA verlangten alle Geld – manchmal ein paar Tausend Dollar –, damit sie ihn und seinen Fahrer durchließen. Er fuhr deshalb nachts und nur auf kleinen Straßen, nicht den großen, um die Kontrollpunkte zu umgehen, aber das half nicht immer.

Nicht lange nach unserer Rückkehr nach Manbidsch wurde Mustafa von Mitgliedern der Dschabhat al-Nusra ausgeraubt und um einundzwanzigtausend Dollar erleichtert. Er hatte in Homs einige Autos gekauft, war mit seinem Fahrer nach Kobane gefahren und hatte sie dort verkauft. Als sie am Abend danach anhielten, um zu übernachten, fiel ihm auf, dass der Fahrer ständig telefonierte. Am nächsten Tag sagte der Fahrer, dass auf der Strecke, die sie hatten nehmen wollen, gekämpft würde; sie müssten deshalb einen anderen Weg durch ein Dorf in der Nähe von Deir ez-Zor im Osten Syriens nehmen. Als sie dort eintrafen, lauerten ihnen vier Autos mit bewaffneten Männern auf. Die Männer begannen zu schießen und beschuldigten Mustafa, für die PKK zu arbeiten, die kurdische Miliz. Dann nahmen sie alles Geld mit, das er für die verkauften Autos bekommen hatte. Mustafa entließ danach den Fahrer, weil er davon überzeugt war, dass der gemeinsame Sache mit der Bande gemacht hatte.

Ein paar Monate später wurde er von anderen Milizionären ausgeraubt, als er in eine Gegend namens al-Hasaka fuhr und in einen Kampf zwischen zwei Dörfern geriet. Einige bewaffnete Männer hielten ihn an und wollten wissen, ob er Kurde sei. Sie sagten, er müsse auf ihren „Emir" warten, und brachten ihn und seinen Fahrer zu einem Schulgebäude, in dem sie bereits einige andere Kurden festhielten. Dort nahmen sie ihm seine Autos weg – zwei Mercedes-Lkws –, außerdem sein Bargeld in Höhe von drei- oder vierhundert Dollar und seine Handys. Erst dann ließen sie ihn laufen.

Mustafa erzählte unserem Vater damals nichts davon, weil Yaba ihm dann verboten hätte zu arbeiten, und wir aber doch auf sein Geld angewiesen waren. Er sagte immer, der Krieg sei gut fürs Geschäft, weil der Zusammenbruch der Ordnung bedeute, dass man keine Einfuhrgenehmigungen brauche, und weil außerdem bei den vielen Milizen ein großer Bedarf an Fahrzeugen bestehe. Aber sein Fahrer nahm aus Angst immer einen Kasten Bier mit. Und Yaba warnte Mustafa: „Sei nicht zu gierig, sonst passiert dir noch was."

In unserer Familie gab es große Neuigkeiten. Vielleicht um meine Eltern von den Gefahren seiner vielen Fahrten abzulenken, erklärte Mustafa sich im Alter von siebenunddreißig plötzlich bereit zu heiraten, nachdem er zehn Jahre lang jedes Mädchen abgelehnt hatte, dass Ayee ihm vorgeschlagen hatte. Die glückliche Auserwählte war eine Cousine namens Dozgeen aus einem Dorf in der Nähe von Kobane. Warum er sie heiratete und nicht eine andere – wer weiß? Ich war jedenfalls gottfroh, dass ich mir nicht mehr die Ohren zuhalten musste, wenn die anderen über dieses Thema stritten. Ärgerlich war nur, dass wieder eine Hochzeit mit vielen Gästen bei uns zu Hause anstand, was ich überhaupt nicht mochte.

Als Mustafa und mein Vater nach Kobane fuhren, um die Familie der jungen Frau kennenzulernen und die Einzelheiten wie die Höhe der Brautgabe festzumachen, wurden sie an einem Kontrollpunkt der FSA angehalten. Der Kommandant verlangte Geld, damit sie weiterfahren durften. Da er die beiden kannte, nahm er nur fünfzehnhundert Dollar – Mustafa zufolge hätte er sonst fünftausend Dollar verlangt. Sie hatten überhaupt Glück, weil Mustafa die goldenen Armreife, Ringe und Halsketten der Brautgabe dabeihatte. Wenn der Kommandant das Gold entdeckt hätte, hätte er alles an sich genommen.

Damals hatten wir ständig Besuch von Flüchtlingen, die aus Aleppo kamen wie wir oder aus anderen Städten. Sie kamen, tranken Tee, aßen Pistazien und erzählten die Geschichte ihrer Flucht. Ich musste dann den Fernseher ausschalten, was ärgerlich war, aber nicht nur deshalb wollte ich keine Besucher. Wenn sie gingen, weinte ich immer und meine Mutter fragte mich nach dem Grund. „Es kommt mir vor, als sei jeder sein eigener Fernsehsender, der ständig Flüchtlingsnachrichten sendet", sagte ich. „Du darfst dich nicht aufregen", sagte Ayee dann. „Am wichtigsten ist, dass wir zusammen sind und uns nichts passiert ist."

Meine Tante Shamsa, die Schwester meiner Mutter, und mein Onkel Bozan, deren Tochter Azmar zusammen mit Nahda Jura studiert und dann meinen Bruder Farhad in England geheiratet hatte, hatten Aleppo ebenfalls verlassen und zogen mit ihren Kindern neben uns ein. Onkel Bozan handelte mit Olivenöl. Die Familie war in Aleppo wohlhabend gewesen und besaß ein schönes Haus, aber sie hatte alles zurückgelassen bis auf ihr schönes Auto. „Ich will nur, dass meine Kinder in Sicherheit sind", sagte meine Tante.

Eines Tages im März 2013 mussten Onkel Bozan und sein Sohn Mohammed nach Damaskus, um einige Dokumente zu besorgen, damit Mohammed im Ausland studieren konnte. Sie hatten Manbidsch gerade verlassen, da wurden sie von einer bewaffneten Gruppe angehalten und mit vorgehaltener Waffe zum Aussteigen gezwungen. Die Männer packten Mohammed und sagten meinem Onkel, gegen ein Lösegeld von zwei Millionen syrische Pfund würden sie ihn wieder freilassen.

Onkel Bozan kehrte in schrecklicher Verfassung nach Manbidsch zurück. Alle versuchten, das Geld aufzutreiben. Dann, drei Tage später, als Jamila Tante Shamsa besuchte und Nasrine gerade nach draußen ging, um den beiden Gesellschaft zu leisten, sah sie plötzlich Cousin Mohammed auf der Straße näher kommen. Er sagte, die bewaffneten Männer hätten ihn zu einem Ort in der Wüste irgendwo zwischen Hama und Homs gebracht und dort hätte ein Scheich eines lokalen Stammes ihnen wütend befohlen, ihn laufen zu lassen.

Anfang 2013 intensivierten Assads Truppen ihre Angriffe und feuerten riesige russische Scud-Raketen auf Wohngebiete in Aleppo. Noch mehr Menschen flohen. Ich hatte das Gefühl, dass in Aleppo inzwischen überhaupt keine Menschen mehr wohnten. Man kann sich kaum vorstellen, wie viele der Toten wir kannten, vor allem Nasrine. Sie sagte ständig: „Ach, die oder den kannte ich." Einmal weinte sie, weil eine Scud auf den Wohnblock ihrer besten Freundin Wedad in Aleppo gefallen war und sie glaubte, Wedad sei bestimmt tot. Am Tag danach rief Wedad an. Sie hatte überlebt, aber der Block war zerstört und viele Menschen waren getötet worden.

Ich wusste, dass wir nicht nach Aleppo zurückkehren würden. Als wir etwa ein halbes Jahr in Manbidsch waren, fuhren meine Eltern noch einmal zurück, um unsere Sachen zu holen. Yaba wollte eigentlich nicht, aber wir kurdischen Frauen sind sehr stark und Mustafa sagte im Scherz, mein Vater habe mehr Angst vor meiner Mutter als vor dem Krieg. Als die beiden in Aleppo ankamen, lag alles in Trümmern, nur unser Haus stand noch. Alle Fensterscheiben waren zerbrochen bis auf unsere, die Ayee hatte offen stehen lassen. Sie hätten sich gefühlt wie in einer Geisterstadt, sagten sie.

Wenig später, im April, hörten wir, Flugzeuge des Regimes hätten Chemikalien über Scheich Maksud abgeworfen, Kanister, die explodierten, worauf die Menschen Schaum vor dem Mund bekommen und ihre Pupillen sich ganz eng zusammengezogen hätten. Unter den Toten waren auch zwei Babys.

In gewisser Weise bin ich froh, dass ich nicht mehr zurückgekehrt bin, weil ich so immer die schöne Stadt vor Augen habe, die ich verlassen habe. Nicht das schlimm zerstörte Aleppo, das Nasrine und meine Eltern gesehen haben. Nasrine sagt, sie wünschte, sie wäre nicht zurückgekehrt.

Zeit der Sehnsucht wurde zu meiner Rettung. Die Serie war das Einzige, das mich die Bomben vergessen ließ. Nichts konnte mich davon abhalten, sie mir anzusehen, und wer zu sprechen wagte, während sie lief, bekam einen bösen Blick von mir. Die Rivalität zwischen den Bradys und den DiMeras erschien mir wirklicher als meine eigene Familie. Manchmal schrie ich den Fernseher empört an.

Ich hatte mir die Serie mit Untertiteln angesehen. Dann merkte ich eines Tages plötzlich, das ich ein englisches Wort verstand: das Wort *anything* – „irgendwas“.

7

VOM WINDE VERWEHT

Manbidsch, 2013

Nur für den Fall, dass jemand glaubt, ich würde mein ganzes Wissen aus dem Fernsehen beziehen: Ich las auch gerne Bücher. Natürlich konnte ich mir nicht selbst welche beschaffen, ich musste sie also von Nasrine ausleihen. Manchmal holte ich sie mir auch heimlich aus ihrem Regal, wenn sie weg war. Kurz vor unserem Umzug nach Manbidsch bekam sie *Vom Winde verweht* von Jamilas erwachsenem Stiefsohn geschenkt (ich habe noch gar nicht erwähnt, dass Jamilas Mann zwei Frauen hatte, was mich ziemlich schockierte, als ich es erfuhr, obwohl mein Großvater vier hatte, wie es in unserer Kultur erlaubt ist).

Das wurde mein Lieblingsbuch. Margaret Mitchell ist wirklich eine geniale Schriftstellerin, weil man den ganzen Roman über glaubt, dass zwischen Scarlett O'Hara und Ashley etwas passieren wird, hinter dem Scarlett doch unablässig her ist, aber dann taucht plötzlich dieser Halunke Rhett Butler auf und stellt sich als Hauptperson heraus, und die ganze Geschichte handelt im Grunde von ihm und seiner Liebe zu Scarlett. Wer hätte das gedacht! Ich liebe diese Wendung. Da ist der Bösewicht, und auf einmal stellt sich heraus, dass er die Hauptperson ist, um die sich die

Geschichte dreht. Außerdem will Scarlett, wie wir in Syrien, inmitten eines Bürgerkriegs überleben und ihr geliebtes Zuhause behalten.

Das Gute an Büchern war, dass man sie im Licht einer Taschenlampe oder Kerze lesen konnte, von einem Stromausfall also unabhängig war. Schlecht war, dass in ihnen offenbar nie Personen in Rollstühlen auftauchten, oder nur in *Heidi,* nämlich Heidis reiche Freundin Klara, die aber am Schluss ja gehen kann.

Sosehr ich *Vom Winde verweht* mochte, Scarlett wollte ich auf keinen Fall sein. Sie ist zwar schön, mit einer ganz schmalen Taille, aber dafür auch eingebildet und verwöhnt. Nicht dass ich ihr Vorwürfe machen würde. Sie hatte keine Lebenserfahrung, und als sie dann etwas wollte – Ashley – und nicht haben konnte, wollte sie sich aus verletztem Stolz dafür rächen. Manche Leute halten es für eine Schwäche bei Frauen, ihrem Herzen zu folgen, aber ich persönlich bin froh, dass ich zu dem Geschlecht gehöre, das alles gibt, ohne dafür etwas zu erwarten. In unserer Kultur haben wir natürlich keine wirklichen Liebesheiraten und deshalb auch nicht Scarletts Probleme. Meistens heiraten wir einen Cousin, damit aller Besitz in der Familie bleibt. Allerdings machte ich mir auch schon so meine Sorgen: Wer würde mich schon heiraten wollen, wo ich doch behindert war?

Ungefähr zur selben Zeit bekam Nasrine auch *Die Liebe in den Zeiten der Cholera* von Gabriel García Márquez geschenkt, ein Buch, das wir beide liebten und das ich mir immer heimlich von ihr holte, wenn sie weg war. Sie war darüber wütend, aber was konnte sie tun? Wie gesagt, eine Behinderung hat ihre Vorteile.

Ich las meinen ganzen vierzehnten Geburtstag über dieses Buch. Es war der erste Geburtstag, den ich nicht mit Kuchen und Süßigkeiten feierte, aber ich wollte nicht feiern, weil es mir in Manbidsch so wenig gefiel. Außerdem kam es mir nicht richtig vor, in einem Krieg Geburtstag zu feiern. Das einzig Gute, aber auch Unheimliche war, dass ich zum ersten Mal meinem ältesten Bruder Shiar begegnen sollte. Er rief ein paar Tage vor Silvester an und sagte, er werde nach Syrien kommen, um einen Film zu drehen. Ich war ein wenig nervös. Was war, wenn ich keine geschwisterlichen Gefühle für ihn aufbringen konnte oder er mich nicht mochte oder seltsam fand? Ich war mir nicht sicher, ob er wusste, dass ich nicht richtig laufen konnte. Seit wir Aleppo verlassen hatten, wurde ich natürlich nicht mehr behandelt, und der Zustand meiner Beine hatten sich wieder verschlechtert. Außerdem mochte ich es sowieso nicht, wenn das Haus voller Menschen war, und jetzt würden bestimmt noch mehr Besucher kommen, die den berühmten Filmregisseur sehen wollten.

Im Haus brach hektische Betriebsamkeit aus. Mustafa hatte trotz der kriegsbedingten Lebensmittelknappheit einen Truthahn beschaffen können, der am ersten Tag zubereitet wurde, als wir auf Shiars Ankunft warteten. Ich machte mich auf den großen Moment gefasst. Auf keinen Fall wollte ich von Gefühlen überwältigt werden und weinen. Aber als Shiar dann durch die Tür kam und mich umarmte, weinte *er*.

Meine Sorgen, wie ich mich vor ihm benehmen sollte, waren schnell vergessen, denn er sah aus und benahm sich wie ein Familienmitglied. Alle möglichen Leute kamen ihn besuchen, und wenn sie gingen, redeten wir noch bis morgens um halb vier. Es war eine glückliche Zeit. Ich hatte noch nie erlebt, dass drei Brüder zu Hause waren. Es fehlte nur Farhad, aber er war weit weg in einer Stadt namens Sheffield in England und backte Pizzas. Er macht das, obwohl er von der Ausbildung her eigentlich Zahnarzt ist. Europa war in unserer Vorstellung ein reicher Kontinent, aber Farhad musste eine Zeit lang sogar auf der Straße leben.

Shiar war über die Bomben entsetzt und darüber, wie wir uns an sie gewöhnt hatten. „Wie könnt ihr so leben?“, fragte er immer wieder.

Er wollte einen neuen Film mit dem Titel *Der Weg nach Aleppo* drehen und Bland sollte darin mitspielen. Bland als Filmstar! Sie fuhren auf der Suche nach Drehorten durch die Stadt und besuchten einmal Shiars alte Schule im Westen und dann das Kulturzentrum, in dem Shiar als Jugendlicher oft gewesen war. Bei dieser Gelegenheit sahen sie zum ersten Mal die Leute, die wir später Daesch nannten. Es waren ungefähr acht und sie waren schwarz gekleidet, hatten sich Mützen über die Gesichter gezogen und die Straße mit ihren Pick-ups abgeriegelt. An die Fassade des Zentrums hatten sie die Wörter „Islamischer Staat“ geschrieben. Bei dieser Gelegenheit hörten wir zum ersten Mal davon.

Im Verlauf des Frühjahrs tauchten immer mehr von ihnen auf. Wir wussten nicht, ob sie zur Dschabhat al-Nusra gehörten oder nicht, jedenfalls sahen sie mit ihren langen Bärten und kurzen Hosen ähnlich aus. Prinz und die anderen Bandenführer verschwanden. Unsere Nachbarn waren darüber nicht unglücklich, weil sie die Einwohner schikaniert hatten.

Anfangs waren die Männer in Schwarz freundlich zu den Menschen. Als Mustafa einmal in einem Restaurant aß, kamen welche von ihnen herein und zahlten ihm und den anderen Gästen sogar das Essen. Sie hielten auf dem Stadtplatz *dawa*-Diskussionen ab – eine Art öffentlicher Konferenzen –, auf denen sie über den Dschihad gegen das Assad-Regime sprachen und Tauziehen veranstalteten. Sie boten ärztliche Dienste an und Benzin, das billiger war als dasjenige, das wir auf dem Schwarzmarkt kauften. Sogar ein Melonen-Wettessen für Kinder veranstalteten sie.

Dann tauchten mehr Ausländer unter ihnen auf, Schwarze und Menschen mit blonden Haaren, nicht nur Araber. Plakate mit seltsamen Sprüchen tauchten auf, wie „Ja zur Herrschaft der Scharia in Manbidsch!" Dann sagten sie, Frauen und Töchter müssten Kopftücher tragen, und Frauen, die nicht gehorchten, wurde geschlagen. Sie richteten Gefängnisse ein und verhafteten meinen Cousin. Er hatte ein Tattoo auf der Stirn, deshalb sagten sie, du bist wie eine Frau, und zwangen ihn, einen religiösen Kurs zu besuchen. Dasselbe widerfuhr allen, die Jeans trugen. Wenn meine Mutter oder meine Schwestern ausgingen, mussten sie Schwarz tragen und von Kopf bis Fuß verhüllt sein.

Shiars Tochter Rawan, die ihn begleitete, das Mädchen, das als Kind nicht mit mir hatte spielen wollen, war in Deutschland aufgewachsen und in jeder Beziehung eine Europäerin, aber auch sie musste jetzt einen schwarzen Hidschab tragen. Anfangs fand sie es lustig, aber dann wurde es Sommer und sehr heiß und es war anstrengend, damit zu gehen, wenn man es nicht gewohnt war, deshalb mochte sie ihn nicht mehr.

Es war unheimlich und verwirrend. Als Nasrine mich eines Tages zu Mustafas Auto hinausbrachte, fuhr ein Pick-up des Daesch, wie wir glaubten, an uns vorbei. Nach einigen Metern wendete er und kam zurück. Meine Haare waren wie immer nicht bedeckt und uns blieb das Herz stehen. „Schwester, gibt es hier einen Mann, mit dem wir sprechen können?", rief einer der Männer. Nasrine nickte und holte Bland. Wie sich herausstellte, gehörten die Männer zur FSA und wollten wissen, ob wir einen Rollstuhl brauchten. Wir sagten Nein, obwohl ich keinen hatte.

Nachbarn, die wir seit zwanzig Jahren kannten und die in die FSA eingetreten waren, schlossen sich jetzt dem Daesch an. Man mag es seltsam finden, dass die Menschen sich von diesen Außenseitern sagen ließen, was sie tun sollten, aber Bland meinte, das Problem liege darin, dass die Bevölkerung von Manbidsch nicht gebildet sei und die Leute Angst hätten, nicht als islamisch zu gelten. „Denen kann man doch jeden Aberglauben einreden", sagte er. „Du brauchst nur dreimal ‚Allahu Akbar' zu sagen und schon laufen sie dir in Scharen zu." Er hatte recht. Manbidsch ist ein rückständiger Ort, in dem Frauen sowieso nie irgendwelche Rechte hatten. Als wir damals hier gewohnt hatten, waren Nasrine und unsere Cousine die einzigen Mädchen in der weiterführenden Schule gewesen, die kein Kopftuch trugen.

In einer anderen Stadt namens al-Dana, in der der Daesch um dieselbe Zeit Einzug hielt, gingen die Einwohner im Juli auf die Straße und protestierten gegen die harten islamischen Gesetze. Daraufhin wurden 25 Menschen erschossen und zwei FSA-Anführer enthauptet. Ihre Köpfe wurden neben eine Mülltonne im Ortszentrum gelegt. Wie konnten diese Menschen behaupten, sie seien für den Islam? Keine Religion der Welt erlaubt, unschuldige Menschen zu töten.

Erst später wurde uns klar, dass die Leute des Daesch nach Manbidsch und in andere Städte gekommen waren, weil es sich entweder um Orte handelte, an denen sie ihre Leute über die Grenze bringen konnten (wie Dscharablus an der türkischen Grenze), oder um strategisch wichtige Orte auf dem Weg nach Rakka, ihrem geplanten Hauptquartier, wie Manbidsch und al-Bab. Wir hatten es jetzt also zusätzlich zu den Bomben des Regimes auch noch mit Fanatikern wie denen in Saudi-Arabien zu tun.

Zur gleichen Zeit wurde auch Assad immer schlimmer. Die Iraner halfen ihm, die Rebellen zurückzudrängen. Sogar afghanische Kämpfer wurden als Söldner geholt. Im August 2013 setzte er gegen die von Rebellen kontrollierten Stadtteile von Damaskus Sarin ein. Es war eine Wiederholung von Halabdscha. Ich weiß noch das genaue Datum. Es war der 21. August und ich hatte *Zeit der Sehnsucht* gesehen. Danach zappte ich durch verschiedene Kanäle, landete zufällig bei Al Jazeera und sah die vielen Leichen. Es war schrecklich. Ich schleppte mich mit meiner Gehhilfe ins Bad und stellte mich in meinen Kleidern unter die Dusche. Dann kam ich tropfnass heraus und bat Nasrine, mir einen Kaffee zu machen, obwohl ich gar keinen trinken durfte.

Shiar hatte seinen Film inzwischen fertig gedreht und war nach Deutschland zurückgekehrt. Er hat mir die Handlung erzählt und mich gefragt, wie ich sie finden würde. Es geht um einen Mann, der von Deutschland nach Syrien zurückkehrt und in Aleppo seine Mutter sucht. Er begegnet einer jungen Fotografin, die ihm ihre Hilfe anbietet. Sie kommen in ein zerbombtes Dorf, und als sie gerade dabei sind, den Verletzten zu helfen, werden sie von Soldaten eingesperrt. „Ich mag die Handlung nicht, weil es keine Hoffnung gibt, aber wir brauchen Hoffnung", sagte ich. Darauf begann Shiar zu weinen. Ich glaube, ich habe das Falsche gesagt.

Immer mehr Menschen aus unserem Bekanntenkreis verließen das Land. Einige Cousinen und Nachbarn sagten schon, sie wünschten, die Revolution hätte nie stattgefunden. Dem konnte ich nicht zustimmen. „Meint ihr, ihr wäret glücklicher, wenn ihr zehn Generationen lang von den Assads beherrscht würdet?", fragte ich. „Das kann ich mir nicht vorstellen."

Trotzdem ging das Leben in anderer Hinsicht weiter, als sei nichts passiert. Um etwa dieselbe Zeit fand die Hochzeit meines Bruders Mustafa statt. Wie gesagt, ich kann es nicht ausstehen, wenn meine Geschwister heiraten. Meine absolute Lieblingsfolge aus *Zeit der Sehnsucht* ist übrigens die, in der meine Lieblingsperson EJ DiMera – richtig, der Bösewicht – Sami von der rivalisierenden Familie Brady heiratet. Die Folge heißt bei den Fans übrigens „Schwarze Hochzeit".

Wer die Geschichte nicht kennt: EJ ist der Sohn des

größten Bösewichts der Serie, des Gangsterbosses Stefano DiMera. Er sieht sehr gut aus und spricht mit einem britischen Akzent, weil er auf ein Internat in England geschickt wurde – Eton mit Prinz William! – und dann nach Oxford. Anschließend wurde er Rennfahrer, doch wurde er von seinem Vater nach Amerika zurückgerufen, wo er den Bradys das Leben zur Hölle machen sollte. Es stand fest, dass er alles tun würde, um die Liebe seines Vaters zu gewinnen und zum ersten Mal zur Familie dazuzugehören, aber man merkte auch sofort, dass Stefano ihn nur für seine Zwecke ausnutzte und zu wirklicher Liebe gar nicht fähig war.

Um seinem Vater zu gefallen und die Bradys zu provozieren, verführt EJ Sami Brady, das schwarze Schaf ihrer Familie. Sami wird schwanger und die beiden heiraten. Damit soll die Fehde zwischen den Familien beendet werden, nur dass EJ unmittelbar nach dem Jawort von Samis Exmann Lucas in den Rücken geschossen wird. Ich fand das irgendwie komisch, weil ich immer geglaubt hatte, *Zeit der Sehnsucht* sei so verschieden von unserem Leben, aber in unserer Gesellschaft gibt es auch Fehden – wie die, derentwegen wir von Kobane wegziehen mussten – und wir legen sie oft durch eine Hochzeit bei.

Bei uns wird zur Feier einer Hochzeit oft geschossen. Ich verstand nicht, was es da zu feiern gab, weil eine Hochzeit doch bedeutete, dass man ein Familienmitglied verlor. Ayee versuchte mir zu erklären, dass wir diesmal eine Person dazugewinnen würden, nämlich Mustafas zukünftige Frau Dozgeen, die nur ein paar Jahre älter war als ich. Die beiden wollten am Anfang sogar in unserem Haus wohnen, während wir zu unseren Cousinen im Nachbarhaus ziehen sollten. Ich verstand nicht, was daran gut sein sollte.

Schon bald wurde Dozgeen aus Kobane zu uns gebracht. Sie hatte kein Hochzeitskleid und wegen der Kämpfe hatte das Auto für die Fahrt durch die kleinen Dörfer vier Stunden gebraucht. Bei ihrer Ankunft war ich furchtbar müde und mein Magen spielte verrückt. Am liebsten hätte ich meine Ruhe gehabt, aber es war ein wichtiger Moment für unsere Familie. Das Haus füllte sich mit Gästen, die bis spät in die Nacht blieben, traditionelle Tänze aufführten und taten, als gebe es keinen Krieg und keinen Daesch. Ich musste die ganze Zeit lächeln, als sei ich bestens gelaunt.

Doch Ayee behielt recht. Dozgeen wurde für mich wie eine Schwester. Am Tag nach der Hochzeit, als sie in einem schönen purpurroten Kleid auf einem Sessel saß, fragte ich sie gründlich aus. „Was ist deine Lieblingsfarbe? Was ist dein Lieblingsfilm? Dein Lieblingsessen?“

Sie beantwortete alle meine Fragen. Dann sagte sie, meine Mutter habe sie ermahnt, nett zu mir zu sein, weil ich der Familie sehr viel bedeute.

Es war schön, jemand Neues im Haus zu haben, zumal der Fernseher aufgrund der Stromausfälle ständig ausging. Das war furchtbar ärgerlich, weil ich jeden Morgen der neuesten Entwicklung der Liebesgeschichte zwischen EJ und Sami oder EJami, wie wir Fans sie nannten, entgegenfieberte.

Als EJ angeschossen wird, muss Sami so tun, als liebe sie ihn, damit er sich erholt. Aber als es ihm besser geht, fängt er eine Affäre mit Samis Erzrivalin Nicole an und schwängert sie ebenfalls. Die Geschichte von EJ und Sami ist im Grunde die einer dramatischen Liebesbeziehung, in der die beiden miteinander streiten, sich versöhnen, wieder streiten und lügen und so weiter. EJ ist einerseits gemein und grausam, andererseits aber auch so verletzlich und liebesbedürftig – und sein Vater so grausam –, dass man zuletzt auf seiner Seite steht.

Zusätzlich zur Aufregung wegen der Bomben und der Hochzeit in meiner eigenen Familie musste ich also auch noch die Kapriolen dieses streitbaren Paars verkraften. Manchmal wäre ich fast durchgedreht.

Und ich verpasste weiterhin wichtige Folgen, weil die Serie Samstag bis Mittwoch von Viertel nach neun bis zehn auf MBC 4 gesendet wurde und der Strom in Manbidsch rationiert war. An manchen Tagen wurde er um sechs Uhr morgens ab- und um neun gerade rechtzeitig wieder angeschaltet. An anderen ging der Strom um sieben aus und erst um zehn wieder an. Um 16 Uhr wurde die Folge zwar wiederholt, aber um diese Zeit war das Wohnzimmer oft voller Gäste mit Flüchtlingsgeschichten oder mein Vater redete mit seinen Freunden über die Lage, deshalb verpasste ich sie. Und dann war mir, als hätte ich meine Freunde nicht bei mir, obwohl ich sie doch so dringend brauchte, auch wenn sie von meiner Existenz nichts wussten.

Ich schärfte meiner Familie ständig ein, dass ich die Serie nicht verpassen dürfe, weil sie mein Englischunterricht sei. Seit ich herausgefunden hatte, dass ich das Wort *anything* verstand, versuchte ich, mehr englische Wörter zu lernen. Schon bald merkte ich, dass ich ganz viele kannte. Wenn ich einen ganzen Satz verstand, war ich überglücklich. An Shiars Besuch war unter anderem gut gewesen, dass ich mit ihm Englisch üben konnte. Ich kannte sonst niemanden, der es sprach.

Ich begann, mir gezielter Sendungen anzusehen, etwa *Dr. Oz* wegen der medizinischen Wörter, mit dem Hintergedanken, dass ich mich eines Tages vielleicht an einem Krankenhaus im Ausland behandeln lassen würde. Ich sah die Kochsendung *MasterChef* wegen der Wörter, die mit Essen und Kochen zu tun hatten, die Talentshow *America's Got Talent,* um Ausdrücke aus allen möglichen kulturellen Bereichen zu lernen, Tierprogramme wegen der Tiernamen und außerdem historische und naturwissenschaftliche Dokumentarfilme, die mir nützen konnten, sollte ich einmal studieren (auch wenn ich nie zur Schule gegangen war!). Aber für die Alltagssprache brauchte ich natürlich *Zeit der Sehnsucht.* Die Protagonisten dieser Serie kamen mir manchmal wirklicher vor als meine eigenen Brüder, die ich nur selten sah. Ich wollte unbedingt, dass ihr Schicksal so verlief, wie ich es mir wünschte. Irgendetwas musste doch gut ausgehen.

8

VERZEIH MIR, SYRIEN

Manbidsch, Juli–August 2014

Shiar brachte uns letztlich dazu, Syrien zu verlassen. Er war entsetzt gewesen, wie wir inmitten der Bomben und Dschihadisten lebten, und lag uns nach seiner Rückkehr nach Deutschland ständig in den Ohren auszureisen.

Im Frühling und Sommer 2014 schien sich alles zuzuspitzen. Zunächst erfuhren wir, dass der Schriftsteller Gabriel García Márquez gestorben war, was Nasrine und mich sehr erschütterte. Dann wurde EJ in *Zeit der Sehnsucht* getötet. Er und Sami hatten sich endlich versöhnt, doch dann wurde er von seinem eigenen Leibwächter verraten und umgebracht. Ich hatte wohl schon geahnt, dass so etwas passieren würde, und war erfreut, dass ich richtig geraten hatte, aber natürlich hinterließ EJs Tod ein große Lücke in meinem Leben.

Assads Armee war aus unserem Gebiet abgezogen und konzentrierte sich auf die Verteidigung von Damaskus. Jetzt kämpften kurdische Milizen, die YPG, gegen den Daesch. Wir Kurden sind zwar auch Muslime, aber nicht fanatisch – wir identifizieren uns mehr über unsere kulturelle Zugehörigkeit. Die Menschen bezeichneten unsere Gegend schon als Rojava – unseren kurdischen Staat.

Im Januar richtete der Daesch sein Hauptquartier in Rakka ein, das gerade mal gut hundertfünfzig Kilometer entfernt war. In Manbidsch waren seine Anhänger immer strenger geworden. Nicht nur wurden die Frauen gezwungen, einen Gesichtsschleier zu tragen, die Männer sollten fünfmal am Tag in die Moschee zum Beten gehen. Ein vierzehnjähriger Junge wurde angeklagt, eine alte Frau vergewaltigt zu haben, und enthauptet. Seine Mutter starb vor Kummer. Auch die Musik wurde verbannt. Ich hatte damals gerade die klassische Musik entdeckt und liebte das *Concierto de Aranjuez* für Gitarre und Orchester von Rodrigo und *Time to Say Goodbye* mit Andrea Bocelli. Ich ärgerte mich regelrecht, dass ich auf diese Musik nicht schon früher gekommen war. Ich fand mich doch sonst so gut im Entdecken neuer Sachen!

Im Juni eroberten die Anhänger des Daesch zur allgemeinen Überraschung die kurdische Stadt Mossul im Nordirak und marschierten auf Bagdad. Sie veröffentlichten ein Video, in dem ihr Anführer Abu Bakr al-Baghdadi in der Moschee predigt und ein Kalifat ausruft, das sich bis nach Spanien erstrecken sollte. Das zu verwirklichen sei die Pflicht aller Muslime, sagte er, eine Pflicht, die jahrhundertelang missachtet worden sei, die es aber zu erfüllen gelte.

Dabei gibt es doch seit tausend Jahren kein Kalifat mehr. Marsch auf Bagdad! Als wollte man die Zeit zurückdrehen und die Rolex wegwerfen. Doch über die Rede wurde weltweit berichtet und auf einmal redeten alle im Westen von nichts anderem mehr als dem Daesch, so als hätten sie ihn gerade entdeckt.

Als Nasrine und Bland einmal mit dem Auto durch einen

Kreisverkehr fuhren, sahen sie, dass dort auf einem Spieß ein Kopf steckte. So etwas passierte immer öfter. An einem anderen Tag kamen bewaffnete Männer zum Haus von Tante Shamsa und Onkel Bozan, deren Sohn entführt worden war, schossen in die Luft und hämmerten gegen die Tür – vielleicht, weil vor dem Haus zwei schöne Autos standen. Niemand war zu Hause, aber als meine Tante und mein Onkel bei ihrer Rückkehr erfuhren, was geschehen war, beschlossen sie, nach Kobane zu ziehen.

Später riefen sie uns mit einer schrecklichen Geschichte an. Ihr Nachbar, der ebenfalls Kurde war, hatte eine schöne Tochter und eines Tages, als er nicht zu Hause war, kamen Kämpfer des Daesch und wollten sie mitnehmen. Der dreizehnjährige Bruder stellte sich ihnen entgegen, aber sie töteten ihn. Am folgenden Tag kehrten sie zurück und sagten, die Tochter müsse ihren Emir heiraten, man solle sie fertig machen, sie würden sie abholen. Den entsetzten Eltern blieb keine andere Wahl. Die Männer kamen wieder und holten die Tochter. Nach einer Woche durfte sie für einen Tag nach Hause. Ihre Mutter fragte sie: „Wer ist dein Mann? Ist er ein guter Mensch?“ Da begann das Mädchen zu weinen. „Glaubst du, du hättest mich nur einem Mann zur Frau gegeben?“, sagte sie. „Ich habe jede Nacht zehn Männer.“

Am folgenden Tag verließen wir Manbidsch.

Allerdings ging nicht die ganze Familie. Meine Eltern wollten zurückbleiben und sich um das Haus kümmern. Sie sagten zwar, sie würden bald nachkommen, aber ich wusste noch, wie Ayee mir nach der Abreise aus Aleppo versprochen hatte, wir würden nach dem Opferfest zurückkehren, und inzwischen waren zwei weitere Opferfeste vergangen. Tief im Innern spürte ich, dass meine Eltern Syrien nicht verlassen wollten. Beim Abschied liefen mir Tränen über das Gesicht und ich klammerte mich an Ayee. Ich war noch nie von ihr getrennt gewesen und wir schliefen immer zusammen.

Nach einem Frühstück mit Fladenbrot, das wir in mit Oregano, Sumach und Sesam gewürztes Olivenöl tauchten – unsere Version eines Erdnussbutter-Sandwichs –, fuhren wir am Morgen ab. Mustafa war bereits in die türkische Stadt Gaziantep vorausgefahren, in der viele Syrer lebten, um eine Wohnung für uns zu suchen. Onkel Ahmed fuhr uns mit seinem Auto, weil er einen Pass hatte und deshalb über die Grenze durfte. Bland saß vorne, ich quetschte mich mit Nasrine und Mustafas Frau Dozgeen, die schon fest zur Familie gehörte, auf die Rückbank. Mit unseren vielen Sachen hatten wir nicht viel Platz. Nasrine und Dozgeen trugen Burkas. Es war ein schöner, sonniger Tag, und wer uns sah, musste uns für eine ganz normale Familie halten, die einen Tagesausflug machte. Die böse weiße Katze mit dem orangefarbenen Augenflecken und dem Halstumor stand auf dem Hausdach und sah uns nach. Den Katzen weinte ich keine Träne nach. Sie waren wie Daesch-Katzen.

Zur Grenze dauerte es weniger als eine Stunde. Schon bald fuhren wir durch sanfte grüne Hügel und goldene Weizenfelder, hinter denen die Türkei lag. Wir wollten die Grenze bei Dscharablus überqueren, das am Westufer des Euphrat liegt und ebenfalls vom Daesch kontrolliert wurde.

Als wir näher kamen, sahen wir dessen schwarze Fahne wehen. Ich sah sie zum ersten Mal und dachte unwillkürlich an die Berichte vom Januar, als in Dscharablus gekämpft worden war. Die Anführer des Daesch hatten Menschen erschossen, die Rebellenführer enthauptet und die Köpfe auf dem Hauptplatz auf Spieße gesteckt. Hoffentlich bekam ich so etwas nicht zu sehen.

Wir fuhren um eine Kurve und sahen vor uns eine Straßensperre. Schwarz gewandete Männer hielten uns mit erhobener Waffe an. Sie waren furchtbar anzusehen mit ihren langen Bärten, langen Haaren und kurzen Hosen und mit den auf uns gerichteten Gewehren. Ich kam mir vor wie in einem Actionfilm.

Mein Onkel kurbelte die Fenster hinunter. Mir war, als hätten selbst die Vögel aufgehört zu singen.

Die Kämpfer zeigten auf mich. „Warum trägt sie keinen Schleier?", wollten sie wissen. Ihr Arabisch klang für uns fremdartig. Ich hatte eine solche Angst, dass ich zitterte.

„Sie ist erst zwölf", sagte Bland, „und sie ist behindert."

Die Männer besprachen sich eine Weile. Dann wandte sich einer wieder an Bland. „Sag ihr, sie soll in Zukunft ein Kopftuch tragen", sagte er zu ihm, als sei ich taub.

Sie ließen uns passieren und wir fuhren weiter. Auf der anderen Seite sahen wir eine große türkische Flagge, den weißen Mondstern auf rotem Grund. Am Übergang drängten sich Hunderte von Syrern, die meisten zu Fuß unterwegs und mit Koffern und Bündeln, die ihre Habe enthielten. Da wurde mir zum ersten Mal bewusst, dass auch wir Flüchtlinge waren.

Mein Onkel, der wie Mustafa ständig über die Grenze

fuhr, weil er Handys für sein Geschäft importierte, kannte einen Grenzbeamten, deshalb mussten wir nicht in der Schlange anstehen. Er sagte, früher sei es ganz leicht gewesen hinüberzukommen. Die Türken hätten in Syrien billiges Benzin und Zigaretten gekauft, die Syrer in der Türkei Luxusgüter, fast als gebe es keine Grenze.

Damals waren Assad und der türkische Präsident Recep Erdoğan Verbündete und Freunde gewesen. Das hatte sich geändert. Assad hatte die türkischen Offiziellen ignoriert, die zu Anfang der Revolution mit der Empfehlung nach Damaskus gekommen waren, auf die Demonstranten zu hören und Reformen einzuführen. Als ihre Vorschläge auf taube Ohren stießen, ließ Erdoğan zu, dass das erste große syrische Oppositionsbündnis, der Syrische Nationalrat, in Istanbul eine Exilregierung etablierte und die FSA in der Nähe der Grenze Ausbildungscamps einrichtete.

Obwohl Onkel Ahmed dem Grenzbeamten ein Bündel Scheine zusteckte, sagte der Beamte, nur mein Onkel und ich könnten passieren. Daraufhin meinte Bland, er müsste mit jemandem sprechen, und ging zu Fuß zurück. Wir warteten vier Stunden lang im Auto. Es wurde immer heißer. Während wir warteten, fragte ich Onkel Ahmed nach der Türkei aus, zum Beispiel, warum auf der türkischen Flagge ein Halbmond und ein Stern abgebildet seien (mein Onkel meinte, beides sei dem ersten osmanischen Herrscher im Traum erschienen) oder wie viele Menschen in der Türkei im Vergleich zu Syrien leben (80 Millionen im Vergleich zu 23 Millionen – natürlich bevor so viele das Land verlassen hatten). In der Nähe spielten Kinder und wir sahen, dass sie so taten, als würden sie einander erschießen und enthaupten. Wohin war es mit unserem Land gekommen?

Bland kehrte zurück und sagte, hier kämen sie nicht über die Grenze, aber er habe von einem anderen Ort gehört. Also fuhren er, Nasrine und Dogzeen mit einem Taxi zu einem Dorf namens Arai, in dem Flüchtlinge mithilfe von Schleusern die Grenze überqueren konnten. Sie zahlten jeder fünfzig Dollar und wurden einer Gruppe von ungefähr zwanzig Flüchtlingen zugeteilt. Der Schleuser wies sie an, in Richtung des Grenzzauns zu gehen und sich dann in einem Gebüsch zu verstecken.

Nach etwa einer halben Stunde gab er ihnen ein Zeichen. Die Grenze bestand nur aus einem niedrigen Zaun, über den sie ganz leicht steigen konnten. Sie gingen noch etwa eine halbe Stunde auf der anderen Seite bis zu einer Stelle, an der ein Kleinbus wartete, der sie zu uns brachte.

In Dscharablus fuhren Onkel Ahmed und ich einfach hinüber – eine banale Fahrt, wie mir vorkam, für eine so einschneidende Veränderung. Auf eine Mauer hatte jemand geschrieben: „Deine Heimat ist kein Hotel, aus dem man auschecken kann, wenn der Service schlecht ist.“ Tränen liefen mir über das Gesicht. Es war schwer zu glauben, dass Aleppo nur zwei Stunden von hier entfernt war. Ich hatte keine Freundinnen, von denen ich mich verabschieden musste, und mein Bruder und meine Schwester begleiteten mich, aber ich war trotzdem traurig. Vergib uns, Syrien, flüsterte ich.

Wir sammelten Bland, Nasrine und Dozgeen ein, die von ihrem Abenteuer noch ganz aufgekratzt waren, und fuhren eine Weile auf einer Straße an der Grenze entlang. Hin und wieder sahen wir riesige Lager von weißen Zelten. Die Türkei hatte die Flüchtlinge willkommen geheißen und an der Grenze eine Reihe von Lagern errichtet. Zuerst waren einige wenige gekommen, dann im ersten Jahr zehntausend und jetzt eine ganze Flut. Eine halbe Million oder mehr hatten vor uns die Grenze überquert. Es gingen so viele, dass ich das Gefühl hatte, Assad würde bald in einem Land ohne Menschen sitzen oder nur noch seine Alawiten haben. Die Lager waren alle voll und wir sahen Menschen, die am Straßenrand unter Zweigen und Tüchern schliefen. Ich war froh, dass wir eine Unterkunft hatten.

Nach Gaziantep waren es ungefähr drei Stunden. Ich war plötzlich schrecklich müde. Es war aufregend, in einem neuen Land zu sein, und ich war froh, Bomben und Daesch hinter mir gelassen zu haben. Es war, als sei eine große Last von uns abgefallen, aber ich vermisste meine Eltern.

Bei Einbruch der Dämmerung kamen wir in Gaziantep an, einer Großstadt mit einer gewaltigen Festung. Die Hügel waren mit steinernen Häusern in Grau-, Rosa- und Ockertönen bedeckt und mit Moscheen, auf deren Minaretten goldene Mondsicheln glänzten. Alles war hell erleuchtet. Wir hatten schon so lange keine brennenden Straßenlaternen mehr gesehen. Es war Freitagabend und auf den Straßen drängten sich die Menschen. Uns fielen fast die Augen aus dem Kopf, als wir die Frauen in engen Jeans und T-Shirts oder in winzigen Miniröcken sahen und die vielen jungen Paare. Es gab Straßen mit Handyläden und Bäckereien, die Baklava verkauften, und Restaurants, die Tische auf den Gehweg gestellt hatten, Kinos, Einkaufszentren und Parks, in denen sich Familien vergnügten. Als wir die Fenster aufmachten, roch es nach Pistazien und Rosenwasser und Schischas. „So war es in Aleppo früher“, sagte Nasrine.

Unser neues Zuhause lag in einem Vorort namens Jinderes im Norden der Stadt. Dort trugen mehr Frauen Kaftan und Kopftuch. Hier lebten viele Kurden, erklärte Bland. Viele Flüchtlinge wohnten bei Verwandten, aber wir hatten Glück, denn Mustafa und Shiar hatten für uns eine Wohnung im ersten Stock über einem Supermarkt an der Hauptstraße gemietet. Nur wenige Häuser weiter gab es einen syrischen Kebabimbiss. Bland trug mich die Treppe hinauf, diesmal nur einen Stock statt fünf. Die Wohnung war hell und luftig und hatte ein großes Zimmer mit vielen Kissen, in dem wir alle schlafen konnten, und natürlich einen Fernseher. Sofort suchte ich nach bekannten Sendern wie National Geographic und MBC 4 für *Zeit der Sehnsucht.*

Wir hatten auch Internet. Ich verwendete zum ersten Mal in meinem Leben Google. Als Erstes suchte ich nach *Zeit der Sehnsucht.* Man stelle sich mein Erstaunen vor, als ich erfuhr, dass es sich um die am längsten laufende amerikanische Seifenoper handelte.

Am ersten Abend sahen Nasrine und ich einen Film über eine Quizsendung in Indien mit dem Titel *Slumdog Millionär.* Ein armer Junge, Mitglied einer Bande, die er „Die drei Musketiere“ nennt, ist nur noch eine Frage vom großen Preis entfernt. Gefragt wird nach dem Namen des dritten Musketiers und er kennt ihn nicht! Dabei wurde mir bewusst, dass ich die Namen der Schauspieler nicht kannte, die meine Lieblingshelden EJ und Sami spielten. Sofort googelte ich sie.

Ich brauchte dann doch nicht so lange zu warten, bis ich meine Eltern wiedersah. Nur fünfzehn Tage nach unserer Abreise wurde meine Mutter in Manbidsch krank. Sie litt unter heftiger Atemnot und Mustafa, der zu Hause war, brachte sie ins Krankenhaus. Dort begegneten sie lauter schwarz gekleideten Männern mit langen Bärten und langen Haaren, die den anderen Menschen Angst machten. Es wurden nur Patienten aufgenommen, die schwer krank waren, vor allem die, die im Zuge der Bombenangriffe verwundet worden waren. Ayee bekam zwar kaum noch Luft, aber man sagte ihr, es gebe keine Ärzte und sie solle wieder gehen. Am folgenden Tag brachte Mustafa meine Eltern nach Gaziantep.

Wir waren alle wieder zusammen, wenn auch in einem anderen Land. Und hier fielen keine Bomben. „Die beiden Jahre in Manbidsch haben sich wie zehn angefühlt", gestand Ayee ein paar Tage später.

Doch ich spürte instinktiv, dass wir noch nicht am Ende der Reise angelangt waren. Shiar hatte von Deutschland gesprochen. Eines Nachts, als alle schliefen, lieh ich mir heimlich Shiars Laptop aus und googelte „Deutschland Therapien für Zerebralparese".

TEIL ZWEI

DIE REISE
EUROPA, AUGUST – SEPTEMBER 2015

Um als Migrant erfolgreich zu sein, muss man die Gesetze kennen. Man muss erfinderisch sein und braucht ein Smartphone und einen Account auf Facebook und WhatsApp. Man braucht etwas Geld. Im Idealfall spricht man auch ein paar Brocken Englisch. Und in meinem Fall braucht man eine Schwester, die den Rollstuhl schiebt.

NUJEEN

9

ERWEITERN SIE IHRE WELT

Gaziantep, Samstag, 22. August 2015

Der Abschied fiel mir nicht leicht. Am Abend davor machte Ayee mein Lieblingsessen, ein traditionelles kurdisches Gericht mit Truthahn, Bulgur und Petersilie, das sehr würzig schmeckt. Nasrine zählte unser Geld – sie hatte einen Brustbeutel mit dreihundert Dollar und dreizehnhundert türkischen Lira – und ging unsere Sachen durch. Sie hatte einen grauen Rucksack mit der Aufschrift „Touching Air" gekauft und ihn gepackt mit je einer Garnitur Wechselkleider für uns beide – Bluse und Jeans –, außerdem Schlafanzug, Unterwäsche, Zahnbürsten und einem Ladegerät für ihr Smartphone, unser wichtigstes Utensil. Ich nahm außerdem mein Gehgestell mit, das zwar ein wenig sperrig zu transportieren war, aber nützlich, wenn ich auf die Toilette musste. Es war nicht viel Gepäck für eine so lange Reise.

Mein Vater hatte Tränen in den Augen, weil er immer sagt, die Familie sei das Wichtigste im Leben. „Bete für unsere sichere Reise, Yaba", sagte ich zu ihm. Ich wollte nicht, dass er zum Flughafen mitkam, weil ich wusste, die Rührung würde ihn überwältigen, und ich mag nicht, wenn Menschen zu emotional werden.

Nur Ayee und Mustafa begleiteten uns. Bevor wir abflogen, nahm meine Mutter mir noch die goldene Halskette aus Aleppo ab, das einzige Kostbare, das ich besaß, weil wir gehört hatten, dass man unterwegs ausgeraubt werden konnte. Sie legte sich die Kette selbst um den Hals und begann zu weinen. „Mein Gott, ich fahre doch nicht nach New York oder L. A., sondern nur nach Europa", sagte ich verärgert. Dann schob Nasrine mich weg, vorbei an einem großen Plakat von Turkish Airlines mit dem Slogan „Erweitern Sie Ihre Welt", und ich winkte noch zum Abschied.

Ich betrachtete das Ganze gar nicht als richtigen Abschied, denn ich war überzeugt, wir würden uns schon bald wiedersehen. Und ich hatte Reisefieber. Ich, die ich viele Jahre lang kaum aus der Wohnung im fünften Stock in Aleppo herausgekommen war, sollte jetzt nach Deutschland reisen! Wir wollten über die Türkei nach Izmir im Westen fliegen, unsere Reise dann auf dem See- und Landweg fortsetzen und in Deutschland zu Bland stoßen, der bereits vier Monate zuvor aufgebrochen war. Ich hatte seinen Wohnort Dortmund gegoogelt. Bis dorthin waren es zweitausendneunhundert Kilometer Luftlinie und dreitausendsiebenhundert Kilometer auf der Straße.

Meine Eltern meinten, sie seien zu alt für eine solche Reise, und Mustafa musste weiter Geld verdienen, um ihre Miete und unsere Reise zu bezahlen. Deshalb gingen nur Nasrine und ich. Und der Rollstuhl, den wir kurz zuvor von einer Wohlfahrtsorganisation bekommen hatten.

Wir wollten gehen, weil wir in Gaziantep nicht leben konnten. Die Türken hatten uns vielleicht in ihr Land gelassen, aber sie mochten uns nicht. Einst waren wir stolze

Syrer gewesen, die Nachfahren einer uralten Kultur. Jetzt waren wir Flüchtlinge, ein Nichts. Bland konnte nicht arbeiten, Nasrine nicht studieren. Positiv war, dass es hier keine streunenden Katzen und Hunde und keine Bomben und Granaten gab, obwohl wir jedes Mal zusammenzuckten, wenn jemand etwas fallen ließ oder ein Auspuff knallte. Aber in Wirklichkeit ging es uns Syrern in der Türkei ziemlich schlecht. Obendrein waren wir noch Kurden. Arbeiten konnten wir nur illegal und dann war man den türkischen Chefs ausgeliefert, die das auch ausnutzten und einen schlechten Lohn oder manchmal auch gar nichts zahlten.

Ich war noch am besten dran, weil ich fleißig fernsah, um mein Englisch zu verbessern (nicht Türkisch, das ich für eine furchtbar hässliche Sprache hielt), und mich im Internet informierte. Es ist ein so schönes Gefühl, sich neue Informationen anzueignen, und Shiar hatte mir einen Laptop geliehen, auf dem ich alles nachsehen konnte. Der Laptop war wie eine Schatztruhe. Wer hat *Tom und Jerry* erfunden? Wie reich ist Mark Zuckerberg? Wie kam Stephenie Meyer auf die Idee mit den Vampiren für ihre *Twilight*-Bücher? Und vor allem googelte ich alles über James Scott und Alison Sweeney, die Schauspieler, die in *Zeit der Sehnsucht* EJ und Sami spielten.

Meine neueste Leidenschaft war Queen Victoria, die nach dem Tod ihres Mannes nur noch Schwarz getragen hatte, also eine sehr lange Zeit, denn bei Alberts Tod war sie erst zweiundvierzig und sie wurde einundachtzig!

Es ist komisch, weil sie in Filmen immer so mürrisch wirkt, aber dann fand ich heraus, dass sie Tagebuch geführt hat und man ihre Tagebücher online lesen konnte. Also tat ich das – allerdings nicht alle 141! – und es stellte sich heraus, dass sie ganz anders war. Albert war ihr Vetter und Deutscher und sie musste ihm einen Antrag machen, weil sie die Königin war. Sie bestieg zwar schon schrecklich früh den Thron, mit nur achtzehn Jahren, und heiratete mit zwanzig, aber sie bewahrte sich trotzdem ihren kindlichen Übermut, und das gefiel mir besonders an ihr. Obwohl sie die mächtigste Frau der Welt war, schrieb sie in ihrem Tagebuch, dass sie wie ein Teenager wahnsinnig verliebt sei, und sie hätte am Morgen nach der Hochzeit fortwährend Alberts „schönes Gesicht" ansehen müssen. Außerdem schreibt sie, wie sie sich mit ihm über Oper, Architektur und Ausstellungen unterhalten hätte. Ich hasse es, wenn Frauen ihr eigentliches Wesen aufgeben. Sie sollten verrückt sein, sich verlieben, über Filme weinen und im Regen singen, auch wenn sie noch so mächtig sind.

Als Albert mit nur zweiundvierzig an Typhus starb, schrieb Victoria, das habe ihr das Herz gebrochen. Im Grund erholte sie sich nie davon. Ich hätte nicht gedacht, dass auch Königinnen gebrochene Herzen haben können.

Und noch etwas Interessantes: Victoria hieß mit Vornamen eigentlich Alexandrina. Sie wurde nach dem Enkel Katharinas der Großen genannt, Zar Alexander I., der Napoleon besiegte und einer meiner Romanows war.

Wir bräuchten in Syrien auch eine mächtige Königin oder einen Romanow für unsere vielen Probleme. Wer es nicht weiß: Vor vielen Jahren hatten wir tatsächlich eine Monarchin, sie ist sogar auf unseren Fünfhundert-Pfund-Scheinen abgebildet. Sie hieß Zenobia, stammte von Kleopatra ab und wurde im dritten Jahrhundert in Palmyra geboren. Wie Victoria wurde sie sehr jung Königin, mit Mitte zwanzig, und herrschte über ein eigenes, das palmyrenische Reich. Mutig forderte sie das mächtige Rom heraus, das größte Imperium der Welt, und eroberte Ägypten und einen großen Teil der heutigen Türkei. Das alles hat eine Frau geschafft! Der Daesch hasst sie!

Wir verbrachten ein Jahr in Gaziantep, aber die Chancen auf eine Rückkehr nach Syrien schwanden zusehends. Der Daesch breitete sich aus wie eine Seuche. Ich weigere mich, von „Islamischem Staat“ zu sprechen, denn wer sagt, dass diese Leute ein Staat sind? Kann ich einfach so ein Nujeen-Staat werden? Natürlich nicht!

Kurz nach unserer Abreise aus Manbidsch, im August 2014, schnitten sie das Sindschar-Gebirge ab, in das Tausende von Jesiden geflohen waren, nachdem der Daesch in den umliegenden Dörfern Hunderte von ihnen getötet hatte, darunter auch Kinder. Jugendliche wurden vor die Wahl gestellt zu konvertieren oder zu sterben, Hunderte Frauen wurden vergewaltigt und versklavt. Der Anblick der verzweifelten, ohne Nahrung und Wasser im Gebirge eingesperrten Menschen rüttelte die Welt endlich auf. Die USA und Großbritannien halfen der irakischen Armee, die Jesiden auf dem Luftweg zu befreien, und im folgenden Monat begannen die USA und einige arabische Länder wie Jordanien, die Vereinigten Arabischen Emirate und Bahrain mit Luftangriffen auf Syrien. Etwas spät, Mr. Obama.

Nach dem Massaker im Sindschar-Gebirge rückte der Daesch nach Kobane vor. Da alle glaubten, dort würde sich das Massaker wiederholen, wurde die ganze Stadt evakuiert. Auch meine Schwester Jamila und ein großer Teil unserer Verwandten mussten fliehen. Nur die kurdischen Kämpfer der YPG blieben zurück. Wir verfolgten auf YouTube, wie die Menschen mit verzweifelten Gesichtern und mit den Taschen und Bündeln mit ihrer Habe am Grenzzaun Schlange standen. Wir telefonierten auch mit Menschen, die sagten, das alles komme ihnen vor wie das Jüngste Gericht. Ayee träumte, der Daesch hätte die Stadt eingenommen. Kobane war schon immer eine kurdische Stadt gewesen, entsprechend schrecklich war es für uns, dass der Daesch Kobane erobern wollte. Ich wollte nicht noch ein weiteres Katastrophendatum neben dem Massaker von Halabdscha in unseren Kalender eintragen müssen. Wir Kurden sind wirklich die Waisenkinder dieser Welt. Wie oft in verzweifelten Situationen las ich zu meiner Beruhigung im Koran. Mein Lieblingskapitel ist die 36. Sure, Yā-Sīn, die wir auch „Herz des Korans“ nennen. Dort finde ich immer Trost.

Aus Kobane trafen Verwandte ein, darunter Tante Shamsa und Onkel Bozan, und bald war unsere Wohnung in Gaziantep überfüllt – sechsunddreißig Menschen kamen zu uns. Da wir nicht annähernd genügend Kissen und Decken hatten, blieben wir die ganze erste Nacht auf und unterhielten uns, was sehr gemütlich war.

Es dauerte fast fünf Monate, bis der Daesch im Januar 2015 endlich durch die YPG und die Luftangriffe der amerikanischen Koalition aus Kobane vertrieben wurde und die Menschen nach Hause zurückkehren konnten. Die Stadt war durch die Kämpfe fast vollkommen zerstört worden, aber auch wenn nur Trümmer übrig sind, ist es wichtig für uns, dass diese Trümmer nicht vom Daesch kontrolliert werden.

Einen Monat später, im Februar 2015, kam dann das Schlimmste überhaupt – wir sahen, wie Anhänger des Daesch einen jordanischen Piloten, den sie abgeschossen hatten, bei lebendigem Leibe verbrannten. Sie sperrten den armen Mann in einen Käfig, zündeten ihn an und nahmen das Ganze auf Video auf. Und im Mai eroberten sie die alte Stadt Palmyra und köpften einen zweiundachtzigjährigen Archäologen, der von allen nur Mr. Palmyra genannt wurde, weil er mehr über die Ruinen wusste als sonst jemand. Die Leiche hängten sie an den Füßen auf, den Kopf, an dem noch die Brille hing, legten sie auf den Boden daneben. Dann begannen sie, die zweitausend Jahre alten Tempel und Gräber zu sprengen und die alten Statuen mit Vorschlaghämmern zu zertrümmern.

Assad hatte inzwischen Wahlen abgehalten und sich für eine dritte siebenjährige Amtsperiode wählen lassen. Außerdem gingen die Bombenangriffe weiter. Diese Geschichte hat keine gute Seite.

Wir Syrer zwischen den Fronten hatten immer mehr Opfer zu beklagen. In jeder Familie gab es eine Tragödie, und jedes Mal, wenn das Telefon klingelte, bekam man einen Schreck. Am 25. Juni bekamen wir einen furchtbaren Anruf. Tante Shamsa und Onkel Bozan, die ebenfalls in die Türkei gezogen waren, als der Daesch Kobane angegriffen hatte, waren zur Beerdigung des Schwiegervaters ihrer Tochter, meiner Cousine Dilba, wieder nach Kobane gefahren. Der Schwiegervater war auf eine Landmine getreten, die der Daesch nach dem Abzug aus Kobane zurückgelassen hatte, und getötet worden. Meine Mutter hatte die beiden angefleht, nicht hinzufahren, aber Tante Shamsa hatte vor der Abfahrt nach Europa unbedingt noch ein letztes Mal nach Syrien gewollt, wie sie sagte.

Doch in den frühen Morgenstunden vor dem Begräbnis kamen Männer der Daesch, die sich die Bärte abrasiert und YPG-Uniformen angezogen hatten, in das Dorf Barch Battan am Südrand von Kobane, gingen von Haus zu Haus und schlachteten die Bewohner ab. In jeder Familie ließen sie eine Person am Leben, damit sie berichten konnte, was geschehen war. Anschließend zündeten sie am Rand von Kobane drei Autobomben und gingen zu Fuß oder fuhren in weißen Autos durch die Straßen und töteten die flüchtenden Menschen. Heckenschützen auf den Dächern töteten weitere Menschen, die die Leichen von der Straße bergen wollten.

Mein Onkel und meine Tante hörten die Explosionen und die Schüsse und flüchteten in ihrem Auto. Sie riefen ihren Sohn Mohammed an und sagten: „Hier sind Leute vom Daesch und wir wissen nicht, wo wir hinsollen." Einige Zeit später riefen sie wieder an und meinten erleichtert, sie hätten es zu einem Kontrollpunkt der YPG geschafft. Das war das letzte Mal, dass er von ihnen hörte. Die Leute am Kontrollpunkt gehörten in Wirklichkeit zum Daesch und töteten die beiden mit Kopfschüssen. Beide starben völlig sinnlos. Es war der schlimmste Tag meines Lebens.

Um die dreihundert Menschen wurden in dieser einen Nacht getötet. Es überrascht nicht, dass immer mehr Leute

Syrien verließen. Im August hatten bereits vier Millionen Syrer das Land verlassen und weitere acht Millionen hatten ihr Zuhause aufgeben müssen, das sind vierzig Prozent der Gesamtbevölkerung. Die meisten waren in benachbarte Länder wie Libanon und Jordanien geflohen oder in die Türkei wie wir, aber dort wurde es langsam voll, und da absehbar war, dass die Flüchtlingswelle anhalten würde, waren rund dreihundertfünfzigtausend Menschen nach Europa weitergefahren. Eine Völkerwanderung war in Gang, und nach dem, was wir im Fernsehen sahen und in den Nachrichten hörten, schien die EU überfordert. Es kamen so viele Menschen, dass in der EU allein im Monat vor unserer Abreise zweiunddreißigtausend Asylanträge gestellt wurden.

Bland und Mustafa sagten, wenn wir gehen wollten, müssten wir es bald tun.

Am einfachsten war es, mit dem Flugzeug in ein Land der EU zu fliegen und bei der Landung Asyl zu beantragen, aber ohne Pass oder Visum kann man nicht ins Ausland fliegen und wir besaßen weder das eine noch das andere.

Damit blieben im Wesentlichen zwei Möglichkeiten. Einmal der Weg über das Mittelmeer von Libyen nach Italien, der allerdings gefährlich war. Wir hatten Libyen beneidet, als es Oberst Gaddafi abgesetzt hatte, aber jetzt herrschte dort Chaos. Verschiedene Milizen kämpften gegeneinander und das Land war in zwei oder vielleicht auch drei Parteien gespalten. Wie wir hörten, wurden Ausländer von der Polizei festgenommen und in Lagern interniert. Dort wurden sie geschlagen und bekamen Krankheiten wie die Krätze, und wenn sie freikamen und einen Schleuser fanden, wurden sie oft auf maroden Schiffen zusammengepfercht, die dann sanken. Bei einem einzigen Schiffbruch im April 2015 waren rund achthundert Menschen ertrunken. Sicherer war die Balkanroute von der Türkei in das zur EU gehörende Griechenland. Aufgrund des Schengener Abkommens gab es, wie wir herausgefunden hatten, innerhalb der EU-Länder keine Grenzkontrollen, man konnte von einem Land zum anderen gelangen, ohne einen Pass vorzuzeigen.

Am einfachsten kam man auf dem Landweg von der Türkei nach Griechenland. Die beiden haben eine rund zweihundert Kilometer lange gemeinsame Grenze. Der größte Teil davon war ein Fluss, durch den man sich treiben lassen konnte, dazu kamen zwölf Kilometer, auf denen die Grenze ein Stück vom Fluss entfernt verläuft. Doch die Griechen hatten mit ihrer Wirtschaftskrise selbst Probleme und wollten keinesfalls noch mehr Migranten aufnehmen. Deshalb errichteten sie 2012 einen dreieinhalb Meter hohen Stacheldrahtzaun einschließlich Wärmekameras und Grenzwachen. Der einzige übrige Landweg war damit der über Bulgarien. Ihn hatte Bland genommen.

Von Istanbul zur bulgarischen Grenze waren es nur knapp hundertsechzig Kilometer, allerdings führte das letzte Stück über hohe, bewaldete Berge. Man konnte sich dort leicht verirren und im Winter erfrieren. Jetzt war zwar Sommer, aber mit meinem Rollstuhl kamen Bergtouren nicht infrage. Seit die Zahlen an der bulgarischen Grenze gestiegen waren, schlugen die Grenzwächter die Menschen, hetzten Hunde auf sie und schickten sie zurück. Bland hatte zwar einen Schleuser für die Reise bezahlt, aber er schaffte es trotzdem erst im dritten Anlauf. Anschließend wurde er an einem Kontrollpunkt der Polizei kurz vor Sofia verhaftet und achtzehn Tage eingesperrt. Im Gefängnis wurde ihm sein ganzes Geld gestohlen.

Dabei darf man Asylsuchende eigentlich nicht einsperren. Laut der Genfer Flüchtlingskonvention darf eine Person, die vor einem kriegerischen Konflikt flieht, ohne Dokumente in ein Land einreisen – erst wenn ihr das Asyl verweigert wurde, darf man sie einsperren. Allerdings taten viele EU-Staaten seit Jahren genau das – Malta, Italien und Griechenland –, und niemand unternahm etwas dagegen.

Die Zustände in dem bulgarischen Gefängnis waren schrecklich, aber Blands größte Befürchtung war, man könnte ihm Fingerabdrücke abnehmen. Alle Migranten kennen das Dubliner Übereinkommen, nach dem ein Asylbewerber in dem EU-Land Asyl beantragen muss, in das er zuerst einreist. Wer also in einem bestimmten Land die Finger auf ein Stempelkissen und dann Papier drückt, sitzt dort fest, denn er hat dort, auch wenn es ihm gar nicht bewusst war, Asyl beantragt und muss ausharren, bis die Landesbehörden entweder seinen Antrag genehmigen oder ihn nach Hause schicken. Wir hatten von vielen Leuten gehört, die in Ländern festsaßen, in die sie gar nicht wollten und in denen sie auch nicht willkommen waren, und die dort warten mussten, bis die langsame Bürokratie ihren Antrag endlich bearbeitet hatte.

Bland wusste, dass er das unbedingt vermeiden musste. Also zahlte er Bestechungsgeld, damit ihm keine Fingerabdrücke abgenommen wurden, und kam frei. Er fuhr mit dem Bus nach Sofia und blieb dort drei Nächte bei einem Bekannten. Bulgarien ist das ärmste Land der EU und entsprach überhaupt nicht dem wohlhabenden Europa seiner Vorstellung. Er ging nicht aus, weil er nicht in einem bulgarischen Flüchtlingslager enden wollte. Dort herrschten furchtbare Bedingungen, wie er gehört hatte. Die Flüchtlinge waren in überfüllten, menschenunwürdigen Räumen untergebracht und bekamen nur wenig zu essen und nur kaltes Wasser zum Waschen. Und wer nicht von der Polizei aufgegriffen wurde, riskierte, von Schlägern rechtsextremer Parteien verprügelt zu werden, die alle Einwanderer aus dem Land vertreiben wollten.

Blands Bekannter stellte die Verbindung zu einem bulgarischen Mafioso her, der ihn für dreizehnhundert Euro (der Euro ist die Hauptwährung der Schleuser, obwohl einige auch Dollar nehmen) an einen Ort nahe der Grenze zu Serbien brachte. Dort musste er drei Tage in einem kleinen Raum warten. Schließlich wurde er um zwei Uhr morgens geweckt und zusammen mit dreißig anderen Flüchtlingen in einen geschlossenen Imbisswagen gesteckt, in dem man nichts sah und kaum Luft bekam.

Sie glaubten schon, sie müssten ersticken, da hielt der Fahrer des Wagens in einem Wald an und ließ sie aussteigen. Von hier sei es ein zweistündiger Marsch zur Grenze, sagte er. Ein maskierter Mann führte sie und aus den zwei Stunden wurde ein fünfzehnstündiger Marsch durch kalten Regen. Endlich erreichten sie Serbien und wurden Serben übergeben, die sie nach Belgrad fuhren. Dort wurde Bland zusammen mit drei weiteren Syrern in einen Zug gesetzt, der in ein Dorf namens Horgoš nahe der Grenze zu Ungarn fuhr. Sie wollten gerade aufatmen, da stiegen serbische Polizisten in den Zug ein und sagten, man würde sie nach Bulgarien zurückschicken. Das wollten Bland und seine Mitreisenden unbedingt verhindern, also zahlten sie jeder fünfzig Euro und die Polizisten ließen sie unbehelligt.

Bei ihrer Ankunft in Horgoš gingen sie zu einem Park, wie man ihnen gesagt hatte, aber der Schleuser, der sie dort in Empfang nehmen sollte, war nicht da. Sie warteten die ganze Nacht im Park, bis der Schleuser endlich morgens um sieben ans Telefon ging. Er wies sie an, im Park zu bleiben, ein Auto würde sie abholen, doch das Auto kam erst am folgenden Tag. Es fuhr sie in die Nähe der Grenze. Dort hatte man die Polizei dafür bezahlt, sie durchzulassen. Anschließend mussten sie für die Fahrt nach Wien in einem Kleinbus noch einmal fünfzehnhundert Euro zahlen. Inzwischen war Bland so misstrauisch geworden, dass er die Fahrt auf Google Maps verfolgte, um sicherzugehen, dass er nicht nach Bulgarien zurückfuhr. Von Wien nahm er einen Zug nach Deutschland und beantragte dort schließlich Asyl.

Er wollte eine Aufenthaltserlaubnis für Deutschland bekommen und uns dann im Rahmen der sogenannten Familienzusammenführung nachholen. Damit ist gemeint, dass ein Familienmitglied, das als Asylant anerkannt ist, den Rest der Familie nachholen kann. Doch kamen so viele Flüchtlinge, dass er immer noch wartete. Inzwischen sahen wir im Fernsehen die Flüchtlingsströme und wir hörten von vielen Freunden, die Reise sei leichter geworden.

Nasrine bestand hartnäckig darauf, dass wir aufbrechen sollten, bevor Europa die Grenzen dichtmachte, und zuletzt stimmte die Familie zu. Ich hatte nicht entfernt damit gerechnet, aber als es dann so weit war, war ich begeistert. Die Frage war nur, wie wir reisen würden. Blands Fahrt hatte über sechstausend Euro gekostet und über einen Monat gedauert und er hatte viel laufen müssen. Das ging bei mir, Nasrine und dem Rollstuhl nicht. Als die Krise sich verschärfte und immer noch mehr Flüchtlinge nach Europa strömten, wollte die bulgarische Regierung von der EU eine langfristige Lösung. Die EU-Minister konferierten ständig und veranstalteten Gipfeltreffen. Aber im Grunde redeten sie nur und sagten, wie schlimm alles sei. Schließlich hatten die Bulgaren genug und sie beschlossen, wie die Griechen einen Zaun gegen die Flüchtlinge zu errichten.

Damit führte der einzige Weg über das Meer, über die Ägäis zu einer griechischen Insel wie Lesbos, Samos, Kos oder Chios. Bland sagte, er kenne viele Leute, die diesen Weg genommen hätten. Auf der Karte sah es nicht weit aus.

10

AUF DER SUCHE NACH EINEM SCHLEUSER

Izmir, 22. August – 1. September 2015

Als ich sah, wo wir im Flugzeug saßen, schüttelte ich heftig den Kopf. In Reihe 14, genau in der Mitte. Ich hatte jede Menge Dokumentarfilme über Flugzeugabstürze gesehen und wusste, dass man hinten am sichersten saß. Deshalb wird dort auch die Blackbox mit den Flugdaten aufbewahrt. Die Mitte war am schlimmsten.

„Wir dürfen nicht in der Mitte sitzen!“, flüsterte ich Nasrine aufgeregt zu, als der Steward mich in den Sitz hob und anschnallte. „Sei nicht albern“, erwiderte sie. „Wir können nicht einfach woanders sitzen.“

Unter uns heulten die Triebwerke auf und die Stewardess ging mit einem Korb voll Lutschbonbons durch die Reihen. Das Flugzeug rollte zur Startbahn von Gaziantep und ich umklammerte die Armlehnen meines Sitzes. Von den Dokumentarfilmen wusste ich, dass die meisten Flugzeugabstürze sich bei Start oder Landung ereignen. Als wir beschleunigten, schloss ich die Augen und sprach ein kurzes Gebet. Die Räder hoben ab und es fühlte sich an, wie sich eine Achterbahn in einem Vergnügungspark in meiner Vorstellung anfühlt. Ich wollte zwar im All sterben, aber nicht unterhalb der Kármán-Linie am Rand der Erdatmosphäre.

Als ich die Augen wieder öffnete, sah ich, dass Nasrine ihre geschlossen hielt. Ich erfuhr erst später, dass auch sie Angst hatte. Dabei kannte sie die Statistiken zu Flugzeugabstürzen gar nicht! Offenbar ist es sogar für jemanden, der Physik studiert und sich mit Kräften wie Auftrieb und Luftwiderstand auskennt, ziemlich widernatürlich, dass ein so schweres Teil wie ein Flugzeug überhaupt fliegt.

Nachdem wir abgehoben hatten und aufgestiegen waren, ohne abzustürzen, sah ich aus dem Fenster. Am Boden war alles winzig klein, die Menschen kamen mir vor wie Ameisen. Wir flogen zwischen flauschigen weißen Wolken hindurch und ich war auf einmal begeistert, zum ersten Mal in einem Flugzeug zu sitzen. Der Flug nach Izmir dauerte nur zwei Stunden, dann kam die Landung, der zweite wirklich riskante Teil. Ich verdrängte den Gedanken an die vielen Dokumentarfilme. Wir stürzten nicht ab, aber mir dröhnten die Ohren und danach hörte ich eine Ewigkeit nichts.

Hinterher war ich schrecklich müde und sagte Nasrine, ich hätte Jetlag. Nasrine meinte, das könne nicht sein, weil wir ja keine Zeitzonen überquert hätten. Wir nahmen ein Taxi und Nasrine telefonierte ständig mit Leuten. Einige Verwandte waren bereits in Izmir, darunter unsere ältere Schwester Nahda, die im Vorjahr mit ihrem Mann Mustafa und dessen Eltern hergezogen war. – Tut mir leid, aber in unserer Familie gibt es wirklich viele Mustafas!

Das Taxi brachte uns zum Basmane-Platz gegenüber einer Moschee und einer Polizeiwache. Überall waren Syrer und Händler mit Stapeln orangefarbener Schwimmwesten und schwarzer Reifenschläuche. Mustafa holte uns an einem Zeitungskiosk ab und brachte uns in eine benachbarte Straße, in der Menschen in kleinen Gruppen auf dem Gehweg oder an Tischen saßen, rauchten und Tee tranken, Dame spielten oder einfach nur warteten. Alle hatten Rucksäcke neben sich stehen, einige in schwarzen Müllsäcken, um sie vor Wasser zu schützen.

Vor einem schäbigen Hotel hielten wir an und Mustafa sagte, dass dort unsere Schwester und Verwandten im Keller abgestiegen seien. Ein paar junge Männer trugen mich die Betontreppe hinunter. Drunten herrschte ein einziges Chaos – überall waren Menschen, Matratzen und leere Keksschachteln. Es erwarteten uns Nahda mit ihren vier kleinen Töchtern, von der neunjährigen Slav bis zum Baby Helaz, das wir noch gar nicht kannten, und Verwandte Mustafas, die mit uns reisen würden. Mustafa wollte in Izmir bleiben, weil seine Eltern schon alt waren und zu schwach für die Reise. Deshalb sollte sich sein Neffe Mohammed um Nahda kümmern (wir haben auch viele Mohammeds in der Familie).

Die anderen waren schon seit zwei Nächten hier. Jemand brachte uns belegte Brote, weil wir schrecklichen Hunger hatten, und während wir aßen, erzählte eine Cousine, dass in der vergangenen Nacht eine Katze im Keller gewesen sei. Eine Katze! Ich rastete aus. „Hier schlafe ich nicht!", rief ich. Ich war so erschöpft und mit der Katze beschäftigt, dass ich gar nicht bemerkte, wie viele aus unserer Gruppe erschrocken meinen Rollstuhl anstarrten. Nahda hatte ihren angeheirateten Verwandten nichts davon erzählt und sie konnten sich nicht vorstellen, wie die Überfahrt mit einem Rollstuhl vonstattengehen sollte.

Weitere Telefonanrufe wurden getätigt und man brachte uns schließlich zum Haus eines Bekannten, Onkel Ismael. Es war 14 Uhr, aber ich war so müde, dass ich dort ohne ein einziges Wort auf dem Sofa einschlief.

Als ich aufwachte, war das Haus voller Menschen, die wir nicht kannten. Jetzt habe ich ein Problem, dachte ich, weil alle natürlich wissen wollen, warum ich nicht gehen kann, warum ich zu früh geboren wurde und so weiter. Ich hasse solche Fragen, wenn ich anderen zum ersten Mal begegne. Also sagte ich gar nichts. Dabei hätte ich ihnen einen Vortrag halten können, so viel wusste ich. Ich hätte ihnen sagen können, dass ich mich, weil ich mich körperlich nicht richtig entwickeln konnte, stattdessen geistig entwickelt und täglich etwas Neues gelernt habe. Aber das wäre irgendwie plump gewesen. Also starrte ich nur auf den Boden und sie hielten mich vermutlich für eine Autistin.

Etwas später fragten sie meine Schwester, warum sie mich mitgenommen hätte und wie die lange Reise mit einem Rollstuhl gehen sollte. „Wir hatten keine Wahl", sagte Nasrine.

Das Boot nach Griechenland wurde von Onkel Ahmed organisiert, der uns in Manbidsch abgeholt hatte und zusammen mit seiner Frau, Tante Shereen, mit uns mitkommen würde. Unser Cousin Mohammed und unsere Cousinen Dilba und Helda, deren Eltern in Kobane getötet worden waren, kamen ebenfalls mit, außerdem Mohammeds Frau Farmana und einige weitere Cousins und Cousinen mit ihren Kindern. Insgesamt waren wir neunzehn Erwachsene und elf Kinder – ich denke doch, dass ich mit sechzehn noch als Kind zählen konnte.

Wir glaubten, dass wir nur kurze Zeit in Izmir sein würden, aber die Reisevorbereitungen dauerten länger, als wir uns vorgestellt hatten. Ich war froh, als wir wieder in ein Hotel zogen, obwohl dafür ein Teil unseres kostbaren Bargelds draufging. Diesmal war es das Hotel Daria, das kurdische Wort für Meer, und Nasrine und ich wohnten im Zimmer Nummer 206, was genau der Zahl der Knochen des menschlichen Körpers entspricht.

Das Hotel lag um die Ecke vom Basmane-Platz, auf den wir täglich gingen. Dort telefonierten alle hektisch. Der ganze Platz war eine Art Freiluftreisebüro voller Flüchtlinge, die mit Schleusern oder deren Agenten die Bedingungen ihrer Überfahrt aushandelten. Ich war schockiert darüber, dass es unter den Schleusern auch Syrer gab, die meisten aus der dafür berüchtigten Stadt Asas. Wer nicht mit Booten handelte, schien Schwimmwesten zu kaufen oder zu verkaufen. Abgesehen von den Händlern auf dem Platz verkauften auch alle Geschäfte der Umgebung welche, sogar das Schuhgeschäft und der Dönerimbiss. In Kleiderläden hingen sie wie Modeartikel über den Kleidern der Schaufensterpuppen.

Onkel Ahmed nahm uns zum Mittagessen in das Café Sinbad mit, der Zentrale für den Austausch von Nachrichten und die Organisation von Überfahrten. Mein Cousin Mohammed trug mich auf den Schultern, was einige Leute mit hochgezogenen Augenbrauen quittierten, denn schließlich hatte ich das Pubertätsalter schon hinter mir. Wir aßen Fladenbrot und Dönerfleisch, aber die meisten anderen Gäste rauchten nur und tranken Tee, um Geld zu sparen.

Im Fernsehen war Angela Merkel zu sehen, die deutsche Kanzlerin. Nach Deutschland wollten fast alle, weil es dort gute Bedingungen für Migranten gab. Dorthin oder nach Dänemark oder Schweden. Es gab eine gute Nachricht. Früh am Morgen hatte eine deutsche Behörde getwittert, das Dublin-Verfahren werde für Syrer ausgesetzt. Man würde uns also in Deutschland aufnehmen, auch wenn wir anderswo registriert worden waren.

Es ist schon merkwürdig, aber nach den vielen Dokumentarfilmen über den Krieg, die ich gesehen hatte, hatte ich mir die Deutschen immer als die Bösen vorgestellt, und jetzt waren sie unsere Retter. Vielleicht wollte Frau Merkel ja für die Vergangenheit und Hitler Wiedergutmachung leisten, oder sie war anders, weil sie in Ostdeutschland aufgewachsen war, hinter der Berliner Mauer, bei deren Bau sie sieben gewesen war.

Alle im Café waren damit beschäftigt, eine Überfahrt nach Griechenland zu organisieren. Einige waren wie wir mit Auto und Flugzeug gekommen, andere die ganze Strecke gefahren. Viele sagten, sie hätten dafür ihren ganzen Besitz verkauft, einschließlich ihres Hauses und des Familienerbes. Andere hatten sich Geld geliehen. Ein Mann kannte jemanden, der zur Finanzierung der Reise seine Niere verkauft hatte.

Einige hatten die Überfahrt schon versucht. Wir lernten eine Familie kennen, die gescheitert war. Ihr Boot war vollkommen überladen gewesen und rasch gesunken. Aber sie versuchte es wieder. „Entweder man stirbt in den Bomben in Syrien oder auf dem Meer", sagte der Vater schulterzuckend. Obwohl die Überfahrt über die Ägäis viel kürzer und nicht annähernd so gefährlich war wie die über das offene Meer zwischen Libyen und Lampedusa, waren in diesem Jahr schon mindestens fünfzig Menschen ertrunken. „In Syrien haben wir kein Leben mehr", stimmte ein anderer Mann dem Vater zu. „Wir sind sozusagen in einem brennenden Haus eingesperrt und es ist riskant, aus dem Fenster zu springen, aber was ist die Alternative?"

Der Preis betrug gewöhnlich tausend Dollar pro Person, aber einige meinten, ein Boot aus Holz sei besser, allerdings war es auch teurer. Wir versuchten, so etwas wie eine Motorjacht zu bekommen wegen meines Rollstuhls, der nach allgemeiner Ansicht zu schwer für ein kleines Schlauchboot war. Ich behinderte also wie immer alles. Mustafas Cousin Mahmud schlug sogar vor, den Rollstuhl überhaupt dazulassen.

Während Onkel Ahmed sich Schleuser empfehlen ließ, kauften wir Schwimmwesten. Eine gute kostete fünfzig Euro. Die Leute im Café hatten uns gewarnt, nicht die billigen, vor Ort hergestellten zu nehmen. Sie kosteten zwar nur fünfzehn Euro, waren aber mit einem Schaum gefüllt, der Wasser aufnahm und dann unterging. Nahdas Töchter wollten die Westen unbedingt anprobieren, nur eine nicht, die weinte. Auf den Rat der Leute im Café kauften wir auch eine Packung Partyballons. Sie meinten, man könne das kostbare Smartphone auf der Überfahrt am besten schützen, indem man es in einen solchen Ballon stecke.

Auf dem Rückweg zum Hotel überquerten wir wieder den Platz mit den vielen aufgeregt telefonierenden Menschen. „Sie müssen sich jetzt entscheiden, die Plätze werden knapp!“, hörten wir einen Mann sagen. „Ich habe noch nie einen Passagier verloren“, rief ein anderer.

Allabendlich bei Einbruch der Dämmerung bildeten sich Schlangen auf dem Platz. Dann kamen Reisebusse und holten die ab, die mit der Überfahrt an der Reihe waren. Es sah aus, als würden sie in die Ferien fahren.

Als wäre es nicht schon schlimm genug, dass wir ein spezielles Boot brauchten, weil mein Rollstuhl so schwer war, hielten Nasrine und ich auch noch alle auf, weil Shiar uns das Geld für die Überfahrt überweisen sollte, das Geld aber nicht kam. Ich wusste, dass Mahmud und einige andere am liebsten ohne uns aufgebrochen wären. Dann traf das Geld endlich ein und Onkel Ahmed rief an und sagte, er hätte ein geeignetes Boot gefunden, wir könnten am darauffolgenden Abend aufbrechen. Ich konnte nicht glauben, dass es endlich so weit war. Wir brauchten nicht viel zu packen, aber Nasrine packte unseren Rucksack noch einmal neu, nur um etwas zu tun zu haben, und lud ihr Smartphone auf.

Doch am folgenden Tag klingelte es nicht. Wir sahen ständig nach, ob es auch eingeschaltet war, obwohl wir uns schon mehrfach vergewissert hatten. Dann endlich rief mein Onkel an. Er sagte Nasrine, der Schleuser melde sich nicht mehr. Wir blieben noch lange auf, weil wir dachten, der Anruf des Schleusers könne jeden Moment kommen, aber er kam nicht. Als der Schleuser sich um zwei Uhr morgens immer noch nicht gemeldet hatte, wussten wir, dass etwas faul war.

Zwei Tage später wurde uns klar, dass er sich davongemacht hatte und wir wie viele andere betrogen worden waren. Onkel Ahmed hatte Geld angezahlt, aber zum Glück nicht viel.

Dann begann dasselbe von vorn. Wir warteten und warteten, weil ein geeignetes Boot schwer zu finden war. Der August näherte sich dem Ende und wir begannen uns ernsthaft Sorgen zu machen. Wir hörten, das Meer sei stürmisch und die Wellen würden immer höher und das Wasser kälter, und gerieten in Panik. Je länger wir warteten, desto gefährlicher wurde die Überfahrt. Wir wussten auch, dass die anderen sich durch uns aufgehalten fühlten. Zuletzt sagte Onkel Ahmed, dann müssten wir eben mit einem Schlauchboot fahren, aber wir würden mehr zahlen, um ein eigenes nur für unsere Familie zu bekommen. Außerdem wurde beschlossen, dass wir den Rollstuhl zurücklassen würden, wenn er nicht auf das Boot passte. Wie ich ohne ihn zurechtkommen sollte, konnte mir allerdings niemand sagen.

Diesmal ging mein Onkel anders vor. Als Vorsichtsmaßnahme gegen Betrüger war ein Verfahren entwickelt worden, nach dem man das Geld einer dritten Partei übergab. Es wurde dann erst an den Schleuser ausgezahlt, wenn man sicher drüben war. Man zahlte das Geld an ein „Versicherungsbüro“ und bekam von diesem einen Zahlencode. Nach der Ankunft in Griechenland gab man diesen Code an den Schleuser weiter und er konnte das Geld abholen. Wenn ein Passagier nicht innerhalb von drei Tagen anrief, bekam der Schleuser das Geld ebenfalls, er wurde also auch bezahlt, wenn die betreffende Person ertrunken war.

Verglichen mit den Erfahrungen anderer hatten wir

Glück. Wir lernten eine Familie mit einem Kleinkind und einem zehn Tage alten Mädchen kennen, die auf der vorderen Terrasse der Moschee im Freien schlief, weil sie alles verloren hatte. Sie erzählten, sie kämen aus Deraa, wo die Revolution angefangen hatte, und seien geflohen, nachdem ihr Haus bei einem Bombenangriff zerstört worden sei. Sie waren so überstürzt aufgebrochen, dass die Frau, Rasha, ihr Kind unterwegs geboren hatte. Nach Izmir hatten sie zwanzig Tage gebraucht. Dort hatten sie für die Überfahrt zweitausendsiebenhundert Dollar an einen Schleuser gezahlt, der anschließend damit verschwunden war.

Als ich über meine Nujeen-Grundsätze gesprochen habe, sagte ich ja schon, ich würde nicht glauben, dass die Menschen von Natur aus böse sind, aber wenn ich von solchen Schleusern hörte, war ich mir nicht mehr so sicher. Sie nahmen Menschen, die schon fast alles verloren hatten, ihr letztes Geld weg und machten sie zu Bettlern. Andere schickten Menschen und sogar Kinder in Booten aufs Meer, die nicht seetüchtig waren. Ich richte ungern über andere, aber was sind das für Menschen, die andere in den Tod schicken und noch Geld dafür kassieren?

Das erinnerte mich an das Gespräch, das Nasrine und ich 2006 in Aleppo geführt hatten, als Saddam Hussein hingerichtet wurde. Ich war verwirrt gewesen, weil er mir leidtat. Dabei wissen wir doch alle, was Saddam den Kurden angetan hat – wir hatten allen Grund, ihn zu verurteilen. Aber Nasrine sagte, man bräuchte sich nicht zu schämen, wenn einem so jemand leidtue, wir wollten schließlich Gerechtigkeit, nicht Rache, und außerdem hätte man ihn sowieso nicht am Opferfest hinrichten dürfen.

Bevor wir die Türkei verließen, gab es während des Ramadans eine Fernsehsendung über Koranstellen und darüber, was sie mit dem Propheten (Friede sei mit Ihm) zu tun hatten. Darunter war die Geschichte des Äthiopiers, der den Onkel des Propheten, Hamza den Tapferen, mit einem Speer ermordete. Der Prophet verzieh ihm und der Mann wurde Muslim und tötete später mit demselben Speer einen falschen Propheten. Ich freute mich so sehr, dass der Koran meinen Glauben an die letztlich gute Natur des Menschen unterstützte.

Aber die Schleuser forderten diesen Glauben ernsthaft heraus. Und sie verdienten so viel Geld. Wenn die Menschen im Durchschnitt tausend Dollar pro Person zahlten und der Schleuser sechzig von ihnen in ein Boot quetschte, machte das pro Überfahrt sechzigtausend Dollar. Selbst wenn man die Kosten für das Boot, Provisionen an Agenten und den Bus zum Strand abzog, verdiente er immer noch mindestens dreißigtausend Dollar pro Überfahrt. Und bisher waren in diesem Jahr dreihunderttausend Menschen gefahren – das waren Millionen von Dollar!

Im Café Sinbad sahen wir auf CNN und al-Arabiya Nachrichten. Die meisten Berichte handelten von der Flüchtlings-„Krise“. Es wurde gezeigt, wie die Menschen massenweise auf den griechischen Inseln und in Mazedonien, Ungarn und Österreich eintrafen, also genau dort, wo auch wir hinwollten.

Am 31. August sahen wir wieder Frau Merkel in einer Pressekonferenz, in der sie die EU zu mehr Anstrengungen aufrief: „Versagt Europa in der Flüchtlingsfrage … wird es nicht das Europa sein, was wir … auch heute weiterentwickeln müssen", sagte sie. „Wir leben in geordneten, sehr geordneten Verhältnissen, die meisten von uns kennen das Gefühl völliger Erschöpfung, verbunden mit Angst nicht."

Und dann sagte sie noch: „Wir schaffen das." Ich mag diese Frau. Vielleicht wird sie einmal unsere Königin Zenobia.

Am Tag danach, unserem zehnten in Izmir, kam dann endlich der Anruf. Onkel Ahmed hatte ein Boot für die Überfahrt nach Lesbos gefunden. Jetzt war für uns die Zeit der Abreise gekommen.

11

DIE TODESROUTE

Von Behramkale nach Lesbos, Mittwoch, 2. September 2015

Es war schon nach Mitternacht, als uns der Bus endlich am Basmane-Platz abholte, wo wir alle schon seit Stunden mit unseren Rettungswesten und wenigen Habseligkeiten gewartet hatten. Viele Gruppen von Wartenden waren inzwischen fort und immer hatte man uns zurückgelassen. Endlich kam auch unser Bus. Mein Cousin Mohammed trug mich hinein und ich bat Nasrine aufzupassen, dass der Rollstuhl nicht von denen zurückgelassen wurde, die nicht wollten, dass wir ihn mitnahmen. Dann fuhren wir in die Nacht hinaus und die meisten schliefen ein.

Plötzlich kam der Bus mit quietschenden Reifen zum Stehen. Die Türen gingen auf, türkische Gendarmen kamen herein und leuchteten mit ihren Taschenlampen wie in diesen alten Kriegsfilmen, wenn Nazis nach Juden suchten. Was sollten wir sagen? Wir erzählten ihnen die Wahrheit – dass wir Syrer waren, die vor dem Krieg flohen. Sie sagten, wir müssten dorthin zurück, woher wir gekommen waren. Der Bus wendete und fuhr wieder Richtung Izmir. Ich konnte nicht fassen, dass wir nach alldem wieder dorthin zurückkehren sollten. Aber der Fahrer war ein guter Mensch. Nach einigen Kilometern hielt er an und sagte, wir sollten aussteigen und eine kleine Weile warten, bis uns jemand anderes abholen würde. Das war etwa um fünf Uhr morgens. Er hatte uns vor einer verlassenen Olivenölfabrik abgesetzt. Zitternd drängten wir uns vor Morgengrauen im Schutz der Mauern zusammen und mieden die Lichtkegel der Straßenlaternen, um nicht wieder von der Gendarmerie entdeckt zu werden. Ich sah, dass Nahda weinte. Eines ihrer kleinen Mädchen war im Bus vergessen worden. Glücklicherweise bemerkte der Fahrer das und brachte das Kind wenige Minuten später vorbei.

Als die Sonne aufging, versuchte mein Onkel wieder den Schleuser zu erreichen, aber er ging nicht ans Telefon. „Nicht schon wieder!", stöhnte ich. Schon bald wurde die Sonne unerträglich und ich fürchtete, dass wir in einem Teufelskreis aus Betrugsmanövern gefangen waren.

Schließlich meldete sich der Schleuser und gegen 14 Uhr, nach neun Stunden, kamen fünf Taxis und holten uns ab. Wir fuhren die Hauptstraße an der Küste entlang, passierten die Abzweigung nach Assos und hielten schließlich an einem Olivenhain an.

„Wow", sagte ich, als man mich in meinen Stuhl hob. Im Taxi war es so eng gewesen, dass man draußen kaum etwas erkennen konnte, aber jetzt konnten wir grüne, mit grauen Felsen übersäte Felder sehen und knorrige Olivenbäume, die sich bis zum funkelnden blauen Meer hinunterzogen. Erstaunt blickte ich mich um. Die Säulen auf einem Felsvorsprung gleich westlich von uns mussten zum antiken Assos gehören, mit den Ruinen von Aristoteles' Schule der Philosophen. Auf dem Meer zeichnete sich eine dunkle, felsige Insel ab. „Das ist Griechenland", sagte Onkel Ahmed.

Nasrine tippte die Koordinaten, die man uns als Abfahrtsort genannt hatte, in ihr Telefon und wir machten uns auf in Richtung Strand. Laut Google waren es 1,8 Kilometer – nicht weit also, aber wir hielten uns von der Straße fern, die sich dort hinunterschlängelte, um nicht entdeckt zu werden, und mussten stattdessen durch die Olivenhaine laufen. Es war ein steiniger, beschwerlicher Weg und Nasrine und einer meiner Cousins mussten mich weite Strecken in meinem Rollstuhl tragen, weil mit den Rädern kein Durchkommen war. Von den vielen Stößen schmerzte mir bald der Rücken, aber alle sagten: „Du bist die Queen, Queen Nujeen, da in deinem Stuhl." Ich kam mir wie einer der Monarchen der Vergangenheit vor, die in einer Sänfte getragen wurden wie König Herodes in einer Filmbiografie über Josef, der bei uns Yusuf heißt.

Als wir am Strand ankamen, war es nicht so sandig wie gedacht; mein Rollstuhl kam immer noch nicht vorwärts. Wir waren aber offenbar am richtigen Platz, denn der Strand war hier mit weggeworfenen Windeln, Kleidern und Medikamenten übersät, dazu alte Rettungswesten, was alles auf Flüchtlinge hindeutete.

Dann stellte sich allerdings heraus, dass diese Stelle von einem anderen Schleuser benutzt wurde. Die richtige Stelle war noch einen dreiviertel Kilometer weiter den Strand entlang, aber eine Klippe versperrte den Weg dorthin. Es blieb uns nichts anderes übrig, als die Anhöhe hinaufzusteigen und auf der anderen Seite wieder hinunter. Das Hinaufkommen war schon schwer genug, aber der Weg hinunter war mit dem Rollstuhl fast nicht möglich, weil es so rutschig war und sich immer wieder Steine lösten. Alle plagten sich und schwitzten. Unten wartete schon eine Anzahl Menschen. Als sie sahen, wie sehr wir uns mühten, kamen sechs Marokkaner herauf und halfen. Sie hatten sogar ein Seil dabei, banden es am Rollstuhl fest und improvisierten eine Art Flaschenzug.

Schließlich schafften wir es. Es war inzwischen 17 Uhr und das Meer glitzerte in der tief stehenden Sonne. Auch hier war der Strand mit Habseligkeiten von Flüchtlingen übersät, aber wir achteten nicht darauf. Wir waren müde und einfach glücklich, hier zu sein. Immer wieder liefen Boote aus, aber es hieß, unseres würde erst gegen Morgen fahren und wir sollten im Olivenhain schlafen. Also verbrachten wir wieder eine kalte Nacht im Freien. Nie zuvor hatte ich das Plätschern von Wellen am Strand gehört. Ich lauschte darauf und auf das Rascheln der Brise in den Bäumen, bis ich einschlief.

Unser Schleuser, ein Türke – aber zugleich ein Kurde, weswegen wir ihm vertraut hatten –, traf am folgenden Morgen mit Schlauchbooten in Kisten „Made in China" ein, für uns und die anderen wartenden Gruppen. Als unseres aufgeblasen war, wurde Onkel Ahmed sehr wütend. Wir hatten extra einen Aufschlag für ein neues Boot bezahlt, und dieses war offensichtlich alt, mit einem großen Flicken im Boden. Der Außenbordmotor hatte darüber hinaus nur zwanzig PS statt der üblichen dreißig. Der Schleuser zuckte nur mit den Achseln. Da war nichts zu machen. Wir konnten ja nicht nach Izmir zurück und das Ganze wieder von vorn beginnen.

Um elf Uhr waren alle vier Schlauchboote vorbereitet

und wir warteten in unseren Schwimmwesten, aber der Schleuser meinte, er müsse noch warten, bis die draußen kreuzende türkische Küstenwache fort war.

Wir mussten den ganzen Tag warten, ohne etwas zu trinken, mit nichts zu essen außer Würfelzucker und Nutella und nichts zu tun, außer auf das Wasser hinaus zu starren, das wir überqueren wollten. Wir wurden müde und zogen die Rettungswesten aus. Nachmittags frischte der Wind auf und die Wellen wurden größer. Ich begann mir auszumalen, dass wir an diesem Strand sterben würden. Gegen 16.30 Uhr wies der Schleuser uns an, die Schwimmwesten wieder anzuziehen. Die Bootsführer der Gruppen sollten sich bereithalten. Bei uns war das Onkel Ahmed. Den anderen Gruppen war offenbar nicht klar, dass einer von ihnen das Boot steuern musste, und sie hatten noch keinen Bootsführer ausgewählt. Dann, gegen fünf, war bei der Küstenwache Schichtwechsel und wir brachen auf. Nadha und ihr Ehemann Mustafa nahmen Abschied voneinander, weil er zurückblieb, um für seine Eltern zu sorgen.

Die Motoren wurden an den Schlauchbooten eingehängt, bevor man diese ins Wasser schob. Dann mussten alle durchs flache Wasser hinwaten und hineinklettern, manche mit kleinen Kindern auf den Armen. Auf einmal begriff ich, dass ich die Letzte am Strand war. Selbst Nasrine war vor Aufregung schon ins Boot gestiegen. „Und was ist mit mir?“, rief ich.

Unsere marokkanischen Freunde warteten immer noch auf ihr Boot. Sie trugen mich im Rollstuhl hinüber und hoben mich hinein.

„Lebe wohl, Türkei“, sagte ich, als Onkel Ahmed den Motor startete.

Vom Wasser aus schien die Insel sehr viel weiter entfernt zu sein. Unser dunkelgraues Schlauchboot war sehr klein. Wir hatten ja extra dafür bezahlt, dass nur wir 38 mitgenommen wurden – das war schon sehr viel besser als bei anderen mit 50 Personen überfüllten Booten, die wir gesehen hatten. Es war aber immer noch mehr als das Doppelte der auf den Kisten eingeschriebenen „max. 15", besonders mit meinem Rollstuhl, und wir saßen wirklich dicht aneinandergedrängt.

Wie alles andere, was ich tat, war auch diese Bootsfahrt mein erstes Mal. Ich kam mir wie ein sechsjähriges Mädchen vor, nicht wie eine Sechzehnjährige. „Warum bist du so nervös?", fragte Nasrine. „Ich bin nicht nervös, ich bin aufgeregt, weil ich das alles zum ersten Mal tue", antwortete ich. „Das ist keine Aufregung, sondern Angst", sagte sie. „Hab keine Angst." Ihre eigene Angst ließ sie sich nicht anmerken, denn sie wusste, dass alles, was sie tat, auch mich beeinflusste. Sie war diejenige, die sich in der Welt dort draußen auskannte, und ich war es gewohnt, auf das zu reagieren, was ich von ihr erfuhr.

Also atmete ich tief durch, wie ich es aus *Brain Games* kannte, und blickte alle im Boot an. Nach zwei Tagen fast ohne Schlaf und einem weiteren in sengender Sonne, ohne etwas zu trinken, waren wir alle wie weggetreten. Meine drei Cousins, deren Eltern erschossen worden waren, schwiegen voller Trauer. Viele hatten die Augen geschlossen und beteten. Nasrine kauerte am Boden und versuchte, meinen Rollstuhl ruhig zu halten.

Unsere große Schwester Nahda blickte nicht aufs Meer hinaus. Ihr Baby und ihre drei kleinen Mädchen weinten alle und sie war vollauf damit beschäftigt, sie zu beruhigen. Sie hatte den Entschluss gefasst, ihre Kinder vom Kriegsgebiet an einen Ort zu bringen, wo sie wieder ein normales Leben führen und zur Schule gehen konnten, aber im Augenblick schien die Verantwortung, die sie als Dreiunddreißigjährige damit allein übernommen hatte, fast übermächtig, und sie fragte sich, was sie da getan hatte.

Onkel Ahmed hatte die Stirn in tiefe Falten gelegt und versuchte, das Boot zu steuern. Zwei Tage lang hatte er im Hotel in Izmir versucht, es aus YouTube-Videos zu lernen. Zu Anfang gab er zu viel Gas, wir schossen nach vorn und fuhren im Zickzack, während er versuchte, den Kurs zu halten. „Achtung!“, rief Tante Shereen, als wir in eine Welle krachten und Wasser über die Seiten hereinlief. Das Meer war nun sehr viel unruhiger, als es zuvor ausgesehen hatte. Nach dem Tag in der heißen Sonne war die spritzende Gischt nicht unangenehm. Schließlich bekam auch mein T-Shirt mit der Aufschrift „Young Forever Love“ eine Dusche ab. Als die Wellen uns aber immer weiter hoben und senkten, mussten sich einige meiner Cousins und Cousinen übergeben. Einige weinten und schrien: „Oh Gott!“

Einmal warf uns eine Welle ganz nach der Seite und meine Tante verlor dabei ihre Tasche mit allen Wertsachen. Wir lagen sehr tief im Wasser. Meine Cousins schöpften mit ihren Schuhen Wasser aus dem Boot. Manchmal werfen Menschen in so einer Situation auch Dinge über Bord, aber wir hatten ohnehin fast nichts bei uns. „Wir hätten den Rollstuhl nicht mitnehmen sollen“, sagte Mahmud.

Eigentlich hätte ich mir Sorgen machen müssen – ich wusste, dass dies unser Grab werden konnte. Natürlich kann ich nicht schwimmen. Ich bin noch nie im Wasser gewesen. Keiner von uns konnte schwimmen. Wie ich aber so in meinem Rollstuhl saß, höher als alle anderen, kam ich mir wie der Meeresgott Poseidon persönlich in seinem Gefährt vor. Ich versuchte mir den Hippocampus vorzustellen, das, halb Pferd, halb Fisch, vor das Fahrzeug gespannt war, und in der Gischt die Nereiden, Poseidons Töchter, die lachend und mit wehendem Haar auf dem Mischwesen ritten.

Ich musste lächeln. „Sieh doch, Nahda, wie schön das alles ist!“, rief ich, während wir von den Wellen gebeutelt wurden. Bei jeder Welle, die uns traf, lachte ich auf, obwohl wir längst durchnässt waren. „Wenn du das zum Lachen findest, brauchst du einen Psychiater“, meinte jemand. Dabei habe ich auch gebetet, aber nur heimlich.

Wir waren so sehr mit unserem eigenen Boot beschäftigt, dass wir gar nicht mitbekamen, was mit den anderen dreien passierte, die mit uns abgelegt hatten. Mustafa war jedoch gleich das Kliff hinaufgeklettert, verfolgte unsere Fahrt mit dem Fernglas, berichtete unseren Eltern darüber und war entsetzt. Das erste Boot, das ausfuhr, wurde rasch von den Wellen ergriffen und kenterte. Wir saßen im zweiten Boot. Das dritte schaffte den größten Teil des Weges, schlug aber nahe der Insel um, sodass die Insassen schwimmen mussten. Das vierte Boot wurde von der türkischen Küstenwache aufgegriffen. Mustafa war in Tränen aufgelöst, als er unserem Vater am Telefon berichtete, denn er wusste nicht, in welchem Boot wir saßen. Dabei hatten wir Glück, denn wir waren weniger Passagiere im Boot und Onkel

Ahmeds YouTube-Kurs hatte sich als äußerst nützlich erwiesen. Er fuhr nicht mit den Wellen, sondern hielt Kurs frontal dagegen. Außerdem verteilte er uns an die Stellen im Boot, wo die Wellen anrollten, damit es nicht umschlagen konnte.

Nach einer Weile senkte sich Nebel übers Wasser, sodass Lesbos nicht mehr zu sehen war. Ich hoffte, dass wir trotzdem in die richtige Richtung fuhren. Mahmud sah immer wieder meinen Rollstuhl an. Wir hatten uns darauf verständigt, ihn über Bord zu werfen, falls er zu einer Gefahr wurde, aber ich hoffte, er würde das nicht tun.

Ich hielt unterdessen nach Piraten und der türkischen Küstenwache Ausschau, aber es schienen nur Flüchtlinge übers Wasser unterwegs zu sein. Hunderte machten täglich die Überfahrt und zwei Boote folgten nicht weit hinter uns. Ich begriff nicht, wie nahe wir dem Tod waren. Mein Rollstuhl hätte nur einen kleinen Riss im Gewebe des Bootes verursachen müssen, dann wäre es voll Wasser gelaufen und gesunken. Und jeden Moment konnte uns eine große Welle umwerfen.

Genau das geschah mit einer anderen syrischen Familie, die am selben Tag die Überfahrt wagte. Wir wussten nicht, dass ein Boot wie unseres früher am Tag etwas weiter südlich von der Halbinsel Bodrum über die gleiche kabbelige See in Richtung Kos aufgebrochen war. Zu den sechzehn Passagieren gehörten ein Barbier namens Abdullah Kurdi, seine Frau Rehannah und ihre fünf- und dreijährigen Söhne Ghalib und Aylan. Wie wir waren sie Kurden, kamen aus Kobane und hofften, in Deutschland ein neues Leben beginnen zu können.

Die Überfahrt nach Kos ist nur sechseinhalb Kilometer weit, also noch kürzer als die dreizehn Kilometer von Behramkale nach Lesbos, aber das Meer ist dort im Süden mehr den Winden ausgesetzt. Eine Stunde lang tanzte das Boot auf den Wogen, als eine große Welle das Gefährt ohne jede Vorwarnung umkippte und alle hinausschleuderte. Abdullah versuchte verzweifelt, seine kleine Familie zusammenzuhalten, aber einer nach dem anderen wurde abgetrieben. Drei Stunden lang blieb er im Wasser und suchte verzweifelt nach ihnen, aber sie waren verloren. Elf Passagiere ertranken, darunter fünf Kinder.

Am nächsten Tag ging das Foto des kleinen Aylan Kurdi, der mit seinem schicken roten Hemd und der blauen Hose mit dem Gesicht nach unten tot an einem türkischen Strand lag, um die ganze Welt. Ich sah es später auf Facebook und wusste: Das hätte auch ich sein können. Ich musste das Smartphone ausschalten, tief durchatmen und versuchen, daran zu denken, dass er, ein unschuldiges Kind, jetzt im Himmel weilte und glücklich war.

Wir unterhielten uns darüber und ich war mir mit meinen Schwestern einig: Hätten wir vor der Überfahrt davon gehört, dann wären wir nach Gaziantep zurückgekehrt.

Die Fähre von der türkischen Westküste nach Mytilini, der Hauptstadt von Lesbos, kostet normalerweise zehn Euro und dauert neunzig Minuten. Wir als Flüchtlinge hatten für die Vorbereitung zwölf Tage gebraucht und es hatte uns fünfzehnhundert Dollar gekostet.

Wir waren nun dreieinhalb Stunden auf See. Die Sonne ging unter und wir froren, als plötzlich die Insel wie ein riesiger schwarzer Fels vor uns aufragte. Bald konnten wir Menschen ausmachen, die am Strand warteten. „Spricht hier irgendjemand Englisch?“, hörten wir jemanden rufen. „Ich!“, schrie ich zurück. Alle blickten mich an. Es war ein Wendepunkt in meinem Leben, mehr noch als damals, als Nasrine erklärt hatte, es sei in Ordnung, wenn einem Saddam wegen seiner Hinrichtung leidtat. Es war das erste Mal, dass ich mit einem englischen Muttersprachler redete.

12

FREI WIE EIN GANZ NORMALER MENSCH

Lesbos, 2.–9. September 2015

Es fühlte sich an, als hätten wir mit Salzwasser geduscht. Das Schlauchboot stieß an den felsigen Strand, wo uns freundliche Gesichter und ausgestreckte Hände mit Handtüchern, Wasserflaschen und Keksen empfingen. Manche meiner Verwandten waren zu benommen, um aus eigener Kraft auszusteigen. Freiwillige wateten ins Wasser und halfen uns an Land. Als sie den Rollstuhl sahen und aufs Trockene trugen, sagten sie verblüfft: „Einen Flüchtling im Rollstuhl haben wir noch nicht zu sehen bekommen."

Meine Tante Shereen küsste den Strand und betete. Andere umarmten sich gegenseitig oder die Helfer. Nahda weinte. Manche gingen einfach schweigend den Strand hinauf. Einer meiner Cousins zerstach mit dem Messer das Schlauchboot, denn der Schleuser hatte uns gesagt, wenn es noch seetüchtig wäre, würde uns die griechische Küstenwache vielleicht zurückschicken. Ein Fischer kam vorbei und nahm den Außenbordmotor mit.

Der Mensch, der gefragt hatte, ob jemand Englisch sprach, war ein spanischer Fotojournalist. Er fragte mich, wie die Überfahrt verlaufen war.

„Ich habe sie genossen, weil ich so etwas wahrscheinlich

nicht noch einmal erleben werde", sagte ich.

„Waren Sie zum ersten Mal auf See?", fragte er.

„Ja, und ich finde das Meer wunderschön", antwortete ich lächelnd.

„Was erwarten Sie von Europa?", war seine letzte Frage.

Ich fand das wichtig und überlegte einen Augenblick. „Ich erwarte, frei zu sein wie ein ganz normaler Mensch", erwiderte ich.

Wir waren an einem Ort namens Skala Sikaminias gelandet, einem kleinen Fischerdorf am Nordufer von Lesbos, wo viele Boote ankamen. Wir wussten von den wirtschaftlichen Problemen in Griechenland und waren deshalb von der Güte der Menschen überwältigt. Unter den Helfern am Strand waren auch drei alte, schwarz gekleidete Frauen, die warme Milch für Nahdas Baby brachten und mich an meine Großmutter in Kobane erinnerten. Später erfuhren wir, dass ihre Mütter und Väter – wie viele andere in Lesbos – selbst als Flüchtlinge in Booten aus Izmir herübergekommen waren, als es noch Smyrna hieß und in weiten Teilen eine griechische Stadt war. Türkische Soldaten hatten sie 1922 im Griechisch-Türkischen Krieg angegriffen, unter den Griechen ein Blutbad angerichtet und das historische Stadtzentrum in Brand gesteckt. Tausende waren damals über die Ägäis geflohen.

Die alten Frauen führten uns am Strand entlang zu einem kleinen Hafen voller bunt bemalter Fischerboote mit einer winzigen weißen Kirche auf einem Felsen mit dem Namen Meerjungfrau-Madonna-Kirche und Menschen, die an Tischen vor Lokalen aßen und tranken. Der Anblick war malerisch wie auf einer Postkarte. Auf der anderen Seite lag ein Gemeindehaus mit einem Raum voller trockener, von der örtlichen Bevölkerung gespendeter Kleidung. Wir zogen die nassen und vom Salz steifen Kleider aus und schlüpften in frische Sachen, die mehr schlecht als recht passten. Beim Anblick der Kinder in ihren T-Shirts für Erwachsene mit schlackernden Ärmeln mussten wir lachen.

Die Freiwilligen erklärten uns, am nächsten Morgen würde uns ein Bus zur Haupt- und Hafenstadt Mytilini bringen, wo sich alle Flüchtlinge registrieren mussten, um weiterzureisen. Die Nacht würden wir oben an der Hauptstraße, wo der Bus hielt, verbringen müssen – einen anderen Platz zum Schlafen gab es nicht. Mein Englisch entpuppte sich als äußerst nützlich. Ich war so etwas wie die offizielle Dolmetscherin der Gruppe. Zum ersten Mal in meinem Leben waren die anderen auf mich angewiesen!

Dann kam jemand herein, der schnell auf Griechisch sprach. Man sagte uns, es hätte ein Unglück gegeben – ein Schlauchboot hinter uns sei gekentert. „Die Marokkaner!“, ächzte ich. Es brach mir das Herz.

Es wurde schon dunkel, und zuallererst mussten wir etwas essen, denn wir waren alle am Verhungern. Wir gingen in ein Café neben einem riesigen Maulbeerbaum und ich bestellte mir ein Sandwich. Es sah merkwürdig aus und schmeckte auch so. Ich hatte erwartet, dass alles Essen im Westen so hübsch zurecht gemacht war, wie ich es bei *MasterChef* gesehen hatte. „Was ist das?“, fragte ich die Bedienung. „Keine Sorge, es ist kein Schweinefleisch“, antwortete sie. „Es ist Truthahn.“ Es schmeckte trotzdem entsetzlich.

Das westliche Essen kommt mir immer irgendwie roh vor; unser kurdisches Essen ist sehr viel stärker gegart.

Wie immer beklagte sich Nasrine, ich sei zu zimperlich, aber sie ging in einen Laden und kaufte mir Kekse. Als sie zurückkam, erzählte sie, sie hätte einen Syrer getroffen, der erzählt habe, er und seine Familie hätten zunächst versucht, wie Bland durch Bulgarien weiterzureisen, hätten aber zehn Tage lang in einem Wald festgesteckt. Schließlich sei das Wasser ausgegangen, sie hätten den Wald verlassen müssen und die Polizei habe sie aufgegriffen und zurück in die Türkei geschickt. Dann hätten sie beschlossen, übers Meer nach Griechenland zu fahren, aber drei Kilometer von der Küste sei ihr Boot gekentert und sie hätten schwimmen müssen. Wir begriffen, wie viel Glück wir gehabt hatten.

Der Weg durchs Dorf hinauf zur Hauptstraße war sehr steil und es würde sehr mühsam sein, mich hinaufzuschieben. Die örtlichen Behörden hatten den Bürgern allerdings untersagt, Flüchtlinge im Auto mitzunehmen. Ein türkischer Flüchtlingshelfer namens Sardar, der im Restaurant am Nebentisch saß, hörte unser Gespräch. „Sie kann dort nicht hinaufgehen!“, sagte er. Er ging zur Polizei und besorgte eine Ausnahmegenehmigung, um mich hinaufzufahren. Nasrine konnte er auch mitnehmen, der Rest der Gruppe musste aber mehrere Kilometer weit durchs Dorf laufen. Wieder einmal brachte die Behinderung gewisse Vorteile!

Damit waren sie bedauerlicherweise auch schon erschöpft. Sardar ließ uns dort am Straßenrand aussteigen, wo der Bus halten sollte, und gab mir seine Telefonnummer. An der Stelle war eine Art Parkplatz, wo schon andere Flüchtlinge ihr Nachtquartier aufgeschlagen hatten. Dies war unsere dritte Nacht im Freien und es sollte die schlimmste von allen werden, denn wir befanden uns direkt am Fuß einer senkrechten Felswand. Die Nacht war entsetzlich. Immer wieder musste ich an Road-Runner-Zeichentrickfilme denken und fürchtete, ein großer Felsblock könnte herabfallen und mich zerquetschen. Ich versuchte, im Rollstuhl zu schlafen, aber es ging nicht. Von dem ganzen Gehoppel durch die Olivenhaine und das Geschaukel im Boot war ich ganz steif und voller blauer Flecke.

Schließlich wurde es Tag und dann ging auch schon wie eine große, blasse Grapefruit die Sonne auf. Jemand rief: „Nujeen!“ Zu unserer großen Freude waren es die jungen Marokkaner, die uns geholfen hatten. Ihr Schlauchboot war tatsächlich gekentert, aber sie konnten alle schwimmen und hatten es ans Ufer geschafft. Ich war so froh.

Wir warteten und warteten, aber vom Bus war nichts zu sehen. Es wurde immer heißer und manche machten sich zu Fuß auf den Weg, aber Lesbos ist eine große Insel und bis zum Flüchtlingslager in der Nähe des Hafens waren es mehr als fünfzig Kilometer. Nasrine sagte, sie würde mich schieben, aber ich fürchtete, wir wären Tage unterwegs und würden bei 39 Grad Hitze umkommen.

Zum Glück empfing mein Telefon immer noch das türkische Netz und ich rief Sardar an und erzählte ihm, dass wir festsaßen. Er sorgte dafür, dass eine junge einheimische Helferin namens Kristine Nasrine und mich abholte. Sie traf etwa gegen Mittag mit einem kleinen gelben Auto ein, das mit Vorräten für Flüchtlinge wie Wasser und Keksen so vollgestopft war, dass wir kaum einsteigen konnten. Für Nahda und ihre Kinder war kein Platz, aber Kristine sagte, sie käme später wieder und würde auch sie holen. Der Rest der Familie war inzwischen zu Fuß unterwegs.

Wir waren eine Stunde auf kurvigen Straßen unterwegs, aber es war wunderschön. Die Insel kam mir vor wie in einem Disney-Film und ich konnte verstehen, warum Griechenland so viele Schriftsteller und Dichter inspiriert hatte. Die Straße zog sich an der Küste entlang und wir überholten einen scheinbar endlosen Zug von Flüchtlingen. Auf der einen Seite lag das Meer, auf der anderen Wälder aus knorrigen Olivenbäumen und dahinter die Berge. Kristine erzählte, die Insel sei berühmt für ihre Oliven. Da musste ich an Onkel Bozan denken und wurde traurig. Wir kamen an einem alten, am Meer gelegenen byzantinischen Palast vorbei und erreichten dann die Außenbezirke einer Stadt mit Steinhäusern und Ziegeldächern – Mytilini. Kristine setzte uns an einem Café ab, wo ich mir auf Englisch eine heiße Schokolade bestellte. Dort warteten wir zwei Stunden, während sie zurückfuhr und Nahda mit ihren Kindern abholte.

Wir beobachteten unterdessen krebsrot verbrannte Touristen mit riesigen Sonnenbrillen, die nach Kokosöl rochen und bunte Cocktails bestellten. Das Ganze kam mir ziemlich unwirklich vor – die Menschen hier, die ahnungslos ihren Urlaub genossen, obwohl nicht weit entfernt ganze Familien an der Straße kampieren mussten, weil sie vor Krieg und Bombardierung geflohen waren.

Das größte Flüchtlingslager auf Lesbos heißt Moria. Als wir dort ankamen, waren wir entsetzt. Es ist eine ehemalige Militärbasis mit hohen Mauern und Stacheldraht wie ein Gefängnis. Und außerdem waren dort so viele Menschen. Ein Bediensteter des Lagers schrieb uns mit einem Filzschreiber Zahlen aufs Handgelenk und brachte uns zu einer Hütte, die schon voller Flüchtlinge war. Dort war es schmutzig und viele schienen krank zu sein. Sie husteten oder schienen unter Verdauungsproblemen zu leiden. Die Waschräume und Toiletten waren überhaupt nicht für mich geeignet – für Behinderte gab es nichts, um sich festzuhalten.

Der Rest unserer Gruppe war immer noch auf der Straße in Richtung Lager unterwegs, aber wir konnten uns nicht vorstellen, an so einem Ort zu bleiben. Deshalb brachte uns Kristine in ein anderes Lager namens Pikpa näher am Ufer, das von einer Wohltätigkeitsorganisation für Kranke und Bedürftige eingerichtet worden war. Eigentlich war es für syrische Familien gedacht, aber es waren Afghanen und Iraker dort. In Pikpa gab es Holzbungalows, aber diese waren alle voll und die freiwilligen Helfer brachten uns zu einem dreieinhalb mal dreieinhalb Meter großen Familien-Hauszelt. Wir, das waren meine beiden Schwestern und ich, vier Nichten und außerdem Mohammed, Mustafas Neffe, der sich um Nahda kümmern sollte.

Im Zelt nebenan war eine andere syrische Familie mit einem kleinen Mädchen, dessen Augen durch eine Infektion stark gerötet waren. Ihr Boot war gekentert, weil der Motor stehen geblieben war. Bis zur Rettung hatten sie elf Stunden im Wasser aushalten müssen. Eine andere Familie erzählte, in ihr Boot sei so viel Wasser gelaufen, dass sie alles hinauswarfen, sogar die Tasche mit dem Goldschmuck und dem Geld, sodass sie nun nichts mehr besaßen.

Wir bekamen Matten, auf denen wir schlafen konnten, aber manche mussten auf Wellpappe übernachten. Der Flughafen war ganz in der Nähe und es herrschte ständig Lärm, entweder von tief fliegenden Maschinen oder von den vielen Kindern. Es erinnerte mich an Manbidsch und die Bombardements, und auch hier hielt ich mir die Ohren zu. Ich hasste diesen Ort. Tagsüber war es viel zu heiß und nachts setzten einem die Moskitos zu. Nahdas Kinder klagten die ganze Zeit und meine Schwestern stöhnten über die hygienischen Zustände – überall lag Müll herum und die anderen Flüchtlinge nannten das Lager nur den Dschungel. Es gab zwar getrennte Toiletten, aber im Waschraum trennte nur ein Vorhang Männer und Frauen. Es stank so abscheulich, dass keiner es dort länger als fünf Minuten aushielt. Viele Frauen waren verschleiert und beklagten sich, sie könnten vor dem Gebet nicht die nötigen Waschungen vornehmen. Manche Männer badeten im Meer. Nasrine und Nahda wollten unsere Kleider waschen, aber auch vor dem Waschbecken wartete schon eine lange Schlange.

Alle starrten auf meinen Rollstuhl und fragten: „Oh! Wie ist sie bloß hierhergekommen?" Eine der Helferinnen erzählte, sie hätte mich im Fernsehen gesehen. Das Interview gleich nach der Ankunft hatte mich berühmt gemacht! Das ist komisch, denn ich vergesse ständig, dass ich im Rollstuhl sitze. Wann immer ich in Gedanken Sehenswürdigkeiten wie das Victoria and Albert Museum in London besuche, stelle ich mir vor, dass ich ganz normal gehe. Ich vergesse einfach, dass ich dann im Rollstuhl sitzen werde und mich jemand schiebt.

Bland hatte uns gesagt, in jeden Land sollten wir zuallererst sehen, dass wir uns eine einheimische SIM-Karte besorgen. Am Tor fanden wir Leute, die solche Karten, Wasserflaschen und Guthabenkarten verkauften. Im Lager selbst gab es einen Bereich mit Ladestationen, für den man ebenfalls Schlange stehen musste. Alle wollten ihre Telefone aufladen. Für die Kinder gab es Farbstifte und viele ihrer Bilder hingen an den Wänden. Manche zeigten Häuser mit Strichmännchen an der Tür und Kampfflugzeugen in der Luft. Auf einem war eine Blume zu sehen, aus der Blut tropfte.

Während wir dort warteten, bis unsere Handys aufgeladen waren, erfuhren wir von dem kleinen Aylan Kurdi. Ich weigerte mich, das Bild anzusehen, denn ich wusste, dass mir das nicht guttun würde.

Die Woche im Lager auf Lesbos war sehr hart. Die Griechen hatten unter ihrer eigenen Krise zu leiden. Das Land war bankrott und die Hälfte der jungen Leute hatte keine Arbeit. Wir Flüchtlinge waren das Letzte, das sie brauchten. So war es kein Wunder, dass es im Lager wenig zu essen gab. Es wurden Spaghetti verteilt, aber wir hatten nichts, um sie zu kochen. Jeden Tag kauften meine Schwestern Tomaten, eine Art Salami aus Rindfleisch und dazu Brot, um Sandwiches zu machen. Nach einer Woche erklärte ich, ich würde bestimmt ein ganzes Jahr lang keine Salami mehr essen. Nasrine behauptete, die Griechen würden uns Flüchtlinge mit Absicht hierbehalten, um Geld mit uns zu verdienen.

Die freiwilligen Helfer waren aber sehr nett. Sie waren allerdings durch die Zahl der Flüchtlinge überfordert. Schon bald sollten siebenunddreißigtausend Flüchtlinge auf der Insel sein, was fast der Hälfte der normalen Bevölkerung entsprach. Mohammed ging in die Stadt, um sich nach dem Fahrplan der Fähren und nach Tickets zu erkundigen und erzählte, viele Menschen würden in Parks und auf den Straßen schlafen.

Mein Englisch erwies sich als nützlich, was mich besonders froh machte, weil ich es sehr mühsam ohne Bücher und Unterricht gelernt hatte. Eines Tages bat mich ein Helfer, für eine kurdische Frau zu übersetzen, deren Tochter eine Nierenentzündung hatte. Ich sollte der Frau die Verwendung der Medikamente erklären. Hinterher bedankte sie sich überschwänglich. „Ich bin so glücklich, du bist mein Engel", sagte sie. Und das alles nur wegen *Zeit der Sehnsucht*!

Eigentlich wollten alle nur den Kämpfen entkommen, aber hier waren so viele verzweifelte Menschen zusammengepfercht, die woanders hinwollten, dass es unweigerlich zu Spannungen und Auseinandersetzungen kam. Für die Reise von Lesbos zum Festland brauchte man eine Bescheinigung der griechischen Behörden, mit der man drei Wochen im Land bleiben durfte. Das für Syrer eingerichtete beschleunigte Verfahren dauerte nur zwei Tage, während andere Nationalitäten bisweilen länger als einen Monat warten mussten. Natürlich ärgerte das die anderen, besonders die Afghanen und Iraker, die ebenfalls vor dem Krieg geflohen waren. An einem Tag gab es Aufregung. Afghanen und Iraker hatten im Streit das Bürogebäude, in dem die Anträge bearbeitet wurden, in Brand gesetzt, um damit gegen die bevorzugte Behandlung der Syrer zu protestieren.

Nun lief es für alle langsamer. Nahda war außer sich und fürchtete, ihre Kinder könnten in der Hitze und dem Schmutz krank werden, und ständig hielt sie mich an, mit Leuten zu reden und Sardar und Kristine anzurufen. Endlich, am siebten Tag, sagte man uns, dass die Polizei kommen würde und dass wir uns auf dem Platz versammeln sollten. Schließlich kamen griechische Beamte, notierten unsere Namen, Geburtsdaten und Heimatorte. Die Flüchtlinge hatten wegen dieser Dublin-Vereinbarung Angst, ihre Fingerabdrücke abzugeben, obwohl die Deutschen gesagt hatten, dass spiele keine Rolle.

Als wir an der Reihe waren, war ich wieder die Dolmetscherin. Ich erklärte, wir seien Kurden, die aus Aleppo geflohen waren und keine Papiere besaßen. Ich musste mich dabei sehr zusammennehmen, denn neben dem Polizisten stand eine Tasse Kaffee auf dem Tisch, die ich die ganze Zeit anstarrte, weil ich sie so gerne ausgetrunken hätte.

Am Ende des Tages hielten wir die wertvolle Genehmigung in Händen. Darauf stand, die griechischen Behörden würden auf ihr Recht verzichten, uns festzunehmen, und die Bescheinigung gelte für drei Wochen. Das Stück Papier fühlte sich an wie eine goldene Eintrittskarte von Willy Wonka. Nun hielt uns nichts mehr im Lager. Am Abend ging eine Fähre, die uns für sechzig Euro pro Person in zwölf Stunden nach Athen bringen würde. Wir mussten allerdings noch einmal über Nacht bleiben, denn als Mohammed die Tickets kaufen ging, vergaß er, unsere Bescheinigungen mitzunehmen. Deshalb fuhren unsere übrigen Verwandten, die alle noch in Moria waren, ohne uns los.

Am nächsten Abend bestellten wir für 20 Uhr, vor Sonnenuntergang, ein Taxi, aber es kam nicht. Wir warteten vor dem Lager. Der Wachmann hatte sechs Hunde und ich wurde fast verrückt, weil sie alle frei herumliefen. Gegen Mitternacht kam endlich das Taxi und brachte uns zum Hafen. Wir stiegen aus vor einem wunderschönen alten Gebäude, wie es reiche Europäer vor Jahrhunderten besessen hatten, und ich fragte mich, wer dort wohl gelebt hatte.

Die Fähre nach Athen sollte um drei Uhr morgens auslaufen und das Terminal war voller wartender Flüchtlinge. Manche hatten kleine Zelte aufgestellt und schliefen. Nahda und ihre Kinder drängten sich auf den Stufen des Zollgebäudes aneinander. Ich war gerade dabei, in meinem Rollstuhl einzunicken, als wieder eine Meute von zwölf oder dreizehn gierig schnappenden Hunden auftauchte. Ich konnte es nicht fassen. Diese wilden Tiere schienen mich zu verfolgen.

Nasrine versuchte mich zu beruhigen. „Ganz ruhig", sagte sie. „Schau, das ist doch ein hübsches Hündchen."

„Das ist kein hübsches Hündchen, das ist ein Monster!", fauchte ich.

Dann sahen wir die Fähre mit glänzenden grünen Lichtern herangleiten. Sie war groß wie ein vielstöckiges Gebäude und ich konnte mir nicht vorstellen, wie sie in den Hafen hereinkommen sollte. Ich fürchtete schon, wir müssten mit einem kleinen Boot dorthin übersetzen, aber das Schiff kam tatsächlich bis an die Kaimauer.

Um vier Uhr morgens sagten die Polizisten schließlich, dass wir an Bord gehen konnten. Sie nahmen mich mit bis an die Spitze der Schlange, sodass ich als Erste an Bord kam. Die Fähre hatte fünf Decks – unsere Plätze waren auf Deck 3, und diesmal gab es sogar einen Aufzug.

Ich hörte das Brummen der Motoren und dann spürte ich, dass sich das Schiff bewegte. Nasrine ging während der Abfahrt aufs oberste Deck, um von dort den Sonnenaufgang über den Terrakottadächern von Mytilini zu betrachten.

Ich war aufgeregt. Zum ersten Mal befand ich mich auf einem Schiff. Und unser Ziel war der Geburtsort der Demokratie. Aber ich war sehr erschöpft. Wir hatten noch nicht einmal den Hafen verlassen, da war ich schon eingeschlafen.

13

DURCH DAS SCHÖNE TOR

Von Athen nach Mazedonien, 10.–15. September 2015

Ich starrte beschwörend auf den Engel an der Wand des Hotelzimmers, als könnte ich ihn zum Fliegen bringen. Vielleicht hört sich das verrückt an, aber ich wünschte mir nichts sehnlicher, als diese Reise so zu machen wie alle anderen auch.

Unsere übrigen Verwandten waren alle schon nach Norden zur mazedonischen Grenze unterwegs, denn sie fürchteten, die Polizei könnte den Übergang schließen, weil sich dort inzwischen Tausende von Flüchtlingen angesammelt hatten. Onkel Ahmed, Tante Shereen und alle unsere Cousins waren schon aufgebrochen, bevor wir in Athen ankamen.

Nahdas Schwiegereltern hatten am Vortag gewartet, bis wir mit der Fähre eintrafen. Ich freute mich auf Athen, aber der Hafen von Piräus war ein riesiges Durcheinander und es stank so nach Fisch, dass ich würgen musste. Als Nasrine mich über die Rampe hinunterschob, fiel mein Blick auf ein erbärmliches Flüchtlingslager mit Zelten gleich am Kai. Dann hörten wir laute Rufe – eine Gruppe von Hafenarbeitern protestierte gegen den Verkauf des Hafens. Wie Blut saugende Moskitos tauchten Schleuser auf und fragten: „Wollt ihr fliegen oder über Land – oder braucht ihr einen

Pass?“ Wir versuchten, ein Taxi zu bekommen, aber sie verlangten das Dreifache dessen, was man uns als gerechten Preis genannt hatte. Zum Glück brachte uns jemand von Nahdas Schwiegerleuten zum Zug. Das war mit dem Rollstuhl zwar nicht so einfach, aber viel billiger. Manchmal kommt es mir vor, als würden alle versuchen, die Flüchtlinge übers Ohr zu hauen.

Nahdas Schwiegereltern wohnten in Athen vorübergehend in einer Wohnung ohne Fenster mit schmierigen Wänden, die ihnen der Schleuser besorgt hatte, den sie für die Weiterreise nach Mazedonien bezahlt hatten. Sie kochten uns Eier und Tomaten, während sich Mohammed auf die Suche nach einem Hotelzimmer für uns machte, weil die Familie schon am nächsten Morgen um zehn mit dem Bus in Richtung mazedonischer Grenze aufbrechen wollte. Für Flüchtlinge ist es nicht so einfach, Hotelzimmer zu buchen. Wenn man keine Ausweispapiere hat, wird man häufig abgewiesen oder muss einen Aufschlag bezahlen. Es ist, als würden sie einen für schmutzig oder kriminell halten – dabei sind wir doch wie alle anderen, nur dass wir unser Zuhause verloren haben. Wir kamen im New Dream Hotel unter. Unser Zimmer hatte blaue Lampen und über dem Bett hing ein Bild mit einem Engel. Nahda blieb bei ihren Verwandten, mit denen sie sich gemeinsam auf die Reise machen wollte. Sie brachten uns noch etwas Brot und Halal-Salami vorbei, wir umarmten Nahda zum Abschied und wünschten uns gegenseitig Glück.

Jetzt waren also nur noch Nasrine und ich übrig, die zwei Schwestern, wenn schon nicht die drei Musketiere. Zum ersten Mal mussten wir ganz allein zurechtkommen, und das in einer großen Stadt in einem fremden Land. Ich schaltete den alten Schwarz-Weiß-Fernseher an und ging auf der Suche nach einem englischen Programm mit der Fernbedienung die Sender durch. Schließlich landete ich bei einer MTV-Show namens *I used to be fat.* Ich legte mich aufs Bett und fühlte mich zurückversetzt in die Zeit im fünften Stock in Aleppo.

Im Badezimmer hörte ich Nasrine singen und das Wasser rauschen. „Warmes Wasser!“, rief sie. „Einfach wunderbar, wieder sauber zu sein!“ Zum ersten Mal seit unserem Aufbruch in Izmir vor elf Tagen konnten wir uns wieder richtig waschen. Jetzt brauchten wir nur noch saubere Kleider, denn wir trugen noch immer das, was wir bei der Landung in Lesbos bekommen hatten.

Unsere Familie hatte uns natürlich nicht einfach unserem Schicksal überlassen. Shiar sollte mit dem Flugzeug kommen und uns falsche Pässe besorgen, was in Athen dem Vernehmen nach kein Problem war. Mit diesen sollte er uns Flugtickets direkt nach Deutschland kaufen, damit uns die Reise über Land erspart blieb. Alle waren davon überzeugt, dass so etwas mit dem Rollstuhl zu beschwerlich war. Vielleicht fürchteten sie auch, wir würden sie behindern.

Mich macht das traurig. „Weißt du was, Nasrine?“, sagte ich. „Ich möchte es genauso tun wie alle anderen. Kannst du das verstehen?“

„Ja, mir geht es genauso“, antwortete sie.

Schon bald traf Shiar ein, redselig wie immer. Er sagte, wir sollten auf dem Zimmer bleiben und die Vorhänge geschlossen halten. Das ärgerte mich, weil ich natürlich die

Akropolis besuchen wollte. Nun waren wir schon einmal in dieser uralten Stadt, dem Geburtsort der Demokratie, der Philosophie und von Aristoteles, und da sollten wir uns hinter den Vorhängen verstecken? Aber auch Nasrine meinte, wir sollten nicht nach draußen gehen. Flüchtlinge waren angegriffen worden von Anhängern einer Partei namens Goldene Morgenröte, was sich harmlos anhörte, aber die Gruppe war ultrarechts und hatte hakenkreuzähnliche Symbole auf ihren Fahnen.

Ständig hörten wir Sirenen. Athen wirkte mit seinen Cafés und schicken Bars eigentlich wohlhabend, aber die vielen Obdachlosen waren uns nicht entgangen. Durch die Schuldenkrise war die Hälfte der jungen Leute ohne Arbeit und wer konnte, kehrte dem Land den Rücken. Griechenland war finanziell so sehr in der Klemme, dass es bereits zweimal von internationalen Geldgebern hatte gerettet werden müssen, und nun ein drittes Mal unter besonders harten, von Deutschland durchgesetzten Bedingungen. Banken waren geschlossen. Täglich gab es auf dem Syntagma-Platz vor dem Parlament Protestkundgebungen, bei denen die Polizei die Menge mit Tränengas zerstreute. Ich sah das alles – zwischen meinen alten Lieblingssendungen – im Fernsehen. Da wir wissen wollten, was sich auf der Flüchtlingsroute tat, musste ich meine Abneigung gegen Nachrichtensendungen so gut es ging überwinden.

Shiar und Nasrine nahmen mich nur einmal mit nach draußen. Natürlich gingen wir nicht zum Parthenon, sondern nur zum Kebab in einem türkischen Restaurant. Auf mich wirkte die Stadt sehr alt und eher vom Osten als vom Westen geprägt. Wir sahen viele alte Männer beim Würfelspiel. Die griechischen Buchstaben der Speisekarte kamen mir sehr merkwürdig vor, wie Hebräisch. Es war schon dunkel, als wir das Restaurant verließen, aber noch immer waren überall Menschen. Zum ersten Mal sah ich eine Stadt um diese Tageszeit so belebt, aber alles erinnerte mich an Aleppo. Ich versuchte, nicht daran zu denken, was dort gerade geschah. Ich wusste, Nasrine schaute auf Facebook nach.

Während Shiar tagsüber am Viktoria-Platz mit Schleusern verhandelte, studierten Nasrine und ich auf dem Smartphone Karten von Europa und checkten Facebook-Gruppen für Flüchtlinge wie „The Safe and Free Route to Asylum for Syrians“, wo es spezielle Tipps für Flüchtlinge gab und Ratschläge für die besten Routen. Immer wieder starrte ich zum Engel hinauf und flehte ihn an: Bitte, lass es mich so hinkriegen wie alle anderen.

Manchmal erhört Gott unsere Gebete. Nach einigen Tagen erklärte Shiar, es sei sehr schwierig und außerdem zu teuer, Pässe zu besorgen, und er wisse nicht, was wir tun sollten.

Nasrine und ich blickten uns an. „Weißt du was?“, fragte sie. „Wie wär's, wenn wir einfach die Landroute nehmen?“

Genau! Von einem totalen Gefängnis in die totale Freiheit. Ich wusste, für mich würde das eine einmalige Erfahrung werden. Dann hätte ich meinen Enkeln etwas zu erzählen, wie meine Eltern, wenn sie vom Krieg 1973 gegen Israel berichteten – ein schlimmes Jahr sei dieses Kriegsjahr gewesen, sagten sie immer. Für Nasrine würde es schwer werden, mich zu schieben, aber es würde auch Spaß machen.

Und endlich wäre ich mal wie alle anderen.

Um 16.30 Uhr nahmen wir am Hauptbahnhof den Zug in Richtung Thessaloniki, eine Fahrt von sechs Stunden. Ich fuhr zum ersten Mal mit der Eisenbahn. Obwohl die meisten Flüchtlinge die billigere Busfahrt vorziehen, war der Bahnsteig voller Menschen, viele mit kleinen Kindern; es waren auch viele Touristen mit kurzen Hosen, T-Shirts und großen Rucksäcken darunter. Der Zug, der einfuhr, war über und über mit Graffiti besprüht. Alle drängten nach vorn und ich fragte mich, wie wir hineinkommen sollten, aber jemand half uns und wir fanden Sitzplätze. Alle Polster waren abgewetzt. Jemand erzählte, die griechische Eisenbahn wäre so unwirtschaftlich, dass es weniger kosten würde, wenn man jedem Passagier ein Taxi bezahlen würde, anstatt die Züge fahren zu lassen. Ich sah die Landschaft vorüberziehen – von der Sonne vertrocknete Felder, grüne Berge, schwarze Schwalben, die den Himmel durchschnitten, die sich rötende Sonne – es war magisch. Verglichen mit allem dort draußen fuhr der Zug so schnell, dass ich unwillkürlich an die Relativitätstheorie denken musste. „Was wäre, wenn der Zug mit Lichtgeschwindigkeit führe?“, fragte ich Nasrine. „Was würden wir dann sehen?“ Sie antwortete, wegen der sogenannten Zeitdilatation würde die Zeit still stehen und man würde überall hinkommen und für Dinge, die nicht mitreisten, wäre es, als würde keine Zeit vergehen. Die Sonne würde also, während wir an ihr vorbeijagten, immer rot aussehen wie beim Sonnenuntergang. Ich konnte das nicht ganz begreifen, wollte das aber später nachlesen. Dann sagte Nasrine, es sei aber nicht möglich, sich mit Lichtgeschwindigkeit zu bewegen. Anders gesagt, sie wollte, dass ich die Klappe hielt.

Sie ging etwas zu trinken holen und mir gingen die Gedanken durch, wie es oft geschieht, wenn ich sie nicht bremse. Immer wieder kamen mir Filmszenen in den Sinn, in denen ein Zug von einer Klippe stürzt. Wenn so etwas passierte und ich Nasrine verlor, wie sollte ich dann alleine bis zur Grenze kommen?

Zum Glück passierte nichts Derartiges. Draußen wurde es dunkel und wir versuchten zu schlafen. Dann machte das Gerücht die Runde, die griechische Polizei würde Flüchtlinge aus dem Zug werfen; tatsächlich gestatteten unsere Papiere keine Reise so weit nach Norden. Manche schlossen sich in der Toilette ein, aber es kam keine Polizei. Schließlich erreichten wir unseren Zielort Thessaloniki. Die Fahrer der Busse, die von hier zur Grenze fuhren, machten Feierabend und viele Flüchtlinge verhandelten mit Taxifahrern. „Wir sind keine Touristen", beklagte sich ein Mann über die hohen Preise. Manche beschlossen, die Nacht im Bahnhof zu verbringen und auf den Bus am nächsten Morgen zu warten, aber wir wollten weiterkommen also zahlten wir die hundert Euro und nahmen ein Taxi.

Von den Facebook-Gruppen wussten wir, dass man die Grenze nachts nicht überqueren konnte. Deshalb brachte uns unser Taxifahrer 88 Kilometer weit nach Evzoni, einer Stadt nahe der Grenze. Dort bezogen wir ein Zimmer im Hara-Hotel – dem letzten auf griechischem Boden. Oder dem ersten, je nachdem, aus welcher Richtung man kam. Auf dem Parkplatz stand ein Schild in Form eines Griechen mit weißen Pluderhosen, der einen roten Fez schwenkte mit den Worten: „Willkommen in Griechenland".

Das Hotel gleich neben der Autobahn war ziemlich heruntergekommen und hätte schon geschlossen werden sollen; durch die Flüchtlingskrise wurde es erst mal gerettet. Jetzt war hier ein ständiges Kommen und Gehen. Manche blieben über Nacht, wie wir, aber die Bar war zu einem Kaufladen umgewandelt worden, wo wir Flüchtlinge etwas zu essen kaufen konnten, wie Ölsardinen und Kekse, aber auch Windeln und Baby-Feuchttücher. Wir waren ausgehungert und gingen ins Restaurant. Die Neonröhren dort sorgten für eine Stimmung wie in den Krankenhäusern, in denen ich gewesen war, und alles sah gelb aus. Wir bestellten Pizza, und zum ersten Mal im Leben benutzte ich Messer und Gabel. Das war nicht besonders praktisch, weil es für uns Muslime *haram* ist, mit der linken Hand zu essen. Deshalb versuchte ich, sowohl das Messer als auch die Gabel mit der rechten Hand zu halten.

In der Ferne sahen wir die Leuchtreklame der mazedonischen Kasinos, wo die Griechen nachts zum Spielen hingehen, obwohl sie Mazedonien eigentlich nicht mögen und davon überzeugt sind, dass es eigentlich zu Griechenland gehört. Deshalb stellen sie Alexander den Großen auch gerne als Griechen dar, obwohl er eigentlich Mazedonier war. Sie nennen das Land nicht einmal Mazedonien, sondern FYROM – Former Yugoslav Republic of Macedonia („ehemalige jugoslawische Republik Mazedonien"). Trotzdem konnten sie ganz normal die Grenze passieren. Wir dagegen mussten uns über ein Feld durchschlagen.

Am nächsten Morgen hatte Nasrine eine WhatsApp-Nachricht von Nahda auf ihrem Handy. „Geschafft!", stand da.

Sie waren schon in Deutschland und hatten die Reise in nur fünf Tagen geschafft. „Siehst du – dann kann es ja nicht so schwer sein, oder?"

Aber bevor wir uns auf die Reise machen konnten, mussten wir ein technisches Problem lösen. An meinem Rollstuhl gab es ein Gummiband, das die Fußstütze oben hielt, aber bei der Fahrt von der Rampe der Fähre war das Band gerissen und die Fußstütze war gebrochen. Deshalb hing mein linker Fuß jetzt immer herunter, was sehr unbequem war. Zum Glück trafen wir einen netten Mann mit schwarzem Hut und einem zahmen Vogel, der das Ganze so mit Draht befestigte, dass ich meinen Fuß wieder daraufstellen konnte.

Nasrine schob mich die Hauptstraße entlang. Eben ging die Sonne auf. Alles war grün und wir waren von bewaldeten Hügeln umgeben. Ein solches Vogelgezwitscher hatte ich noch nie gehört, aber es war eiskalt da draußen. Seit ich Asthma hatte, geht mir die Kälte durch und durch und meist bin ich die Erste, die krank wird. Nasrine sagt immer, ich wäre ein Virusmagnet. Wir waren nicht sicher, ob wir in die richtige Richtung gingen, aber dann gelangten wir an eine verlassene Bahnlinie, wie Nahda sie beschrieben hatte. Dort warteten ganze Trauben von Menschen, und Polizisten, die schwarz wie Ninjas gekleidet waren, hielten sie zurück. Weitere Polizeibeamte beobachteten das Ganze von Mannschaftswagen aus, die auf einer Anhöhe standen.

Evzoni war eigentlich ein kleines Städtchen, aber nun waren dort Tausende von Flüchtlingen wie wir versammelt. Man hatte eine Art Transitstation eingerichtet, und einige griechische Frauen verteilten Windeln und Kekse. Die mit

Pistolen und Schlagstöcken bewaffnete mazedonische Polizei wies uns an, uns für den Grenzübertritt in Gruppen von je fünfzig Personen zusammenzufinden. Wir kamen in eine von drei sogenannten SIA-Gruppen – Syrer, Iraker und Afghanen –, denen die Passage gestattet war. Bangladescher, Marokkaner und andere mussten es auf anderen Wegen versuchen. Wir hatten einen knappen Kilometer weit zu laufen, aber der Weg war nicht schlecht; wir waren nur langsamer als die anderen. Die griechischen Polizisten halfen uns sogar dabei, den Rollstuhl über die Schienen zu bekommen. Die Grenze war nicht weiter markiert; da war nur die schwarze Linie auf der GPS-Karte auf unseren Handys. Später hörten wir, dass man eine improvisierte Grenzstation namens Stone 59 eingerichtet hatte.

In Mazedonien wurde der Weg bald sehr holprig. Immer wieder blieb der Rollstuhl zwischen den Steinen stecken. Ein paar Mazedonier, die Kekse verkauften, sahen unsere Not und halfen glücklicherweise. Sie drehten den Rollstuhl herum und zogen ihn einfach.

Es war ein ganzer Strom von Menschen, die alle in dieselbe Richtung zogen. Manche trugen Kleinkinder auf dem Rücken oder auf den Schultern – so musste es auch Nahda vor einigen Tagen getan haben. Ein Mann humpelte, vielleicht wegen einer Verwundung bei einem Bombenangriff. Eigentlich sprach niemand. Alle sahen verzweifelt aus. Ich war die Einzige, die lächelte. Alle waren in Eile, denn wir hatten gehört, dass die Ungarn die Grenze mit einem Zaun abriegeln wollten, und deshalb mussten wir rasch weiterkommen.

Schließlich kamen wir an ein wunderschönes Sonnenblumenfeld, durch das, wie auf Facebook beschrieben, ein vielbegangener Trampelpfad führte. Überall lagen Massen von Plastikflaschen, Tüten, Schuhen, Schlafsäcken und anderen Flüchtlingsdingen herum, was ich traurig fand, denn ich wollte nicht, dass die Menschen uns hassten, aber wo hätte man die Sachen sonst hinwerfen sollen?

Es ging sehr gut voran, bis wir plötzlich auf einen tiefen Graben mit einem Bach stießen, den wir nicht überqueren konnten. Freundlicherweise halfen uns einige Afghanen hinüber. Als mein Rücken dabei immer wieder schmerzhaft gegen die Lehne stieß, war es auch mit meinem Lächeln vorbei. Ich ächzte leise und Nasrine zischte, ich solle aufhören. Wenn man mich trägt, fühle ich mich immer schwach und deswegen hasse ich es. Bald setzten sie mich wieder ab. Ein leichter Sommerregen setzte ein und ich hörte Frösche quaken, als wären sie glücklich, und dazu läuteten Kirchenglocken. Wir mochten etwa eine Stunde unterwegs gewesen sein, als wir das erste mazedonische Dorf erreichten, Gevgelija. Wie in aller Welt spricht man das aus?, fragte ich mich. Wir folgten einem Schild mit der Aufschrift „Flüchtlingsstation des Staates Mazedonien mit Unterstützung der UNHCR“ bis zu einem Platz voller weißer Zelte und Wohnwagen und einer Reihe übel riechender Dixi-Klos. Das UNHCR ist die Flüchtlingsorganisation der Vereinten Nationen. Mengen von Menschen waren hier versammelt und warteten. Hin und wieder kam ein Mann mit einem Stapel Blätter heraus und rief Namen auf.

Als die Flüchtlinge massenweise in Mazedonien eintrafen, durften sie zunächst keine öffentlichen Verkehrsmittel benutzen und versuchten daher, auf Güterzüge aufzuspringen oder vertrauten sich Schleusern an. Manche wurden von Banden ausgeraubt, was kein gutes Licht auf Mazedonien warf. Deshalb hatte das Parlament Ende Juni beschlossen, SIA-Flüchtlinge mit Dreitagesvisa auszustatten, damit sie das Land legal mit dem Zug bis zur serbischen Grenze durchqueren konnten.

Es sah allerdings nicht so aus, als wäre die kleine Polizeistation, bei der wir diese Papiere erhalten sollten, der Aufgabe gewachsen. Wahrscheinlich war es hier früher sehr ruhig gewesen. Und wären wir nur wenige Tage später hier angekommen, hätten wir wahrscheinlich festgesessen. Die Engstelle hier veranlasste die Mazedonier, die Grenze zu schließen, auf Flüchtlinge zu schießen oder sie mit Tränengas zurückzuhalten. Wir waren gerade noch rechtzeitig gekommen.

Dank meines Rollstuhls durften wir uns ganz vorn in der Schlange einreihen. Wir hatten kein gutes Gefühl dabei, alleine weiterzugehen, denn man hatte uns vor den Räubern in den Wäldern gewarnt. Ich behauptete, Mazedonien sei das Land von Alexander dem Großen und von Dschingis Khan (weil ich das Land mit der Mongolei verwechselte). Viele hielten Alexander für einen Helden, aber meiner Meinung nach war er ein Diktator, der viele Menschen umbrachte. Manche Flüchtlinge nannten das Land auch „Mafiadonien“ und hielten es für sicherer, in Gruppen zu reisen – zwei Schwestern alleine, das könne nicht gutgehen.

Viele wurden in alte Züge voller Graffiti gepackt. Ich konnte mir nicht vorstellen, wie das mit dem Rollstuhl gehen sollte. Die mazedonische Polizei meinte aber, wir sollten uns keine Sorgen machen. Nach der Registrierung riefen sie uns ein Taxi, das uns für zweihundert Euro bis zur serbischen Grenze bringen sollte. Dann ließen sie uns zum Tor der Flüchtlingsstation hinaus. Für mich war es das „Schöne Tor“. Jetzt waren wir unterwegs.

14

UNGARN, ÖFFNE DIE TÜR!

Mazedonien–Serbien–Ungarn, 15.–16. September 2015

Mazedonien ist kein großes Land – wir durchquerten es von Süd nach Nord in gerade einmal zwei Stunden. Das war unser Vorteil, denn wir hörten, die Ungarn hätten eben einen riesigen Grenzzaun fertiggestellt und würden um Mitternacht den einzigen verbliebenen Durchlass schließen. Ab dann wäre der Grenzübertritt verboten. Es war also ein Wettlauf mit der Zeit, wie in so vielen Fernsehfilmen.

Zunächst mussten wir von Mazedonien nach Serbien kommen. Das Taxi fuhr uns etwa zweihundert Kilometer weit bis zur Grenzstadt Lojane in den Bergen Nordmazedoniens. Der Fahrer erklärte, die Berge seien voller alter Schmuggelpfade für Zigaretten, Drogen und Waffen, und diese würden nun von den Flüchtlingen benutzt.

Lojane war ein Dorf mit rot gedeckten Häusern, ein paar Teestuben und einer großen weißen Moschee. Die meisten Einwohner waren Albaner, die in der Vergangenheit selbst vor dem Krieg in ihrem eigenen Land geflohen waren. Das bedeutete aber nicht, dass sie Flüchtlinge sonderlich mochten. Manche waren froh, dass sie etwas an uns verdienen konnten – immer mussten wir überhöhte Preise bezahlen –, aber die anderen beklagten sich, mit uns kämen nur Verbrechen, ansteckende Krankheiten und wir würden ihren Frauen und Kindern Angst einjagen.

Es kamen Scharen von Flüchtlingen an, manche mit dem Taxi wie wir, andere mit der Bahn. Auf einer Wiese war ein Lager eingerichtet, das nur „der Dschungel“ genannt wurde – offenbar haben alle Flüchtlingslager denselben Namen –, aber niemand machte hier Rast, obwohl vielen die Müdigkeit ins Gesicht geschrieben stand. Wir reihten uns in den Strom von Menschen ein, die zur Grenze wollten.

Der Weg führte durch ein Kohlfeld, und wir kamen nur mühsam voran, weil es durch den Regen der vorigen Nacht sehr matschig war. Auf dem nächsten Feld fuhr ein Mann mit dem Traktor auf und ab, eine Zigarette im Mundwinkel, und irgendwo krähte ein Hahn. Nasrine mühte sich mit dem Rollstuhl durch den Schlamm. Zu unserem Glück erkannten einige Flüchtlingshelfer aus der Schweiz und Holland, die Energieriegel und Wasserflaschen verteilten, unsere Not und schickten vier afghanische Flüchtlinge zu uns zurück, die mich samt dem Rollstuhl weitertrugen.

„Willkommen in Serbien“, sagte einer der Helfer, als die Männer mich absetzten.

„Das ist die Heimat des berühmten Tennisspielers Novak Đoković“, antwortete ich. Nasrine sagte nichts. Ich musste an den jungen Gavrilo Princip denken, dessen Schüsse den Ersten Weltkrieg ausgelöst hatten, und an Radovan Karadžić, den Anführer der bosnischen Serben, der in den Neunzigerjahren für das Massaker an Tausenden Muslimen verantwortlich war – und ärgerte mich sofort, weil wir immer gleich die üblen Gestalten in den Sinn kamen! Aber etwas anderes wusste ich nicht über Serbien.

Für den Marsch über die Grenze bis Miratovac, der offiziellen Grenzstation, brauchten wir etwa eine halbe Stunde. Serbische Beamte prüften unsere griechischen und mazedonischen Reisedokumente. Nun brauchten wir eine serbische Bescheinigung, was lange Zeit in Anspruch nahm. Nasrine sah immer wieder auf die Uhr. Ich wusste, dass sie überlegte, wie wir es bis Einbruch der Dunkelheit bis Ungarn schaffen sollten.

Zu Anfang dieser ganzen Krise hatte Serbien versucht, die Flüchtlinge zurück nach Mazedonien zu zwingen, aber als wir ankamen, überquerten Tag für Tag viertausend Menschen die Grenze, und die Verantwortlichen waren zu der Einsicht gelangt, dass es einfacher war, uns weiterzuhelfen. Sie hatten sogar billige Busse für die Fahrt nach Belgrad organisiert, sodass wir uns keinen Menschenschmugglern anvertrauen mussten. Wir folgten dem Strom eine staubige Straße den Berg hinauf. Helfer verteilten Wasser und vegane Sandwiches.

Gegen 13 Uhr saßen wir in einem Bus. Wir mussten fünfunddreißig Euro bezahlen. Ein Taxi hätte sehr viel mehr gekostet, aber dafür war der Bus gesteckt voll mit Syrern wie uns, aber auch Irakern, Afghanen und Eritreern. Ich als Behinderte durfte ganz vorn sitzen.

Ich blickte zum Fenster hinaus. Wieder ein anderes Land, eine andere Sprache, eine andere Kultur, und nichts von alldem würden wir kennenlernen. Es war eine lange Fahrt von etwa sechs Stunden. Ich bekam heftige Schmerzen in den Schultern und Armen und befürchtete schon, einen Herzinfarkt zu bekommen; in *Dr. Oz* waren solche Symptome beschrieben worden. Ich rüttelte Nasrine wach, um ihr das zu sagen, aber sie meinte ärgerlich: „Du bist nur erschöpft. Mit sechzehn bekommt man keinen Herzinfarkt!"

Vor den Sitzen waren Klapptische angebracht. Ich legte meinen Kopf darauf und versuchte vergeblich zu schlafen. Dann wollte ich mich an Nasrine anlehnen, aber auch das funktionierte nicht. „Lass mich in Frieden", murmelte sie.

Auf die große Stadt Belgrad an der Donau hatte ich mich schon gefreut. Wir kamen gegen 19 Uhr dort an, als sich normale Leute in Cafés und Bars trafen, um von der Arbeit des Tages auszuspannen. Die Menschen wirkten irgendwie ernst auf mich – vielleicht, weil es auch hier während der Neunzigerjahre einen Bürgerkrieg gegeben hatte. Vielleicht wird man eines Tages auch in Syrien wieder ein halbwegs normales Leben führen können.

Nächster Halt Ungarn und damit zurück in die EU – wenn wir es noch rechtzeitig schafften. Nasrine sagt immer, ich soll mir keine Sorgen machen. Sie wird schon für alles sorgen. Also versuchte ich, nicht daran zu denken, was geschehen würde, wenn wir es nicht über die Grenze schafften.

Wieder einmal folgten wir allen anderen. Es waren so viele Menschen auf der Flüchtlingsroute, dass wir die Facebook-Gruppen eigentlich gar nicht brauchten. Der Park beim Busbahnhof sah aus wie ein Campingplatz, voller Menschen und Zelte und Wäscheleinen. Wie auf dem Basmane-Platz sahen wir auch hier Flüchtlinge, die in Nebenstraßen mit Schleusern verhandelten, und immer wieder fuhren Autos und Minibusse vor, um Gruppen von Menschen zur ungarischen Grenze zu bringen.

Wir hatten versucht, sparsam zu sein, sodass Mustafa

und Farhad nicht ständig neues Geld schicken mussten, und wollten mit dem Zug fahren. Manche Flüchtlinge hatten Schleuser für den ganzen Weg bezahlt; wir bezahlten jede Etappe einzeln. Nasrine machte sich aber große Sorgen, wir könnten zu spät kommen, und suchte uns daher einen Taxifahrer, der uns für zweihundertzehn Euro bis zur Grenze bringen wollte. Während der Fahrt lehnte Nasrine den Kopf ans Fenster, als würde sie schlafen. Der Fahrer konnte etwas Englisch und ich sagte zu ihm: „Ich mag Novak." Er sagte, Đoković besäße gar nicht weit von hier ein Restaurant. Nur zu gern wäre ich dort hingegangen. Manchmal wünschte ich mir, wir müssten diese Reise nicht in solcher Eile hinter uns bringen.

Gegen 22 Uhr setzte er uns in dem ländlichen Städtchen Horgoš ab. Auch Bland war Anfang des Jahres hier durchgekommen. Ich freute mich, an einem Tag zwei europäische Länder durchquert zu haben, aber es stellte sich heraus, dass wir nicht schnell genug gewesen waren. Alle sagten uns, die Grenze sei geschlossen – wir kamen einfach zu spät.

Da wir nichts daran ändern konnten, suchten wir nach einem Platz zum Schlafen. Viele Flüchtlinge drängten sich einfach auf den Wiesen zusammen, aber das wollten wir nicht. Gegen Mitternacht fanden wir ein großes Zelt mit der Aufschrift UNHCR. Innen waren viele Flüchtlinge und wir legten uns dazu. Es war sehr kalt und wir hatten keine Decken, und außerdem hatte ich Angst vor den seltsamen Menschen und kam eigentlich nicht zum Schlafen.

Als ich gegen acht Uhr aufwachte, wurde überall darüber diskutiert, was man tun konnte. Das Frühstück bestand aus einem Apfel, den mir jemand schenkte. Die Grenze war zwar geschlossen, aber einige Frauen erzählten, die ungarische Polizei hätte eine ganze Anzahl Leute durchgelassen. Jetzt, wo wir schon so weit gekommen waren, dachten wir, dass wir es zumindest auf einen Versuch ankommen lassen würden.

Es sollte ein Bus zur einige Kilometer entfernten Grenze bei Röszke fahren. Wir warteten und warteten und wollten gerade aufgeben und ein Taxi nehmen, als der Bus auftauchte. Von dort, wo wir ausstiegen, mussten wir einen knappen Kilometer bis zur Grenze laufen, entlang der stillgelegten Eisenbahnstrecke, sodass ich im Rollstuhl wieder gehörig durchgerüttelt wurde. Wieder folgten wir den anderen – jungen Männern, schwangeren Frauen, Männern mit kleinen Kindern auf dem Rücken – und konnten bald den eben fertiggestellten, hohen, mit NATO-Draht gesicherten Zaun sehen. Und wir hörten großen Lärm. Die Lücke, durch die Flüchtlinge hindurchgeschlüpft waren, war verschlossen und die Menschen protestierten.

Als wir näher kamen und die Masse von Menschen sahen, die Gesichter an den Zaun gepresst, die Bereitschaftspolizei auf der anderen Seite, da begriffen wird zum ersten Mal, dass wir Teil einer großen Tragödie waren. Bis jetzt war mir die Reise eher wie ein Abenteuer vorgekommen. Nun erkannte ich das Ausmaß der Trauer. „Wir fliehen vor dem Krieg!“, rief jemand. Dass man uns nun abwies, nach allem, was wir durchgemacht hatten, überstieg einfach unsere Vorstellungskraft.

Eigentlich hätte man meinen können, ein Land wie Ungarn, das bis vor 25 Jahren durch den Eisernen Vorhang vom Rest von Westeuropa abgetrennt gewesen war, wäre das Letzte, das einen neuen Zaun errichten würde.

Aber im Gegensatz zum freundlichen Empfang in Serbien schien Ungarns rechtspopulistischer Premierminister Viktor Orbán Flüchtlinge tatsächlich zu hassen. Ständig beklagte er, die Einwanderung würde den Terrorismus anheizen, und er hatte Schilder aufstellen lassen mit der Warnung: „Wenn Ihr nach Ungarn kommt, nehmt nicht den Ungarn ihre Arbeit weg!“ und „Wer in unser Land kommt, muss auch unsere Gesetze befolgen.“ Orbán behauptete, Ungarn würde nur EU-Asylabkommen durchsetzen, wenn es der Weiterreise der Flüchtlinge einen Riegel vorschob. Zu diesem Zweck hatte er einen vier Meter hohen Hochsicherheitszaun an der gesamten 175 Kilometer langen Grenze zu Serbien errichten lassen, und zwar von Gefängnisinsassen.

Bis zum Abend unserer Ankunft hatten sie durch die Lücke bei der stillgelegten Bahnlinie noch Menschen hereingelassen, aber nun war auch dieser Durchlass geschlossen. Wir hatten einfach Pech. Inzwischen waren hundertachtzigtausend Flüchtlinge durch Ungarn gereist, wie auch wir es vorgehabt hatten, waren von der Grenze mit dem Zug oder mit dem Auto zum Bahnhof Budapest-Keleti gefahren und von dort mit dem Auto oder der Eisenbahn weiter nach Österreich. An diensteifrigen Schleusern hatte es nicht gemangelt.

Etwa zehn Tage vor unserer Ankunft an der Grenze hatte Orbán in einem Zeitungsartikel behauptet, die Flüchtlinge würden Europas christliche Identität gefährden. „Die, die hier ankommen, sind mit einer anderen Religion aufgewachsen und repräsentieren eine völlig andere Kultur", sagte er. „Die meisten von ihnen sind keine Christen, sondern Muslime. Das ist eine wichtige Frage, denn Europa und die europäische Identität ist im Christentum verwurzelt. Ist es nicht besorgniserregend, dass das europäische Christentum inzwischen kaum in der Lage ist, Europa christlich zu erhalten? Es gibt keine Alternative und wir haben keine andere Möglichkeit, als unsere Grenzen zu verteidigen."

Und nicht nur die Regierung dachte so. Eine ungarische Kamerafrau war dabei gefilmt worden, wie sie einem Flüchtling absichtlich ein Bein gestellt hatte.

Ärgerlicherweise erzählte Nasrine jemandem, dass ich Englisch konnte, und meinte, mit mir im Rollstuhl könnten wir die Grenzschützer vielleicht dazu bewegen, den Durchlass wieder zu öffnen. Sie schoben mich also direkt vor das Tor am Zaun mit der Polizei und ihren Helmen und Einsatzschilden. Die Leute hinter mir schrien: „Deutschland! Deutschland!", verwünschten Ungarn und forderten, die Grenze wieder zu öffnen. Manche hielten Schilder hoch mit der Aufschrift: „Europa, Schande." Andere riefen: „Danke, Serbien!" Ich konnte den Lärm nicht ertragen und hielt mir die Ohren zu.

Das ungarische Fernsehen hielt mir eine Kamera vors Gesicht. „Wenn Angela Merkel hier wäre, was würdest du ihr sagen?", fragten sie. „Helfen Sie uns", antwortete ich.

Mehr wollte ich nicht sagen.

Es ärgerte mich, dass mein Rollstuhl dazu benutzt wurde, Mitleid bei den ungarischen Soldaten zu erregen. Und ich fand es einfach schrecklich, dass die Polizisten weiße Atemmasken trugen, als hätten wir alle ansteckende Krankheiten.

Überall war Stacheldraht. Ein kleines blondes Mädchen stand still wie eine Statue da und versuchte mit einer Hand, das Tor zu öffnen. „Ungarn, öffne die Tür!", weinte sie, und es brach mir das Herz. „Ich will weg von hier", sagte ich zu Nasrine.

Die Lage spitzte sich Stunde um Stunde zu. Nasrine schob mich entlang des Zugs der Flüchtlinge und dem von ihnen weggeworfenen Müll zurück zur Hauptstraße und wir sahen, wie auf der ungarischen Seite eine ganze Kolonne gepanzerter Fahrzeuge vorfuhr. Hunderte weiterer Bereitschaftspolizisten marschierten auf und richteten Wasserwerfer und Tränengas auf die Menschen, die an der Grenze protestierten. „Ungarn ist ein Land mit einer tausendjährigen christlichen Kultur", hatte Orbán den Polizisten vor ihrem Aufbruch gesagt. „Wir Ungarn wollen nicht, dass eine Völkerwanderung globalen Ausmaßes Ungarn verändert."

Hinterher behauptete die Polizei, „aggressive" Flüchtlinge hätten den Zaun „mit Rohren und Stöcken bewaffnet" durchbrochen, obwohl wir nichts dergleichen sahen, nur Menschen, die Plastikflaschen warfen.

Ich konnte nicht glauben, dass dies das Europa sein sollte, von dem wir geträumt hatten.

Die Leute erzählten, selbst wenn man es auf die andere Seite schaffte, dann wäre dort nichts, kein Lager, keine sanitären Einrichtungen, nur ein schlammiges Feld. Ab und zu kämen Busse vorbei, die Polizei würde die Leute hineintreiben und dann kämen sie in Registrierungslager. Nur die Verzweifelten würden dort hingehen, weil alle Angst hatten, hängen zu bleiben oder zurückgeschickt zu werden. Wir hatten schreckliche Geschichten über die Zustände dort gehört – die Lager seien dreckig und voller Kakerlaken, die Wärter würden die Menschen schlagen oder zwingen, Beruhigungsmittel zu nehmen, um sie ruhig zu halten. Auf Facebook fand man heimlich gedrehte Aufnahmen von Wärtern, die Menschen wie Tiere behandelten und ihnen Nahrung zuwarfen. Das ist wirklich irrwitzig, denn es kostet immerhin einiges, Flüchtling zu sein. Unter uns waren Rechtsanwälte, Ärzte, Professoren und Geschäftsleute. Wir waren menschliche Wesen und hatten früher ein Zuhause gehabt.

Offenbar strandeten auch viele Menschen am Bahnhof Budapest-Keleti und mussten dort kampieren, weil die ungarische Polizei sie nicht zu den Zügen ließ. Für eine Weile schlossen sie den Bahnhof sogar ganz. Manche hatte man in einen Zug gesetzt und ihnen gesagt, sie würden nach Österreich fahren, aber der Zug hielt vor der Grenze und sie kamen alle in ein Lager. Nun gingen die Menschen zu Fuß.

Alle prangerten Ungarn an. Der österreichische Bundeskanzler Werner Faymann verglich das Vorgehen der Ungarn sogar mit der Deportation von Juden in Konzentrationslager durch die Nazis. „Flüchtlinge in Züge zu stecken in dem Glauben, sie würden ganz woandershin fahren, weckt Erinnerungen an die dunkelste Zeit unseres Kontinents“, sagte er.

Das ganze Geschehen war einfach unglaublich. Aus diesem Land waren 1956 ungefähr zweihunderttausend

Menschen geflohen, nachdem ihre eigene Revolution von sowjetischen Panzern niedergewalzt worden war. Manche gingen über die Grenze, an der wir jetzt standen, hinüber ins damalige Jugoslawien, die meisten nordwärts nach Österreich und wurden von ihren Nachbarn willkommen geheißen. Ich hatte natürlich einen Dokumentarfilm darüber gesehen, in dem die von Ungarn geschriebenen Dankadressen für die gute Behandlung durch die Österreicher gezeigt wurden.

Nasrine schob mich an der Straße immer wieder vor und zurück, aber wir wussten nicht, was wir tun sollten. Wir schienen auf der falschen Seite der Grenze festzustecken. Sollten wir uns nach Schleusern umsehen? Wenn wir es auf die andere Seite schafften, wollten wir zu einer Tankstelle auf der anderen Seite der Autobahn gehen, wo die Schleuser „Taxifahrten" nach Budapest anboten. Wir sahen einige Autos und Kleinbusse, die dort warteten.

Ich glaube, die Einheimischen hatten Mitleid mit uns. Freiwillige verteilten alle mögliche Nahrung. Ich sah ein kleines Mädchen, das eine ganze Dose gekochten Mais verschlang. Ich nahm überhaupt nichts an, weil ich dringend pinkeln musste. Es war nicht so einfach, einen geeigneten Platz zu finden. Deshalb war ich äußerst vorsichtig mit dem Trinken, weil ich keine Probleme machen wollte. Zum Glück kann ich in dieser Hinsicht meistens lange durchhalten.

Ich versuchte, an etwas anderes zu denken. Eine Frau saß weinend am Straßenrand, während sie ein Baby in einem lilafarbenen Schlafanzug mit weißen Wölkchen darauf stillte. Es war so klein, dass sie es unterwegs zur Welt gebracht haben musste. Jemand erzählte, ein anderes Kind hätte sie im Zug aus Mazedonien verloren. Ich wusste von vielen Familien, die getrennt worden waren, und wollte gar nicht zuhören, damit mir der Mut nicht noch weiter sank.

Dann richtete ein Fotograf seine Kamera auf sie und sie zog sich den Schleier übers Gesicht. Es waren jede Menge Journalisten da; die ganze Straße war mit Übertragungswagen und großen Autos zugeparkt. Ich weiß, es war ihre Aufgabe, der Welt zu berichten, was hier passierte, aber offenbar wussten sie einfach nicht, wie anders unsere Kultur ist. Und manches war auch einfach gefährlich. Viele junge Männer, die vor dem Kriegsdienst flohen, hatten noch immer Familien in Syrien und wollten nicht, dass ihre Identität bekannt wurde.

Mir fiel auf, dass die Journalisten auch eine Art von Uniform trugen, mit Button-down-Hemden, Jeans und Wanderschuhen. Ich hatte immer noch dieselben Jeans und das jeansblaue Hemd mit den bestickten Schultern an, das ich seit Gaziantep trug, und hatte mich seit der Abreise aus Athen nicht mehr umgezogen. Ich bemerkte außerdem, dass sie alle die gleichen Leute interviewten, wie Geier, die sich ihrer Beute näherten.

„He, hier ist ein syrisches Mädchen im Rollstuhl, das Englisch spricht!“, hörte ich jemanden rufen.

Plötzlich drangen alle auf mich ein. Da war eine Amerikanerin von ABC, die wissen wollte, woher ich Englisch konnte. Ich erzählte, ich hätte es gelernt, indem ich mir *Zeit der Sehnsucht* anschaute. Sie war verblüfft.

„Das ist eine tolle Sendung“, sagte ich. „Aber dann haben sie die Hauptperson umgebracht, die ich am liebsten mochte!“

Dann war da ein netter Mann namens Fergal Keane von der BBC, den Nasrine in Athen auf dem Oberdeck der Fähre kennengelernt hatte, als sie dort den Sonnenaufgang beobachten wollte. Er hatte eine wunderbare Stimme wie Honig, der auf einer Scheibe Brot verlief. Ich sagte ihm, ich wollte Astronautin werden, in den Weltraum reisen und einen Außerirdischen finden, und dass ich außerdem nach London wollte, um die Königin zu treffen, worüber er sehr lachen musste.

Wir hatten inzwischen die Hoffnung verloren, dass Ungarn doch noch seine Türen öffnen würde, und jemand erzählte, der Präsident von Kroatien hätte in einer Rede die Flüchtlinge willkommen geheißen. Wir konnten also versuchen, dorthin zu reisen und von dort weiter durch Slowenien. Von manchen dieser Länder hatten wir noch nie gehört. Jemand behauptete, dass Menschen von Kroatien weiter nach Slowenien gingen, und ein Mann warf ein: „Das kann nicht stimmen – Slowenien liegt doch in Asien!“

Nasrine schob mich durch Felder von abgestorbenen Sonnenblumen und wir nahmen ein Taxi, das uns wieder dorthin brachte, von wo wir am vorigen Abend gekommen waren, und dann weiter nach Westen in Richtung Kroatien. Ich kam mir vor wie in einem Computerspiel, wo sie einem immer wieder Wege abschneiden und man einen neuen finden muss.

15

DER HÄRTESTE TAG

Kroatien – Slowenien, 16.–20. September 2015

Bevor ich nach Slowenien kam, war ich in meinem Leben nie die Nummer eins gewesen, und wie sich herausstellen sollte, war das auch nichts Gutes.

An der serbisch-ungarischen Grenze handelten wir einen Preis von hundertfünfundzwanzig Euro für die Taxifahrt durch Serbien nach Westen zur kroatischen Grenze aus, eine Reise von etwa eineinhalb Stunden. Die Grenze verläuft größtenteils entlang der Donau, aber bei Apatin gab es am Westufer des Flusses eine Stelle, wo wir durch ein Maisfeld nach Kroatien hinüberlaufen konnten. Ich war begeistert, wieder ein neues Land kennenzulernen, hatte aber ein schlechtes Gewissen, weil Nasrine mich wieder schieben musste. Dann erblickten wir zu unserer Freude das blaue Schild mit dem Kreis gelber Sterne, das uns bestätigte, dass wir wieder in der EU waren – also keine weiteren Grenzen.

Da es nun wieder voranging, versuchte ich, Nasrine in ein Gespräch über meine Zukunft in Europa zu verwickeln. Vielleicht würde ich zur Schule gehen oder sogar aufs College und sie konnte mir dann mit Physik helfen. Manchmal unterhält sie sich gerne mit mir. Sie sagt, ich könnte gut zuhören, und sie verrät mir Dinge, die sie keinem anderen erzählt, und dann gebe ich ihr weise Ratschläge. Aber jetzt war sie offensichtlich erschöpft und hatte keine Lust zu reden – und ich weiß, wann ich besser die Klappe halte.

Hinter der Grenze lud uns die Polizei in einen geschlossenen Kastenwagen, wie sie auch zum Transport von Häftlingen benutzt werden, und brachte uns in ein nahe gelegenes Dorf. Dort bestiegen wir mit anderen Flüchtlingen einen Bus. Niemand wusste, wo es hingehen sollte, und es hieß, wir müssten unsere Fingerabdrücke abgeben. Das wäre natürlich eine Katastrophe gewesen, denn dann hätten wir in Kroatien bleiben müssen. Alle machten sich Sorgen.

Die Reise im Dunkeln dauerte etwa fünf Stunden und endete in der Hauptstadt Zagreb. Man brachte uns zu einem Gebäude, das wie ein ehemaliges Krankenhaus aussah. Jeder erhielt einen Zettel mit einer Nummer darauf, musste diesen hochhalten und wurde fotografiert wie ein Krimineller. Nasrine war Nummer 80 und ich 81. Das Gute war, dass es eine Dusche gab und wir uns waschen und umziehen konnten. Nasrine wusch die Kleider, die wir seit Griechenland getragen hatten, und hängte sie zum Trocknen auf. Als wir fertig waren, war es schon drei Uhr morgens und wir konnten endlich schlafen.

Am nächsten Tag gab es viel Verwirrung, denn manche behaupteten, uns würden Fingerabdrücke abgenommen werden. Dazu kam es aber nicht. Etwa gegen Mittag wurden wir mit einem Mal entlassen. Später hieß es, im nachfolgenden Bus hätten alle ihre Fingerabdrücke abgeben müssen. Wir hatten also Glück gehabt.

Wir gingen in Richtung Stadtzentrum und blinzelten dabei in die Sonne wie Maulwürfe. Zagreb ist eine schöne Stadt mit prächtigen Gebäuden aus der Zeit des habsburgischen Kaiserreichs. Selbst der Bahnhof sieht aus wie ein Palast, mit einer majestätischen Säulenfassade und einer gewaltigen Statue von König Tomislav, der vor mehr als tausend Jahren der erste König von Kroatien gewesen war und etwas mürrisch dreinblickte. Wir fanden heraus, dass der nächste Zug nach Slowenien erst gegen 16 Uhr fuhr, mussten also noch drei Stunden totschlagen. Dadurch hatten wir endlich einmal Gelegenheit, einen der Orte anzusehen, die wir durchreisten.

In diesem Augenblick entdeckten wir das rote Schild mit dem goldenen Doppelbogen – mein erster McDonald's. Ich hatte schon einen Bärenhunger und setzte für Nasrine meinen besten Hundeblick auf. Ich wusste, dass sie kein gutes Gefühl hatte, wenn wir solche öffentlichen Orte besuchten. „Okay", sagte sie.

Natürlich hatte ich jede Menge Werbung gesehen. Ich bestellte mir einen Big Mac, nachdem ich mich vergewissert hatte, dass kein Schweinefleisch dabei war, und dazu Pommes und eine Coke. Der Burger war in Papier eingewickelt, die Pommes in einer braunen Tüte statt auf einen Teller. Der Burger sah klein und grau aus, nicht dick und glänzend wie in der Werbung. Ich wusste natürlich genau, wie billig das Hamburgerfleisch war – und was es im Körper anrichtete. Ich hatte also keine hohen Erwartungen, aber es schmeckte mir, besonders mit reichlich Ketchup.

Die Cola sprudelte stark, was ich nicht besonders mag, und ich wusste Nasrine etwas Interessantes zu berichten –

dass nämlich die Isländer pro Kopf mehr Coca-Cola tranken als jede andere Nation. Sie hörte mir aber gar nicht richtig zu, sondern plante auf Google Maps unsere weitere Route. Offenbar waren wir nicht weit von Italien entfernt. Nur zu gern wollte ich dorthin und all die berühmten Kunstwerke und römischen Ruinen besuchen, aber das hätte länger gedauert als durch Slowenien.

Danach gingen wir in eine Einkaufspassage, meine allererste, und noch etwas erlebte ich zum ersten Mal: eine Fahrt mit der Rolltreppe. Wir rätselten lange herum, wie wir das mit dem Rollstuhl anstellen sollten. Aber dann war es einfach wunderbar, nur abwärts ein bisschen gruselig.

Bei den Auslagen der Läden bekamen wir regelrecht Stielaugen. Wir tragen zwar kein Kopftuch, aber dafür immer langärmlige Kleidung und lange Hosen, und wir waren noch nicht an Europa gewöhnt, wo die Frauen so viel Haut zeigten. Nach der langen Zeit im Krieg, den Bomben und Stromausfällen tat es einfach gut, wieder zurück im normalen Leben zu sein. Wenigstens für eine Stunde konnte ich so tun, als wäre ich ein ganz normales Mädchen, das hier lebte, und nicht ein heimatloser Flüchtling. Nasrine hatte vom vielen Staub und den Pollen ganz rote Augen bekommen und probierte sogar Sonnenbrillen auf, als wären wir einfach nur beim Shoppen.

Da bemerkte ich, dass ein Mädchen uns ansah. Zuerst waren wir besorgt, aber die Kleine war sehr nett. „Du bist doch das Flüchtlingsmädchen auf dem Foto in der Zeitung!“, sagte sie.

„Du bist berühmt!“, lachte Nasrine. Ich fürchtete aber, dass sich die Leute nur wegen des Rollstuhls für mich interessierten. „Das mag schon der Auslöser gewesen sein“, sagte sie, „aber dass sie mit dir reden wollten, das liegt an deiner Persönlichkeit.“

Manchmal können Schwestern wunderbar nett sein, selbst wenn sie zum falschen Fußballverein halten.

Zurück am Bahnhof hieß es, Slowenien würde keine Züge mehr aus Kroatien hereinlassen. Wir beschlossen, unser kostbares Geld in eine Taxifahrt zur Grenze zu investieren. Wir hatten Glück, denn die Schwester des Fahrers wohnte dort, sodass er sich in der Gegend bestens auskannte. Die Landschaft war wunderschön. Wir konnten immer noch nicht fassen, wie grün alles in Europa war. Und wie sauber. Es roch anders als in Syrien, fast als würden die Leute die Straßen parfümieren.

Die Fahrt nach Westen dauerte etwa anderthalb Stunden und der Fahrer ließ uns auf einer unaussprechlichen Straße namens Žumberački put nahe der slowenischen Grenze aussteigen. Es war schon merkwürdig: All die Länder, die wir seit Griechenland durchquert hatten, waren vor etwas mehr als zehn Jahren noch ein einziges Land gewesen – Jugoslawien. Ob unser eigenes Land auch in viele Teile zerbrechen würde?

Der Taxifahrer zeigte auf ein Blumenfeld, das wir überqueren sollten. Die Sonne ging schon unter und außer dem Wald und der undeutlichen, tiefroten Silhouette der Berge konnten wir nichts erkennen, aber wir waren schon bald in Slowenien. Seltsamerweise sahen wir keine anderen Flüchtlinge. In der Nähe war ein Dorf und die Hunde bellten, als wir uns näherten. Ich war wie gebannt von der Aussicht und genoss die Brise in meinem Haar und den frischen Duft der Kiefern. Nasrine jedoch war sehr unruhig. Wir wussten nicht, wohin wir gehen sollten. Es wurde dunkel und wir hatten von Banditen gehört, die Flüchtlinge ausraubten. Nicht, dass wir viel gehabt hätten, aber Angst machte es uns schon. „Oh Gott, ich fürchte, wir müssen im Wald schlafen", sagte sie.

Dann hörten wir Schritte. Die Ortsansässigen hatten wohl die Polizei gerufen. Ich glaube, Nasrine war erleichtert, die Polizisten zu sehen, obwohl sie uns festnahmen, als wir zugaben, dass wir aus Syrien kamen. Und wieder packte man uns in einen Polizeitransporter. Wir fuhren zu einer Polizeistation in der nahe gelegenen Stadt Perišče. Zu unserer Überraschung gab es in diesem kleinen Ort einen irakischen Dolmetscher und die Polizisten fingen an, uns intensiv zu befragen: Wie wir über die Grenze gekommen seien und wie die ganze restliche Reise von Syrien über die Türkei, Griechenland, Mazedonien usw. vonstattengegangen sei. Ich verstand nicht, warum sie das alles wissen wollten.

Nachdem wir die ganze Geschichte erzählt hatten, erklärten sie, sie würden unsere Fingerabdrücke nehmen. Wir wollten aber auf keinen Fall in Slowenien bleiben müssen und weigerten uns. Der Polizist gab nicht nach. Ich fragte, ob wir dazu verpflichtet seien. „Du scheinst doch eine nette Person zu sein", erwiderte er. „Sollen wir das nun auf die leichte oder auf die schwere Art machen?" Ich sah keine Möglichkeit mehr, um die Registrierung herumzukommen.

Und da erfuhren wir, welch großes Pech wir gehabt hatten: Die slowenische Regierung hatte nämlich beschlossen, dass die ersten hundert Flüchtlinge in Slowenien vernommen und dann nach Kroatien zurückgeschickt werden sollten. Wir waren Nummer eins und zwei. Typisch – da war ich zum ersten Mal im Leben Nummer eins, und dann gereichte mir das nur zum Nachteil!

Inzwischen war es sehr spät, also sperrten sie uns in der Polizeistation in eine vergitterte Zelle und sagten uns, wir würden am nächsten Tag nach Kroatien zurückgeschickt werden. In der Zelle waren zwei Stockbetten und ein Knopf, mit dem man den Wärter rufen konnte, falls man etwas brauchte. Es war mir zwar nicht angenehm, im Gefängnis zu sein, aber ich war so müde, dass ich zum ersten Mal seit Langem wieder richtig gut schlief.

Am nächsten Morgen warteten wir und warteten. Es hatte geheißen, wir würden um neun Uhr abgeholt, aber dann dauerte es bis mittags um eins, und niemand gab uns Auskunft. Schließlich riefen wir den Wärter. Er sagte, die kroatische Regierung weigere sich, uns zurückzunehmen.

Sie brachten uns nach draußen auf einen Hof, wo viele andere Flüchtlinge festgehalten wurden. Sie sagten uns, sie seien mit dem Zug aus Kroatien gekommen, stundenlang im Waggon eingeschlossen gewesen und schließlich hierher gebracht worden. Es war auch ein Beamter vom UNHCR dabei, der mir sagte, wir sollten in Slowenien Asyl beantragen. Wütend warf ich ihm an den Kopf: „Sie sind doch da, um Flüchtlinge zu beschützen! Wir sind zwei junge Mädchen, ganz allein in einer fremden Stadt, und wir werden nicht hierbleiben und monatelang warten. Was kann uns da alles passieren?"

Schließlich kam ein Reisebus und man sagte uns, wir sollten mit den anderen Flüchtlingen einsteigen. Wie immer saßen wir vorn. Und wieder wussten wir nicht, wohin wir fuhren. Im Bus waren noch andere Syrer und Afghanen, aber die meisten schienen Iraker zu sein, unter ihnen auch eine Gruppe von Jesiden. Sie hatten nicht nur dieselbe Reise wie wir hinter sich, sondern erzählten, sie hätten zuvor auch noch Syrien durchqueren müssen. Sie taten uns wirklich leid, weil sie durchs Kriegsgebiet hatten ziehen müssen, und nun, am Ende ihrer Reise, sagten die Deutschen, dass sie nur Syrer aufnehmen würden.

Der Bus fuhr durch eine alpin geprägte Landschaft mit bewaldeten Bergen, Wasserfällen und steilen Felswänden, an die sich Bäume klammerten. Die Straßenschilder halfen uns auch nicht weiter bei der Frage, wohin die Reise ging, da wir die Worte nicht verstanden und außerdem die Vokale zu fehlen schienen. Aber manche im Bus folgten der Route auf Google Maps und sagten, wir seien nach Westen in Richtung der Hauptstadt Ljubljana unterwegs.

Es dämmerte schon, als wir beim Ausländerzentrum von Postojna vorfuhren, einem abweisenden zweistöckigen Gebäude mit vergitterten Fenstern, das sich als Militärkaserne entpuppte. Polizisten betraten den Bus und erklärten, sie würden uns unsere Handys, das Geld und die Wertsachen abnehmen. Alle bekamen Angst. „Sie werden uns hier einsperren, denn warum sollten sie uns sonst die Handys wegnehmen?“, fragte ein Mann.

„Wir steigen hier nicht aus!“, rief jemand.

Bei den Irakern handelte es sich vermutlich um Schiiten, denn sie begannen, zu Ali zu beten – ich hatte noch nie

Schiiten beten hören. Wir Sunniten sagen: „Es gibt keinen Gott außer Allah und Mohammed ist sein Prophet (Friede sei mit Ihm)", während die Schiiten am Ende noch anfügten: „Und Ali ist der Freund Gottes." Ich versuchte nicht hinzuhören, weil wir keine Polytheisten sind.

Das Ganze erinnerte mich an die königliche Hochzeit im Fernsehen in Aleppo. Nasrine machte gerade im Zimmer sauber, als sich Prinz William und Kate das Jawort gaben, die Ringe tauschten und dann erklärten: „Im Namen des Vaters und des Sohnes und des Heiligen Geistes." Ich hatte damals nur wenig über das Christentum gewusst und verstand es nicht, aber Nasrine meinte nur: „Die haben doch keine Ahnung!"

Das Beten und Klagen der Schiiten machte uns Angst. Nasrine fing an zu weinen. Und dann sagte jemand, er kenne jemanden, der in diesem Lager zwei volle Monate lang eingesperrt gewesen sei, und da verloren alle die Fassung. Sie fragten, welche Garantie wir hätten, dass wir auch wieder aus dem Lager herauskämen.

Schließlich wurde der Polizist ungeduldig, befahl uns auszusteigen und trieb uns ins Gefangenenlager. Die Telefone durften wir zwar behalten, aber es gab weder Netz- noch WLAN-Empfang. So konnten wir auch nicht herausbekommen, wo wir waren. Ich weinte nun auch, denn ich fürchtete, ich würde nie wieder die Sonne sehen.

Aber dann dachte ich, das sei nun einmal die Art von Hindernissen, die sich einem in einem neuen Land in den Weg stellen, und ich beruhigte mich langsam wieder. Ich musste an Nelson Mandela denken, der siebenundzwanzig Jahre im Gefängnis verbracht und niemals den Mut verloren hatte, und an Abdullah Öcalan, den Anführer der kurdischen PKK, der seit 1999 in der Türkei im Gefängnis saß. Diese Gedanken taugten allerdings nicht gerade zur Aufmunterung, und ich verlegte mich lieber darauf, mir die Reihe der Romanow-Herrscher ins Gedächtnis zu rufen – was bei mir fast immer funktioniert.

Im Lager wurden wir in zwei Gruppen aufgeteilt – einzelne Männer und Familien. Nasrine und mich brachte man in ein Zimmer mit einer afghanischen Familie: eine verschleierte Frau, ein Mann und ein kleiner Junge. Wir verstanden kein Wort von dem, was sie sagten. Wir hatten ein bisschen Angst vor Afghanen wegen des Streits, den sie in Lesbos ausgelöst hatten, und auch, weil sie sich an den Grenzübergängen nie in die Schlange einreihten. Manchmal gaben sie sich als Syrer aus, um an den Grenzen durchgelassen zu werden, da die Deutschen erklärt hatten, nur Syrer ins Land zu lassen, aber wir glaubten nicht, dass sie irgendwen täuschen konnten – ihre Sprache und ihre Erscheinung war einfach zu verschieden von unserer.

Dann hörten wir draußen jemanden arabisch sprechen; ein Syrer beschwerte sich bei einem Wärter, seine Frau dürfe nicht mit einem fremden Mann im gleichen Zimmer sein. Der Wärter kam in unser Zimmer, nahm die Afghanen mit und brachte stattdessen die Syrer.

Sie kamen aus Idlib in Nordsyrien, das nach einer großen Schlacht nicht mehr unter Assads Kontrolle stand und von der al-Nusra-Front übernommen worden war. Die Gruppe bestand aus einem verheirateten Mann, seiner Frau und einem Baby, ihrem Bruder und einer alleinstehenden

Mutter, die erzählte, ihr Mann sei bei einem Bombenangriff ums Leben gekommen. Auf ihrem Handy zeigte sie uns Bilder von ihren Kindern, die sie in einem Lager im Libanon zurückgelassen hatte. Sie hatte sie nicht alle nach Deutschland mitnehmen können und wollte sich alleine dorthin durchschlagen, Asyl beantragen und sie dann mithilfe der Familienzusammenführung von dort nachholen. Viele hatten das vor, aber wir wussten von Bland, dass das nicht so einfach war.

Die Familie aus Idlib war sehr nett, aber ich war zu erschöpft, um mir noch mehr traurige Geschichten anzuhören. Es war eine schwierige Nacht. In unserem Zimmer standen sechs Stockbetten, von denen ich mir eines mit meiner Schwester teilte, ich unten und Nasrine oben. Die Betten waren unbequem und ich hatte Angst, hinauszufallen. Außerdem ließ mir eine Stechmücke keine Ruhe. Ich träumte von Ayee, dass ich neben ihr schlief, aber als ich mich zu ihr hinüberrollen wollte, wachte ich auf und bemerkte, dass sie nicht da war, und da bekam ich Angst. Um vier Uhr morgens weckte uns ein Handy, dessen Wecker die andere Familie fürs Morgengebet gestellt hatte.

Nasrine erzählte, als sie das Piepsen im Schlaf gehört habe, habe sie geträumt, sie sei auf einer Pilgerfahrt wie unserem Hadsch nach Mekka, nur eben in Slowenien, und alle seien weiß gekleidet gewesen. Normalerweise betet sie jeden Tag und wahrscheinlich hatte sie ein schlechtes Gewissen, weil sie auf dieser Reise nicht betete.

Nach einem Frühstück mit Brot und Käse gingen wir nach draußen. Einige Flüchtlinge spielten im Hof Fußball. Alles war eingezäunt, selbst oben über dem Hof war Maschendraht gespannt, und es kam mir vor, als wäre sogar der Himmel ausgesperrt. Das war es, was mir am meisten Angst einjagte: Ich kam mir hier wie eine Gefangene vor.

Drinnen gab es einen großen Saal mit einem Fernseher, auf dem Al Jazeera lief. Alles drehte sich um die „Flüchtlingskrise“ – eine „Flut von Menschen“ nannten sie uns – und wir folgten der Sendung, um zu wissen, was sich an den Grenzen tat. Ungarn war noch immer abgeriegelt und immer mehr Menschen strömten nach Kroatien – bis jetzt elftausend –, wo man fast alle Straßenübergänge geschlossen hatte und erklärte, mehr Menschen könne man nicht mehr aufnehmen. Slowenien hatte den Bahnverkehr auf der Hauptstrecke von Kroatien komplett eingestellt und kündigte an, Grenzkontrollen einzuführen. Selbst in Deutschland war man inzwischen so überfordert, dass der Zugverkehr aus Österreich eingestellt worden war. Es gab Bilder von Menschen, die einen Bus nach Kroatien stürmten, und anderen, die über Felder zogen. Es war, als gehörten wir einem verlorenen Volk an, das von einer Grenze zur andern geschoben wurde.

Der Sender schaltete weiter nach Brüssel, wo die Staatschefs der EU in ihren Anzügen eine Sitzung nach der anderen abhielten, um die Flüchtlingskrise zu besprechen. Alle waren sich einig, dass die Lage sehr ernst war und etwas getan werden musste, aber keiner schien uns haben zu wollen und alle waren offenbar sauer auf Deutschland. Wir waren bestimmt eine Menge von Menschen, dachte ich unwillkürlich, aber selbst wenn wir eine Million waren, dann war das nicht einmal 0,2 Prozent der 500 Millionen Einwohner der EU – dort, wo wir herkamen, hätte man einen Bedürftigen niemals abgewiesen.

„Unsere Europäische Union ist in keinem guten Zustand“, sagte ein ernster Mann mit Brille namens Jean-Claude Juncker, dessen Kopf vorragte wie bei meiner alten Schildkröte und den man als Präsidenten der Europäischen Kommission bezeichnete – ich wusste nicht genau, was das bedeutete. „Es fehlt an Europa in dieser Union. Und es fehlt an Union in dieser Union.“ Ich fragte mich, warum er nichts dagegen unternahm, wenn er doch das Sagen hatte. Aber stattdessen kam es mir vor, als wünschte die Welt einfach, dass wir verschwinden würden.

Alle redeten nur über die Flüchtlingskrise. Viele hier im Ausländerzentrum kamen aus Aleppo wie wir, waren aber später aufgebrochen und erzählten Schreckliches über Bombardierungen und Hunger.

Nasrine redete mit den Jesiden – ihr Dialekt ist unserem Kurmandschi sehr ähnlich. Ein Mädchen erzählte, ihre zwei Brüder seien bei der Flucht aus den Bergen vom Daesch getötet und ihre Schwester entführt worden. Wie andere, die entkommen waren, hatte sie sich das Gesicht zerkratzt, um sich für den Daesch hässlich zu machen, damit sie nicht mitgenommen würde. Ihre Eltern hatten alles verkauft, was sie besaßen, sogar das Gold der Mutter, um ihr die Flucht zu ermöglichen. „Für uns gibt es im Irak nichts Gutes mehr“, sagte sie. Sie hatte sich ihren Namen aufs Handgelenk tätowiert für den Fall, dass sie getötet wurde und keiner wusste, wer sie war.

Wir lernten auch eine Palästinenserfamilie mit sechs Kindern kennen, davon zwei Zwillingspaare, die uns erzählten, sie seien zum zweiten Mal Flüchtlinge. Ihre Familie sei nach dem Ende des britischen Mandats in Palästina 1948 nach Syrien geflohen. Jüdische Milizen hätten damals immer öfter ihre Dörfer überfallen, um Land für den neuen Staat Israel in Besitz zu nehmen. Früher gab es ungefähr eine halbe Million Palästinenser in Syrien, weil es sich dort eben gut leben ließ.

Die Familie war in einem großen Lager namens Yarmouk südlich von Damaskus aufgewachsen. Es sei dort wie in einer Stadt gewesen, mit Schulen, Krankenhäusern und sogar eigenen Tageszeitungen. Sie hatten versucht, sich aus der Revolution herauszuhalten, aber 2012 hatte das Regime die Gegend zum Rückzugsgebiet der Rebellen erklärt und Assads Kampfflugzeuge hatten Bomben abgeworfen. Täglich bekämpften sich beide Seiten mit Schusswaffen und die Familie war in ein Lager im Libanon geflohen. Das Leben dort sei entsetzlich gewesen – Palästinenser seien nicht so gut behandelt worden wie Syrer; sie hätten für die Aufenthaltsgenehmigungen bezahlen und für die Plätze im Lager auch Miete entrichten müssen. Anfangs hatten sie gedacht, Assad würde rasch gestürzt werden und dann könnten sie wieder zurück nach Yarmouk, aber es kam anders. Ständig kamen weitere Flüchtlinge an und im Libanon kehrte sich die Stimmung immer mehr gegen sie. Jetzt leben dort 1,2 Millionen Syrer. Das entspricht fast einem Viertel der Bevölkerung des Libanon – einem schmalen Streifen Land.

Der Familie ging allmählich das Geld aus und die Essensrationen im Lager wurden immer kleiner. Als sie von Frau Merkels Worten erfuhren und sahen, dass Menschen in Deutschland aufgenommen wurden, beschlossen sie, es selbst auch zu versuchen.

Sie heuerten Schleuser an, die sie in die Türkei brachten, und setzten von dort mit dem Boot nach Griechenland über, auf die Insel Kos. Was sie von dort erzählten, hörte sich sehr viel schlimmer an als Lesbos, denn der Bürgermeister hasste Flüchtlinge und sperrte sie ohne Wasser im Fußballstadion ein. Schließlich erhielten sie die Reisepapiere und buchten eine Fähre nach Athen. Genau wie unsere sollte sie früh morgens abfahren und sie legten sich alle schlafen. Als sie am nächsten Morgen aufwachten, hatte sich die Fähre nicht vom Fleck bewegt. Die Leute waren so wütend, dass es fast einen Aufstand gab. Schließlich legte die Fähre ab. Acht Stunden später lief sie im Hafen ein und die Flüchtlinge gingen von Bord. Erst da bemerkten sie, dass sie in Mytilini auf Lesbos waren und nicht in Athen.

Beim Erzählen der Geschichte wurde viel gelacht. Flüchtlinge sind sehr widerstandsfähige Menschen.

Ich war überrascht, wie ruhig Nasrine war. Vielleicht lag es daran, dass die Familie aus Idlib versprochen hatte, uns nach Deutschland zu begleiten, sodass wir nicht alleine waren.

Für mich war das der schlimmste Tag der ganzen Reise. Wir hatten alles verloren – unser Heimatland, unser Zuhause, meine Tante und meinen Onkel, wir waren von unserer Familie getrennt und nun waren wir auch noch Gefangene. Eigentlich ist es verboten, Flüchtlinge einzusperren, aber was sollten wir dagegen tun? Ich fürchtete, sie würden uns drei oder vier Monate lang festhalten.

Während der Zeit dort, eingeschlossen und von Polizisten bewacht, wurde mir klar, wie wertvoll die Freiheit ist. Und an diesem Tag verstand ich auch, warum wir diese ganze Revolution begonnen hatten, obwohl Assad das Land durch seine Reaktion darauf in den Untergang führte. Ich konnte mir nicht länger vormachen, auf einer Art Ferienreise durch Europa zu sein – ich wusste, dass ich jetzt wirklich ein Flüchtling war.

Gut war eigentlich nur das Essen, insbesondere ein rotes Getränk aus Hagebutten namens Cockta, das nach Kräutern und Blüten schmeckte und mich an Sarep erinnerte, das ich als Kind so gerne getrunken hatte.

Aber dann hörten wir, dass man die Iraker freigelassen hatte, nachdem sie in einen Hungerstreik getreten waren, und beschlossen, dasselbe zu tun. Die Drohung hatte Wirkung und am nächsten Tag – nach zwei Nächten – ließen uns die Slowenen gehen. Sie setzten uns in einen Bus, der uns zu einem offenen Lager an einem Ort namens Logatec brachte.

Erst bei der Abfahrt aus Postojna bemerkte ich, wie schön es hier war, mitten in der Natur, in den Bergen, wo alles grün war. Später las ich über diese Gegend, dass in einer Höhle in den Bergen gleich oberhalb unserer Kaserne einst Drachenbabys zur Welt gekommen seien. Ich hatte gar nicht gewusst, dass es überhaupt Drachen gab. Es war so schade, dass wir in all diesen Ländern nichts als Polizei und Flüchtlinge zu sehen bekamen.

16

DURCH DIE HEIDI-BERGE

Slowenien – Österreich, 20.–21. September 2015

Vor der Einreise nach Österreich war mir aus zweierlei Gründen bange. Erstens, sagte ich Nasrine, war dort mit Hitler der Mann zur Welt gekommen, der die letzte große Flüchtlingskrise in Europa ausgelöst hatte. Und zweitens waren dort einen Monat zuvor einundsiebzig Flüchtlinge ums Leben gekommen. Sie waren in einem Lastwagen erstickt, der für den Transport gefrorener Hähnchen gedacht war. Der Lastwagen war am Rand der Autobahn von Budapest nach Wien verlassen aufgefunden worden. Der österreichischen Polizei war er aufgefallen, weil hinten Flüssigkeit herausgesickert war. Als man ihn öffnete, strömte unbeschreiblicher Todesgeruch heraus, denn er war voller verwesender Leichen, darunter acht Frauen, drei Kinder und ein Baby von achtzehn Monaten. Die Seitenwände waren verbeult, denn die Menschen hatten verzweifelt dagegen getrommelt, als ihnen der Sauerstoff ausging.

Außer auf der Etappe von der Türkei nach Griechenland waren wir Schleusern so gut es ging aus dem Weg gegangen, obwohl wir für die Taxis bestimmt oft zu viel bezahlt hatten. Im Allgemeinen hatten wir aber Glück gehabt, bestimmt auch wegen meiner Behinderung, und viele Menschen hatten uns unterwegs nach Kräften geholfen. Wir wussten, dass viele Flüchtlinge Hunderte von Kilometern zu Fuß gegangen waren. Nur in der Türkei und in Griechenland hatten wir Nächte im Freien verbringen müssen. Manchmal bezeichneten wir uns im Scherz als Fünf-Sterne-Flüchtlinge.

Nun waren wir dem Ziel so nahe – ein einziges Land war noch zu durchqueren –, dass wir kein Risiko mehr eingehen wollten. Österreich hatte die Grenzkontrollen wiederaufgenommen, und einer unserer Cousins hatte berichtet, in Österreich würden Flüchtlinge nun in ein Auffanglager geschickt, um den Druck auf Deutschland zu verringern. Deshalb beschlossen wir, schon eine Haltestelle vor der Grenze aus dem Zug von Logatec nach Österreich auszusteigen für den Fall, dass die Polizei einstieg und Flüchtlinge dort in Gewahrsam nahm.

Unser Zug fuhr bis ins österreichische Graz, aber wir stiegen schon in Maribor aus, der letzten Stadt in Slowenien. Die Familie aus Idlib, mit der wir aus dem slowenischen Auffanglager weitergereist waren, hielt uns für töricht und blieb im Zug. Als Nasrine mich nach draußen rollte, versuchten mehrere Leute, uns aufzuhalten, und riefen: „Das ist nicht Österreich, das ist Slowenien!"

„Ich weiß", antwortete ich. Ich fand den Plan auch nicht gut, weil wir schrecklich abgekämpft aussahen und die Leute vielleicht Verdacht schöpfen und sich fragen würden, was wir vorhatten.

Österreich liegt so nahe, dass die Leute von Maribor zur Arbeit pendeln, aber es lag dennoch zweiundzwanzig Kilometer entfernt, also nicht gerade in fußläufiger Entfernung, wie wir gedacht hatten. Wir machten uns entlang der Hauptstraße auf den Weg und hielten nach einem Taxi Ausschau. Inzwischen kamen wir so erbärmlich daher, dass Leute, die uns gesehen hätten, bestimmt in Tränen ausgebrochen wären.

Schon bald erfuhren wir, wie dumm unser Plan gewesen war. Freiwillige Helfer hielten neben uns an – das Auto voller Nahrungsmittel für Flüchtlinge – und erklärten, zu Fuß oder mit dem Auto könnte man der Polizei an der Grenze nicht aus dem Weg gehen, am besten wäre es mit dem Zug. Dann rief uns die Familie aus Idlib an und erzählte, sie wäre ohne Probleme bis Graz gekommen. Wir hatten also die falsche Entscheidung getroffen.

Die Helfer riefen uns ein Taxi. Der Fahrer verlangte von uns nur die Hälfte, weil wir Flüchtlinge waren. Irgendwann wurde uns bewusst, dass wir ganz Slowenien fast umsonst durchquert hatten. Offenbar hassen uns nicht alle.

Als wir in Österreich ankamen, ging die Sonne gerade unter – wie das bislang fast immer gewesen war, wenn wir in ein neues Land kamen. Ich war völlig perplex, dass es nicht einmal ein Schild gab, das anzeigte, dass wir in einem anderen Land waren – keine Fahne, nichts.

Das Taxi hielt an einer Polizeisperre in einem Ort namens Spielfeld, an dem es viele Zelte gab und einige Helfer vom Roten Kreuz und vom Malteserorden. Ein Dolmetscher, der arabisch mit ägyptischem Akzent sprach, führte uns zu einem Zelt, wo man uns ein Sandwich und eine Decke gab und uns sagte, später würde uns ein Bus zu einem Lager in Graz bringen. Ich fühlte mich an diesem Ort nicht wohl, denn es war sehr kalt und es gab nicht einmal Matratzen. Da die Zelte nicht reichten, mussten manche sogar unter freiem Himmel nächtigen. Jemand sagte, wir könnten gehen, wenn wir wollten, aber wenn man uns erwischte, würde man unsere Fingerabdrücke nehmen und wir müssten Asyl in Österreich beantragen. Wir wussten nicht, was wir tun sollten.

Auch hier waren Massen von Menschen und manche erzählten, sie würden schon seit acht Uhr morgens auf diesen Bus warten. Wir warteten und warteten und dachten schon, wir müssten die ganze Nacht dort verbringen. Ich war völlig erschöpft und zitterte. Endlich, gegen Mitternacht, kam der Bus. Er brachte uns nach Graz, der Geburtsstadt von Erzherzog Franz Ferdinand. Das wusste ich von der Fernsehsendung über die wichtigsten Attentate der Geschichte. Ich hatte gedacht, Mahatma Gandhi würde an erster Stelle stehen, aber stattdessen war es Erzherzog Ferdinand, denn in der Sendung wurde natürlich die Wirkung beurteilt, die der Mord auf die ganze Welt gehabt hatte. Was war ich doch dumm gewesen!

Beim Lager stiegen wir aus und Dolmetscher in leuchtend orangefarbenen Sicherheitswesten riefen uns in verschiedenen Sprachen mit Megafonen zu, dass wir uns in Reihen aufstellen sollten. Manche Flüchtlinge waren in ihrer Heimat Rechtsanwälte oder Ärzte gewesen oder hatten andere wichtige Positionen bekleidet, aber nun standen auch sie erschöpft da, ihre Habseligkeiten in Rucksäcken, Reisetaschen und Einkaufstüten verstaut, und alle sahen gleichermaßen ernst und niedergeschlagen aus.

Wir wurden aufgeteilt in diejenigen, die in Österreich bleiben wollten, und die überwiegende Mehrheit, die auf eine Weiterreise nach Deutschland hoffte.

Jeder erhielt ein grünes Armband, auch Kleinkinder und Babys. Ich war entsetzt darüber, weil ich an die gelben Abzeichen denken musste, die die Juden unter den Nazis tragen mussten, aber die Helfer erklärten, wir bräuchten die Bänder bei der Ausgabe von Nahrung. Die Armbänder waren nummeriert, und es hieß, wir würden aufgerufen, wenn uns ein Bus zur österreichisch-deutschen Grenze bringen würde. Wir hatten Nummer 701 und 702 und stellten uns auf eine lange Wartezeit ein, da jeder Bus nur 40 Personen mitnahm und man uns sagte, dass täglich nur vier oder fünf Busse fuhren. Seltsam, dass unsere Zahl einem reichen Land wie Österreich offenbar solche Probleme bereitete.

Als wir die Armbänder erhalten hatten, brachte man uns zur Flüchtlingsstation in einem ehemaligen Supermarkt. Vor der Abreise aus der Türkei hatte ich mir ein paar Brocken Deutsch beigebracht und bat nun eine der Helferinnen um eine Tasse heißen Tee. Sie gab mir kalte Milch. Gleich beim Eingang gingen Verlängerungskabel von der Decke und wie alle anderen steckten wir zuallererst unsere Telefone zum Aufladen ein, denn sie waren unser Rettungsanker.

Innen waren viele Reihen von Feldbetten aufgestellt, wie in einem Armeelager oder Lazarett. Fast auf jedem Bett lag jemand. Es mussten an die tausend Menschen sein. Es herrschte ein fürchterliches Gedränge, und es roch nach vielen Menschen, die sich wie wir seit Tagen oder Wochen nicht gewaschen hatten. Die grelle Neonbeleuchtung tat ihr Übriges. Man wies uns zwei Betten zu und gab jedem eine schwere graue *Decke* – das erste neue deutsche Wort, das ich lernte.

Wir hatten uns gerade hingelegt, als plötzlich wütende Rufe erschallten. Eine Gruppe von Afghanen und Syrern stritt sich um die Steckdosen fürs Nachladen der Handys. Wie sehr unsere Umgangsformen doch unter dem Krieg gelitten hatten!

Dann wurde das Licht ausgeschaltet und ich versuchte einzuschlafen, aber das war schwierig bei so vielen weinenden Kindern, und außerdem war es kalt. Im Zelt gab es nur eine Heizung, die offensichtlich nicht ausreichte, um den ganzen Raum zu wärmen, und die Decken genügten nicht. Nasrine nahm alle Kleidung, die wir besaßen, aus dem Rucksack und breitete sie über mir aus, aber mir war immer noch kalt und meine Zähne schmerzten.

Das Lager wurde vom österreichischen Bundesheer betrieben und am Morgen kamen Soldaten, um sauber zu machen und Wasserflaschen und Müll einzusammeln.

Während wir warteten, unterhielt Nasrine sich mit den Leuten auf den benachbarten Feldbetten. Ich hielt mich im Hintergrund, weil ich wie immer meine Ohren lieber vor schlechten Nachrichten verschloss. Manche überlegten, wohin sie gehen sollten – vielleicht nach Schweden, Dänemark oder Holland, wenn es in Deutschland zu voll würde. Andere erzählten Bruchstücke ihrer Geschichte.

Da war Hiba, ein hübsches Mädchen, das ein paar Jahre älter war als ich. Sie war in Tränen aufgelöst, weil sie in Ungarn von ihrem Freund getrennt wurde. Sie war Wirtschaftsstudentin aus Damaskus und war mit ihren Brüdern und der Familie ihres Freundes geflohen, nachdem ihr älterer Bruder eingezogen und im Krieg getötet worden war. Sie waren in einer großen Gruppe gereist, hatten aber in Ungarn tagelang am Bahnhof Budapest-Keleti festgesteckt. Ein Schleuser hatte sie zur österreichischen Grenze gebracht, aber sie waren zurückgeschickt worden. An der Grenze hatten sie von den Menschen gehört, die am Tag zuvor im Lastwagen erstickt waren. Danach hatte die Familie ihres Freundes beschlossen aufzugeben, in Ungarn in ein Lager zu gehen und dort um Asyl zu bitten. Er hatte keine Wahl gehabt und war mit ihnen gegangen. Sie und ihre Brüder gingen zurück nach Budapest und ließen sich von einem anderen Schleuser nach Österreich bringen. Diesmal klappte es. Jetzt schickte sie ihrem Freund über Facebook Messenger Nachrichten, aber er antwortete nicht. Alles, was ihr von ihm geblieben war, war ein rosafarbener Plüschbär. Als sie beschrieb, wie sie ihm nachgesehen hatte, als er im ungarischen Polizeibus weggebracht wurde, sagte sie: „Abschiede sind nicht cool.“ Es war wie *Romeo und Julia* oder *Mem und Zin.*

Als ich zur Toilette ging, sah ich viele verschleierte Frauen, aber auch ein syrisches Mädchen mit langem blondem Haar, das europäisch aussah. Sie erklärte uns, die Leute müssten hier zwei oder drei Tage auf den Bus warten. Ich konnte mir nicht vorstellen, drei Tage an diesen fürchterlichen Ort zu bleiben, und wir wollten versuchen, mein Asthma als Vorwand zu benutzen. Wir gingen also zur Krankenstation und erklärten dem Arzt, ich könne hier nicht bleiben, die Enge sei unerträglich, aber er sagte, wir müssten warten.

Dann verlas ein Helfer die Nummern für den nächsten Bus. Sie waren sehr viel kleiner als unsere. Dutzende von

Flüchtlingen stürmten zu den Toren. Wenn sie sich öffneten, gelangte man zum Bus, der zur deutschen Grenze fuhr. Die Leute drängelten und schubsten, um mitzukommen, obwohl sie noch nicht an der Reihe waren, während Freiwillige mit orangefarbenen Westen die Menge zurückhielten.

Ich wollte unbedingt fort von diesem Ort. Flüchtlinge leben von Gerüchten und Facebook-Nachrichten, und wir hatten gehört, dass wieder Züge von Österreich nach Deutschland fuhren. Jemand hatte uns erzählt, wenn man Geld habe, könne man mit dem Taxi zum Bahnhof von Graz fahren und in einen Zug steigen, und genauso wollten wir es tun, trotz der Angst, dass man uns aufgreifen und registrieren könnte.

Unser Fahrer war Ägypter und erzählte uns, was sich durch die Flüchtlinge plötzlich alles verändert hatte. Die Flüchtlinge wanderten entlang der Hauptverkehrsstraßen, und die Österreicher wussten einfach nicht, was sie tun sollten. Es wäre, als würden plötzlich überall fremdländische Pflanzen wachsen, die sich völlig anders verhielten als die einheimischen. Wir mussten lachen über die Vorstellung von uns als exotische Pflanzen.

Wegen des Rollstuhls half uns jemand in den Zug. Drinnen sprachen uns andere Syrer an, aber wir schüttelten sie ab, denn wir wollten nicht wie eine Gruppe von Flüchtlingen wirken, wenn die Polizei im Zug kontrollierte.

Nasrine war froh, dass wir Deutschland jetzt fast erreicht hatten. „Das hier sieht wirklich wie Westeuropa aus“, sagte sie.

Dass wir unserem Ziel nun so nahe waren, machte mich glücklich und traurig zugleich. Europa war genauso, wie ich es mir erträumt hatte – die Natur, das viele Grün –, obwohl mir natürlich meine Heimat wichtiger ist. Die Sauberkeit der Straßen war einfach unglaublich. Der ägyptische Taxifahrer erzählte uns, dass man in Österreich Strafe bezahlen musste, wenn man eine leere Zigarettenpackung aus dem Autofenster warf, wie es in Syrien jeder tut.

Ich war aber auch traurig, dass sich unsere Reise dem Ende zuneigte und ich wieder nur das Mädchen sein würde, das in seinem Zimmer zu bleiben hat. In den letzten drei Wochen hatte ich mich gefühlt wie alle anderen und hatte wirklich etwas erlebt, auch wenn mich meine Schwester die ganze Zeit schieben musste.

Während der Zug durch die Alpen fuhr, vorbei an schneebedeckten Bergen und kleinen Dörfern mit Holzhäusern und Kirchen mit Zwiebelturm musste ich an Heidi denken, wie sie mit ihrem mürrischen Großvater und dem Geißenpeter zusammenlebte. Ich hatte die Geschichte immer wieder gelesen, denn es gibt nicht viele Bücher mit behinderten Figuren, aber Heidi hat ihre Freundin Clara, die bei ihnen bleibt, was den Geißenpeter eifersüchtig macht. Er wirft ihren Rollstuhl den Berg hinunter und dann lernt sie in der gesunden Bergluft das Laufen. Mir gefällt auch die Stelle, wo Heidi einen Korb voll kleiner Kätzchen vom Uhrenturm in Claras prächtigem Haus rettet und die Haushälterin schreit. Ich hätte auch geschrien.

Die grünen Wiesen brachten mir den Film *Die Trapp-Familie* in den Sinn und Maria, wie sie sich mit ihrer Gouvernantenschürze über die Engstirnigkeit des Hausherrn hinwegsetzt. Unwillkürlich stellte ich sie mir wie im Film vor, was mich ärgerte, denn ich hatte *Die Trapp-Familie. Vom Kloster zum Welterfolg* gelesen, das Buch der echten Maria von Trapp, und der Film hatte für mich alles ruiniert.

Ich weiß übrigens die Namen der wirklichen Kinder dieser Familie – der Älteste war ein Junge namens Rupert, nicht ein Mädchen namens Liesl – und sie waren zehn, nicht sieben. Der Korvettenkapitän Georg Ludwig von Trapp war auch gar nicht so streng wie im Film. Außerdem spielte er Geige und nicht Gitarre. Es ist wie mit Syrien und Assad – immer werden wir von den Leuten an der Spitze getäuscht.

Die von Trapps waren ebenfalls Flüchtlinge, denn sie flohen 1938 nach dem Anschluss an Nazideutschland aus Österreich. Auch sie fuhren mit dem Zug und nicht über die Berge wie im Film. Sie gingen auf eine Tournee, von der sie nicht zurückkehrten. Dann fuhren sie mit dem Schiff nach New York, und als sie dort ankamen, besaßen sie nur noch ein paar Dollar.

Geschichten wie diese gab es viele, aber wir flohen nicht aus Deutschland, sondern nach Deutschland. Es war ein Glück, dass wir unser Ziel fast erreicht hatten, denn auch uns ging das Geld aus; wir hatten fast alles ausgegeben, was uns unsere Brüder Mustafa und Farhad geschickt hatten.

Als der Zug in Salzburg einfuhr, kamen Polizisten herein und befahlen allen Syrern auszusteigen. Erst jetzt bemerkten wir, dass wir Hunderte waren – so viel zu unserem Versuch, keine Aufmerksamkeit zu erregen. Der Bahnhof war ebenfalls voller Flüchtlinge. Seit Ungarn die Grenzen geschlossen hatte und die neue Route über Slowenien offen war, hatte der Bürgermeister von Salzburg die unterirdische Parkgarage in ein Flüchtlingslager verwandeln lassen. Alles wirkte gut organisiert, mit Betten und einer Krankenstation und einen Spielplatz für Kinder. Es gab sogar ortsansässige, die Schilder mit der Aufschrift „Willkommen" und „Refugees Welcome" in die Höhe hielten und Birnen und Bananen verteilten.

Ein Mann führte uns zu einem Bus, der uns zu einer Militärkaserne nahe einer Brücke über die Saalach brachte. Wieder kam Polizei an Bord und hieß uns aussteigen. Österreichische Soldaten reichten uns Wasser und Kekse. Und dann bekamen wir ein Zeichen und gingen in kleinen Gruppen von etwa zwanzig Personen über die Brücke nach Deutschland hinüber. Nun, ich ging nicht. Ich wünschte, ich hätte es gekonnt. Vielleicht brauchte ich auch einen Geißenpeter, der meinen Rollstuhl weggeworfen hätte.

Auf dem Weg hinüber reichte mir jemand ein Päckchen Gummibärchen. Als wir auf der anderen Seite ankamen, wussten wir nicht, wohin, aber jemand hatte mit orangefarbener Kreide „Germani" auf den Boden gekritzelt und dazu orangefarbene Pfeile, ein bisschen wie in *Hänsel und Gretel*, so als wäre Deutschland unser Zuhause. Es gab aber keine deutschen Fahnen, und wir waren uns nicht sicher, ob wir wirklich angekommen waren.

„Where is Germany?", fragte ich einen Polizisten.

Er lächelte und sagte: „Welcome to Germany."

17

DANKE, MAMA MERKEL

Rosenheim, Dortmund, Essen, 21. September – 15. Oktober 2015

Der Tag unserer Ankunft in Deutschland war Nasrines 26. Geburtstag. Die Reise von Gaziantep hatte genau einen Monat gedauert, und die Unterseite meiner Arme war von den Schlägen gegen den Rollstuhl voller blauer Flecke. Aber wir hatten es geschafft. Seit dem Aufbruch in Aleppo waren wir mehr als sechstausend Kilometer weit gereist, durch neun Länder, vom Krieg in den Frieden – eine Reise in ein neues Leben, wie es in meinem Namen zum Ausdruck kommt.

Nun war alles zum *Wenn* geworden und kein *Falls* geblieben. Ich sah die Deutschen an und dachte, eines Tages werde ich sprechen wie sie, leben wie sie und lieben wie sie. Vielleicht sogar gehen wie sie. Wir riefen Ayee und Yaba an und erzählten, dass auch wir angekommen waren, und sie weinten, dann riefen wir Bland an und sagten, dass wir ihn bald treffen würden. Wie viele andere Flüchtlinge weinten wir beide auch – als wäre ein schweres Gewicht von uns genommen. Wir wussten nicht, was als Nächstes geschehen würde, aber wir hatten unser geografisches Ziel erreicht.

Aber zuerst einmal mussten wir warten, denn auf der anderen Seite der Saalachbrücke im deutschen Freilassing war alles voller Menschen. Die Polizisten wiesen uns an, uns unter der Brücke aufzustellen. Dort stand schon eine lange Schlange von Syrern, Irakern, Afghanen, Pakistanis und einigen sehr dunkelhäutigen Menschen, die vermutlich aus Afrika gekommen waren.

„Ich gehe nach vorne. Ich kann nicht in dieser langen Schlange warten“, sagte ich den Polizisten. Aber diesmal klappte es nicht mit den Sonderrechten für Behinderte. Mit einem Blick auf die Gummibärchen meinte er: „Du bist doch Muslimin, nicht wahr?“

„Ja“, antwortete ich. „Dann gib mir die Süßigkeiten“, sagte er. „Die sind voll von Gelatine.“

Und dann mussten wir warten. Es gab nichts zu trinken und es wurde immer kälter. Das war nicht ganz die Begrüßung, die ich erwartet hatte.

Am Ende warteten wir fünf Stunden unter der Brücke. Das mag nicht lange erscheinen nach all den Wochen der Reise, den Jahren unter Assad oder den Taliban oder vor welchen Ungeheuern wir auch sonst geflohen waren, aber es war schwer, so kurz vor dem Ziel zu sein und dann ohne ersichtlichen Grund festzuhängen.

Schließlich hieß es, wir sollten wieder nach oben auf die Brücke kommen. Unsere Taschen wurden durchsucht und dann durften wir in einen Polizeibus einsteigen. Wir fuhren durch weitere Heidi-Berge und Felder und vorbei an einem See mit eisblauem Wasser bis in die Stadt Rosenheim in Bayern, etwa 80 Kilometer weiter westlich.

Das Flüchtlingslager war in einer Art Markthalle eingerichtet. Genau wie in Österreich erhielten wir nummerierte Armbänder, diesmal in Rot, und man sagte uns, unsere Nummer würde aufgerufen, wenn der Bus bereitstehe, der uns zu unserer nächsten Station bringen würde. Nasrine und ich bekamen die Bänder Nummer zwölf und dreizehn und wir dachten schon, wir gehörten zu den Ersten, aber es stellte sich heraus, dass dreihundert grüne, dreihundert blaue und hundert orangefarbene Bänder vor uns an der Reihe waren. Und dann sagten die Helfer uns, sie wären nur auf fünfzig am Tag eingerichtet und es könnte wohl einige Tage dauern.

Ganz wie wir es uns vorgestellt hatten, war in Deutschland alles bestens organisiert: Man schickte uns in die sogenannte Bearbeitungsstraße in einer Turnhalle. Dort bekamen wir Plastiktüten für unsere Handys und Wertsachen, wir wurden fotografiert und auf ansteckende Krankheiten wie Tuberkulose und Krätze untersucht. Ich verstehe schon, dass jeder registriert werden muss, aber trotzdem sind wir keine Krankheit oder eine Epidemie. Doch ich kann mich nicht beschweren, denn anders als in anderen Ländern der EU war die Tür nach Deutschland offen.

Zuletzt nahm man unsere Fingerabdrücke. Es war merkwürdig, dass wir nun keine Angst mehr davor haben mussten. Wir erhielten eine sogenannte *Anlaufbescheinigung*, das heißt, wir durften nach München weiter, um dort Asyl zu beantragen.

Wir wollten aber nicht nach München, weil Bland in Dortmund wohnte. Ich sagte: „Ich will nicht hierbleiben, ich will zu meinem Bruder“, aber sie antworteten, München sei der offizielle Anlaufpunkt für Flüchtlinge. Das Problem war nur, dass man dort mit dreizehntausend täglich ankommenden Flüchtlingen völlig überfordert war.

Das bedeutete weiteres Warten. Im Lager in der Markthalle drängten sich Hunderte von gelangweilt aussehenden Menschen auf Feldbetten. Es gab einen Bereich mit Spielzeugen wie Lego und gespendeten Teddybären, aber viele Kinder weinten, weil sie genug davon hatten, immer weitergezerrt und eingepfercht zu werden. Die Hitze war erdrückend und immer wieder brachen Menschen zusammen – ich sah, wie eine Frau im Waschraum in Ohnmacht fiel. Selbst um ein Sandwich zu bekommen, musste man lange Schlange stehen.

Zum ersten Mal trafen wir Flüchtlinge, die auf dem anderen Weg übers Meer nach Italien gekommen waren. Ihre Berichte über die Fahrt von Libyen aus übers Mittelmeer bis zu einer kleinen Insel namens Lampedusa in klapprigen Fischerbooten hörten sich erschreckend an. Viele Boote kenterten und Hunderte ertranken auf dem offenen Meer.

Viele andere versuchten genau wie wir, sich zu Familienmitgliedern an anderen Orten in Deutschland durchzuschlagen. Mithilfe eines Helfers, der Mitleid mit uns hatte, gelang es uns, unsere Armbänder zu verbergen und einen früheren Bus zu nehmen. Dieser fuhr zu einem Lager in Neumarkt nicht weit von Nürnberg. Auch dort sollten wir wieder unsere Namen nennen und uns registrieren lassen. Wir wollten aber nicht wieder hängen bleiben und sagten, wir würden ein bisschen nach draußen an die frische Luft gehen. Auf der anderen Straßenseite war eine Tankstelle. Dort riefen wir ein Taxi, das uns nach Nürnberg brachte.

Nürnberg ist eine malerische Stadt mit Gebäuden, die bunt bemalten Lebkuchenhäusern gleichen, und einer Stadtmauer mit zahlreichen Mauertürmen, fast wie in einem Märchen. Wir starrten in die Auslagen der Bäckereien mit ihren klebrigen Schokoladenkuchen und dem Apfelstrudel, von dem ich gelesen hatte. Nasrine sagte, sie sei froh, dass wir die Reise auf diese Weise gemacht hatten, denn auf dem Weg durch die vielen Länder hatten wir uns langsam an alles gewöhnen können. Wären wir direkt in ein Land wie Deutschland geflogen, dann wären wir nach der Ankunft völlig fassungslos gewesen. Ich konnte ihr nur zustimmen.

Dann entdeckten wir wieder einen McDonald's und ich bekam meine erste Fast-Food-Mahlzeit in meinem neuen Land. Beim Essen wurden meine Augenlider sehr schwer und mit einem Mal war ich fürchterlich erschöpft. Ich hatte mein Bestes gegeben und war am Ziel angekommen, aber jetzt hatte ich wirklich genug vom Reisen. Wir wollten jetzt nur noch mit dem Zug zu unserem Bruder Shiar nach Köln fahren und dort am nächsten Morgen Asyl beantragen. Um 21 Uhr fuhr ein schneller Zug, für den unser Geld gerade noch reichte. Am Bahnhof standen wir erstaunt vor den Aufzügen und allem anderen, was Behinderten das Leben erleichtert. Wie Nasrine sagte – in Deutschland ist alles anders.

In unserem Wagen saßen zwei afghanische Männer, die mit wippenden Köpfen zu beten anfingen und „Allahu Akbar" riefen. Wir erschraken ein bisschen und bemerkten, dass die Deutschen im Zug besorgt hersahen. Hier machte ich mir zum ersten Mal Gedanken darüber, was die Deutschen wohl davon hielten, dass wir in so großer Zahl in ihr Land kamen.

In Bayern waren längst nicht alle glücklich darüber gewesen, dass die Landesgrenze zum Einfallstor für Zehntausende von Flüchtlingen wurde, die in das wirtschaftlich stärkste Land Europas kommen wollten. Ministerpräsident Horst Seehofer warnte vor einer „Notsituation, die wir schon bald nicht mehr kontrollieren können". Der stellvertretende Vorsitzende der Bundestagsfraktion seiner Partei, Hans-Peter Friedrich, sagte „katastrophale Folgen" voraus und spekulierte, dass sich unter uns auch Dschihadisten vom Daesch versteckten.

Zum Glück ist Frau Merkel eine resolute Frau. „Wenn wir jetzt anfangen, uns noch entschuldigen zu müssen dafür, dass wir in Notsituationen ein freundliches Gesicht zeigen, dann ist das nicht mein Land", sagte sie.

Danke, Mama Merkel.

Die Zugfahrt dauerte ungefähr vier Stunden und endete am Ufer des Rheins gleich neben dem Kölner Dom, der dunkel und bedrohlich aufragte und die Skyline dominierte. Eine derart gewaltige Kirche hatte ich noch nie gesehen. Einst war es das höchste Gebäude der Welt gewesen. Wie war es möglich, dass es im Krieg nicht zerstört worden war?

Am Bahnsteig wurden wir schon von Bland mit seinen Schnittlauchlocken und seinem sentimentalen Grinsen erwartet. Er war extra von Dortmund angereist, um uns zu empfangen. Ich konnte nicht fassen, dass wir wieder vereint waren, und freute mich so – er war bei allen wichtigen Ereignissen meines Lebens dabei gewesen.

Dann kamen wir in Shiars Haus an. Nahda war mit ihren Kindern auch dort. Sie hatte auf uns gewartet, damit wir gemeinsam Asyl beantragen könnten. Es war einfach wunderbar, dass wir alle wieder zusammen waren. Jetzt, glaubte ich, fing unser neues Leben an. Weil ich aber nicht wusste, wie es werden würde, brauchte ich dringend vertraute Dinge und Menschen um mich herum.

Am nächsten Morgen fuhren wir drei Schwestern, zwei Brüder und meine vier Nichten gemeinsam mit dem Zug nach Dortmund. Der Zug fuhr durch Düsseldorf. Noch nie hatte ich so viele Hochhäuser mit Glasfassaden gesehen, die im Regen glitzerten. Allzu lange sah ich aber nicht hin, denn ich war so froh, wieder bei Bland zu sein, dass ich nur Augen für ihn hatte.

Er brachte uns Schwestern und Nahdas Kinder zu der Verwaltungsstelle BAMF, dem Bundesamt für Migration und Flüchtlinge, wo sich schon viele Menschen drängten.

„Wir sind Syrer", sagten wir am Empfang. Man schickte uns weiter, um uns zu fotografieren, und dann warteten wir, bis wir an einem Schalter ein Asyl-Antragsformular ausfüllen konnten. Es wurde auch nach Krankheiten und Behinderungen gefragt, unter denen man litt. Zerebrale Kinderlähmung stand nicht auf der Liste und Shiar riet mir, unten auf Deutsch „Ich kann nicht laufen" hinzuschreiben.

Die Assistentin erklärte, wegen des Andrangs würde es bis zu unserem Asylgespräch etwa drei Monate dauern. Bland hatte seinen Antrag am 15. Juli in Bremen gestellt und wartete in seinem Lager in Dortmund auch noch auf seinen Termin. Bis man eine dauerhafte Bleibe für uns gefunden hätte, würde man uns in einem Lager unterbringen. Sie erklärten, Asylsuchende würden normalerweise noch am selben Tag in ein Lager geschickt, aber da ich minderjährig sei und ohne Eltern müssten wir über Nacht im Aufnahmezentrum bleiben.

Sie brachten uns in ein kahles Zimmer mit Stockbetten und vielen Graffiti an den Wänden. Shiar und Bland durften nicht bleiben und wurden fortgeschickt, was ich nicht erwartet hatte. Kaum waren wir vereint, da trennte man uns schon wieder.

Am nächsten Tag hatte ich ein Gespräch mit der für Minderjährige verantwortlichen Person und wurde gefragt, ob ich bei meinem Bruder und meinen Schwestern bleiben oder als Mündel des deutschen Staates in einem Lager für Minderjährige leben wollte. Was für eine Frage! Erst später fand ich heraus, dass die Bedingungen in den Lagern für Minderjährige sehr viel besser waren und zog Nasrine damit auf, ich hätte dort hingehen und die bequemen Betten, Schokoladeneis und Fernsehen rund um die Uhr genießen sollen.

Nach dem Gespräch hieß es, wir sollten bis etwa 14 Uhr warten und würden dann erfahren, wo wir hinkamen. In Deutschland wurden die Flüchtlinge je nach Bevölkerungsdichte und Steueraufkommen nach dem sogenannten *Königsteiner Schlüssel* auf die sechzehn Bundesländer verteilt. Die Bundesländer verteilen sie dann auf ihre Städte und Gemeinden, die Häuser und andere Dienste bereitstellen und dafür vom Staat und der lokalen Verwaltung entschädigt werden. Allerdings waren wir inzwischen so viele, dass die lokalen Behörden überfordert waren. Die Gemeinden wurden nur achtundvierzig Stunden im Voraus darüber unterrichtet, dass sie Unterkünfte für Hunderte von Flüchtlingen bereitstellen sollten. Für die Unterbringung benutzten sie Sportzentren, Stadien, Schulturnhallen, Kindertagesstätten, Büroräume, sogar den alten von den Nazis erbauten Flughafen in Berlin und aufblasbare Tennishallen in Parks oder auf Sportplätzen. In Köln kaufte man sogar Luxushotels.

Wir befanden uns im Bundesland Nordrhein-Westfalen, das mehr als zwanzig Prozent aller Flüchtlinge aufnahm. Angeblich war es hier leichter für Flüchtlinge, denn die Menschen seien Ausländer gewohnt. In den Sechziger- und Siebzigerjahren hatten sich hier viele türkische Kurden niedergelassen, weil die Industrie großen Bedarf an Arbeitskräften hatte. Also gab es weniger Rassismus. Deswegen waren auch Shiar und unser Onkel hierhergekommen. Und der Ministerpräsident war eine Frau.

Endlich wurden unsere Namen aufgerufen, und es hieß, ein Bus würde uns um 16.15 Uhr in ein Flüchtlingslager in Essen bringen.

Der Bus fuhr um 16.30 Uhr ab – für deutsche Verhältnisse mit Verspätung. Auch Onkel Ahmed und Tante Shereen, mit denen wir nach Lesbos übergesetzt waren, befanden sich in einem Lager in Essen, und wir freuten uns darauf, mit ihnen zusammenzukommen. Wir verfolgten unseren Weg auf der Google-Karte und sahen, wie wir ihrem Lager immer näher kamen, doch dann bog der Bus ab.

Man brachte uns in ein ehemaliges Krankenhaus und wies uns im Erdgeschoss ein Zimmer zu – mir, Nahda mit ihren Töchtern und Nasrine. Dann kam medizinisches Personal und untersuchte uns nach Kopfläusen, impfte die Kinder und nahm uns Blut ab. Als sie bei mir die Kanüle legten, kam kein Blut. Die Schwester sagte, ich sei wohl dehydriert, weil ich auf der Reise kaum gegessen und getrunken hatte, und meinte, ich müsste etwas essen. Die Nahrung war allerdings fürchterlich, sodass ich wieder nichts aß. Ich bin schon unter normalen Umständen sehr empfindlich, was das Essen angeht, und Nasrine regt sich darüber auf, wenn ich nur Tee trinke. Wenn sie bei einem Gericht nur eine einzige Zutat verändert, bemerke ich es sofort und rühre es nicht an.

Am nächsten Morgen ging Nasrine los, um mir Frühstück zu holen, und kam erstaunt zurück. In der Schlange hatte sie Mohammed, einen anderen unserer Cousins, getroffen, den wir zuletzt in Manbidsch gesehen hatten.

Auf der langen Reise hatte ich mich allmählich an das Leben im Lager zusammen mit vielen anderen Menschen gewöhnt, aber hier fand ich es langweilig, weil ich meistens im Zimmer blieb. Ab und zu schob mich Nasrine hinaus an die frische Luft in einen kleinen Hof, und jeden Tag um 14 Uhr gab es Deutschunterricht, aber sie brachten uns nur grundlegende Dinge wie Zahlen, Wochentage und Monate bei, die ich schon gelernt hatte.

Wir mussten zwanzig Tage in Essen bleiben und machten uns Sorgen, wo sie uns danach hinschicken würden. Wir hatten gehört, dass es keine Unterkünfte mehr für Flüchtlinge gab, und befürchteten schon, wir würden am

Ende in einer Turnhalle landen. Ich benutzte meinen Behindertenausweis, um ein Gespräch mit dem Leiter des Lagers führen zu können, und erklärte ihm, ich könnte nicht in einer Turnhalle leben. Außerdem wollten wir am liebsten nach Wesseling bei Köln, wo unser Bruder wohnte und uns helfen könnte.

Am 28. September, wir waren seit vier Tagen im Lager, ging es mir wirklich schlecht. Ich hatte gedacht, hier in Deutschland könnte ich gleich in die Schule gehen, aber stattdessen steckte ich hier im Lager. Am Morgen waren Nasrine und Nahda zu einem Raum gegangen, wo gespendete Kleider verteilt wurden, und hatten mich gebeten, auf die Kinder aufzupassen. Sie waren sehr ungezogen und mir stand nur meine Stimme zur Verfügung, um sie im Zaum zu halten, sodass ich sie am Ende anschrie. Wieder einmal spürte ich, wie schwach und nutzlos ich war, und brach in Tränen aus.

Da kam Nasrine herein, hielt mir ihr Telefon hin und sagte, sie hätte eine Überraschung für mich.

„Was ist? Will Masud Barzani (der Präsident der autonomen Region Kurdistan im Nordirak) mit mir sprechen?“, witzelte ich.

„Nein“, antwortete sie. „Schau dir das an.“

Sie öffnete einen Link zu einem Video. Es war eine amerikanische Fernsehsendung namens *Last Week Tonight*, die von einem Engländer namens John Oliver moderiert wurde, und er sprach über Flüchtlinge. Ärgerlicherweise war das WLAN im Lager sehr langsam, weil so viele Flüchtlinge es benutzten, und das Video stockte immer wieder. Und dann führte er vor, wie ich Fergal Kane von der BBC erklärte, dass ich Astronautin werden und die Queen treffen wollte. Ich ließ fast das Telefon fallen.

John Oliver erklärte, mein Englisch hätte ich aus *Zeit der Sehnsucht* gelernt und wäre traurig darüber, dass sie EJ erschossen hätten. „Wie kann man diese junge Frau nicht in seinem Land haben wollen?“, fragte er. „Sie wäre für jedes Land, das sie aufnimmt, eine Bereicherung.“ Ich konnte nicht glauben, dass er über mich sprach. Aber das war noch nicht alles. Er redet über die schwierigen Umstände, mit denen die Flüchtlinge zu kämpfen hatten, dass der englische Premierminister David Cameron uns als „Schwarm“ bezeichnet hatte, dass Dänemark in libanesischen Tageszeitungen Anzeigen mit dem Warnruf „Don't come“ schaltete, und er sprach auch von den Feindseligkeiten in Ungarn und der Kamerafrau, die dem Flüchtling das Bein gestellt hatte.

Und dann sagte er, für einen Flüchtling habe er eine Überraschung. Darauf folgte ein Film, in dem ein Mann an einer Tür klingelte. Die Tür wurde geöffnet von Sami aus *Zeit der Sehnsucht,* und der Mann vor der Tür war EJ! „Unmöglich!“, schrie sie. Und ich schrie auch. Und dann fielen sie sich natürlich in die Arme. EJ erklärte, nach seinem Tod hätte ihn seine Schwester aus dem Leichenschauhaus gerettet und nach Deutschland geflogen, wo ihn Hexendoktoren wieder zum Leben erweckt hätten. „Unvorstellbar, wie schrecklich das für dich gewesen sein muss“, sagte Sami.

„Von den Toten auferstehen ist nicht schwer“, entgegnete er. „Aber weißt du, was schwer ist? Von Syrien nach Deutschland zu kommen, das ist schwer.“ Und dann erzählte er ein bisschen von der Flüchtlingskrise. Er sagte, er hätte von „dieser unglaublichen Sechzehnjährigen aus Kobane namens Nujeen Mustafa“ gelesen.

„Nujeen Mustafa.“ Sami wiederholte meinen Namen, als wäre er etwas Besonderes.

Ich war völlig perplex und kreischte. Weit entfernt in Amerika redeten meine Lieblingsfiguren aus meiner Lieblingsserie – über mich! Für ein syrisches Flüchtlingsmädchen hatten sie jemanden von den Toten auferstehen lassen! Und dann waren die beiden auch wieder ein Paar!

Kurz danach rief eine Frau aus Amerika an und fragte, ob mir das Video gefallen habe. Natürlich, antwortete ich. Und sie erzählte, die beiden Schauspieler Alison Sweeney und James Scott, die EJ und Sami spielen, würden sich gerne mit mir unterhalten. Als sie ans Telefon kamen, war ich so aufgeregt, dass ich gar nicht wusste, was ich sagen sollte. Ich erzählte ihnen, dass ich sie nach meiner Ankunft in der Türkei gleich als Erstes gegoogelt hätte und wüsste, dass Alison verheiratet sei und zwei Kinder habe. Ohne sie sei die Serie langweilig. Wahrscheinlich kam ich ihnen wie ein durchgedrehter Fan vor.

Nasrine war schockiert. „Drei Jahre hast du nur von nichts anderem geredet als von diesen Leuten aus einer amerikanischen Fernsehserie“, sagte sie. „Und jetzt sind sie hinter dir her. Wie in aller Welt haben sie dich nur ausfindig gemacht?“

Am nächsten Tag sah ich mir das Video noch einmal an. Dann nahmen wir in unserem kleinen Zimmer eine eigene Videobotschaft auf und stellten sie auf YouTube. „Heute ist mein Glückstag“, sagte ich. „Und an meinem Glückstag möchte ich all den Opfern der Kriege auf der ganzen Welt etwas sagen. Wir sind stärker und mutiger, als ihr denkt. Und ich möchte mich bei allen bedanken, die mich auf meiner Reise unterstützt haben. Wünscht mir Glück – euch allen wünsche ich es auch!“

Als ich am folgenden Morgen aufwachte, fühlte es sich aber an, als wäre mir etwas gestohlen worden. *Zeit der Sehnsucht* war immer *mein* Ding gewesen, meine Privatsache. Außerdem war die kurze Filmsequenz nicht realistisch – EJ und Sami hätten sich streiten müssen. Mir wäre es lieber gewesen, als dass sie sich über mich unterhielten.

TEIL DREI

EIN NORMALES LEBEN
DEUTSCHLAND 2015

Morgen ist ein neuer Tag.

Scarlett O'Hara in *Vom Winde verweht*,
Margaret Mitchell

18

FREMD IM FREMDEN LAND

Köln, 1. November 2015

Niemand verlässt ohne Grund seine Heimat. Manchmal wache ich mitten in der Nacht mit Albträumen von der Bombardierung auf und taste nach meiner Mutter, aber sie ist nicht da und ich bin traurig. Aber nach zwei oder drei Minuten denke ich: Nujeen, du bist noch am Leben und weit weg von den Bomben, alles ist okay. Hier in Deutschland fühle ich mich sicher. Hier kann man spazieren gehen und muss nicht damit rechnen, am Morgen tot zu sein. Es fallen keine Bomben, man sieht keine Panzer, keine Armee, keinen Daesch auf der Straße.

Am 1. November zogen wir in unsere neue Wohnung im Erdgeschoss eines zweigeschossigen deutschen Hauses. Es lag in einem Vorort der Kleinstadt Wesseling sechzehn Kilometer südlich von Köln. Es ist nicht aus Lebkuchen, sondern aus Beton und Backsteinen gebaut, und braun und cremefarben anstatt rosa und blau, aber mir kommt es vor wie Disneyland – ein Zuhause, wie ich es mir immer gewünscht habe.

Wir haben ein Wohnzimmer, eine kleine Dusche, eine Küche und leider nur zwei Schlafzimmer, also wird es bei uns drei Schwestern mit vier Kindern ziemlich eng, besonders, weil Bland oft bei uns zu Gast ist. Aber wir haben es für uns, uns allein. Wir haben ein Sofa und einen Tisch, eine Uhr an der Wand und eine Dose für Weihnachtsgebäck, die uns jemand als Dekoration geschenkt hat. Ich wünschte, wir besäßen noch etwas aus Syrien; eine Flüchtlingsfrau erzählte uns, sie hätte ihre Falafel-Formen den ganzen Weg quer durch Europa hergetragen. Wir besitzen nicht einmal ein Foto unserer Familie in Aleppo. Wahrscheinlich hätten wir eines mitgenommen, wenn wir beim Aufbruch vor vier Jahren gewusst hätten, dass wir getrennt würden und nicht zurückkehren konnten, aber damals dachten wir vor allem ans Überleben.

Das Haus haben uns die deutschen Behörden besorgt, und sie bezahlen auch die Rechnungen. Wir bekommen von ihnen jeden Monat 325 Euro pro Erwachsenem und 180 Euro für jedes Kind, und damit kaufen wir Essen, Kleidung und bezahlen die Verkehrsmittel. Jetzt sind wir nicht mehr auf Mustafa angewiesen.

Das hier ist unsere zweite Wohnung in Köln. Vom Auffanglager in Essen zogen wir am 15. Oktober zunächst in einen Wohnblock mit Flüchtlingswohnungen. Unsere lag eine Treppe hinauf im ersten Stock, was für mich nicht besonders praktisch war. Außerdem mussten wir sie mit einer algerischen Familie teilen – einer Witwe mit Tochter und Enkelkind. Wir hatten zwei Schlafzimmer und sie hatten zwei Schlafzimmer, aber das Bad und die Küche benutzten wir gemeinsam. Jeder bekam eine Matratze, dazu eine Decke, Kochtopf, Teller, Messer, Gabel und Löffel. Die Wohnung musste mit Kohle geheizt werden, was nicht besonders gut funktionierte. Es war sehr kalt und nicht gut für mein Asthma.

Das größte Problem war allerdings, dass der syrische Ehemann der Frau gerade gestorben war und nun viele ihrer algerischen Verwandten aus Frankreich zur Beerdigung anreisten. Sechs Erwachsene und vier Kinder übernachteten in der Wohnung und jeden Tag kam ein Strom von Besuchern, die alle bewirtet werden wollten. Es war furchtbar und wir kamen überhaupt nicht mehr in die Küche, sondern mussten Bland bitten, uns etwas zu essen zu bringen.

Nach einer Woche gingen wir zum Sozialdienst und klagten, wir könnten unmöglich dort bleiben. Schließlich fanden sie für uns diese andere Wohnung in einer breiten, von deutschen Familien bewohnten Straße. Unsere Nachbarn kennen wir nicht. Deutschland ist für uns ein kalter Ort. Die Leute besuchen sich nicht gegenseitig, so wie wir es zu Hause tun. Sie haben offenbar nicht so viel für Familienbande übrig. Aus Filmen wusste ich schon, dass Kinder von zu Hause ausziehen und ihre Eltern zurücklassen, aber es in Wirklichkeit zu erleben war noch einmal ganz anders.

Deutschland ist wirklich lustig. Die Leute sind wie Maschinen – sie stehen zu einer bestimmten Zeit auf, essen zu einer bestimmten Zeit und regen sich furchtbar auf, wenn ein Zug zwei Minuten Verspätung hat. Wir lachen oft über ihre Disziplin, aber wir genießen es, dass alles sehr korrekt abläuft, ganz anders als in Syrien, wo man eine gute Arbeitsstelle nur dann bekommen kann, wenn man jemanden weit oben in der Regierung kennt. Jeder bezahlt hier seine Steuern. Deshalb ist auch alles so sauber und alle scheinen hart zu arbeiten – daher ist Deutschland auch so produktiv.

Bland gefällt sogar das deutsche Wetter, besonders der Regen. Ich mag die Jahreszeiten, den Wechsel der Färbung der Blätter und die verschiedenen Wolken. Manchmal fehlt mir der Sternenhimmel, den wir von unserem Dach in Manbidsch so gut sehen konnten. Aber am meisten gefällt uns allen, dass wir in Sicherheit sind. Die Sprache ist das größte Problem. Nahda sagt, für sie mit vierunddreißig ist es sehr schwierig, eine neue Sprache zu lernen. Sie ist traurig, dass ihr Jura-Abschluss, den sie als erste Studentin unserer Familie so hart errungen hat, hier wertlos ist, aber sie freut sich, dass ihre Kinder hier ohne Angst zur Schule gehen können.

Mir fehlt das Fladenbrot und ich finde es immer noch seltsam, dass alle mit Messer und Gabel essen anstatt mit den Händen. Und mir fehlt die Vertrautheit, die ich in Syrien genossen habe – hier ist mir überhaupt nichts vertraut und ich mache mir ständig Sorgen, dass ich durch mein in meinem Heimatland völlig normales Verhalten hier vielleicht einen falschen Eindruck erwecken könnte.

Eine einzige dunkle Wolke schwebt drohend über unserem neuen Heim: Die Leute in der Wohnung über uns scheinen uns nicht zu mögen. Es ist ein deutsches Ehepaar mittleren Alters mit einem erwachsenen Sohn, und kaum waren wir eingezogen, da beschwerten sie sich wohl beim Sozialdienst: Warum müssen im Erdgeschoss jetzt Flüchtlinge wohnen? Einmal spielten Nahdas Mädchen draußen, da kam die Frau aus dem Haus geschossen und rief die Polizei. Wir hatten große Angst, dass man uns mitnehmen würde, und verhalten uns jetzt sehr still und sorgen dafür, dass die Kinder keinen Lärm machen, damit sie sich nicht wieder beschwert. Trotzdem schreit sie uns ständig an.

Wir waren entsetzt, dass jemand an uns Anstoß nehmen konnte – wir sind doch nur eine Gruppe junger Frauen mit kleinen Mädchen, und meine Schwestern halten alles immer blitzsauber. Wir tragen nicht irgendwelche Daesch-Hidschabs, sondern normale Jeans und Hemden. Ich glaube, die Frau hat nichts gegen uns persönlich, sondern hegt eine allgemeine Abneigung gegen Flüchtlinge. Ich hatte nie wirklich daran gedacht, was es bedeutet, ein Flüchtling zu sein – dass man dann keine Rechte hat, dass manche Menschen sich dann vor einem fürchten und einen als Außerirdischen betrachten oder als Menschen, die andere und sich gegenseitig umbringen. Sie begreifen nicht, dass wir Menschen sind wie sie – dass wir morgens genauso aufstehen, uns die Zähne putzen und zur Schule oder zur Arbeit gehen.

Wir hatten gerade das Auffanglager verlassen, als wir die erschreckende Nachricht hörten. Am Samstag, dem 17. Oktober, wurde die Lokalpolitikerin und Kandidatin in der Kölner Bürgermeisterwahl Henriette Reker während des Wahlkampfs schwer verletzt. Sie hatte auf einem Markt Rosen verteilt, als ein Mann mit einer Rose auf sie zukam, ein dreißig Zentimeter langes Jagdmesser zog und es ihr in den Hals stieß. Er verletzte dabei ihre Luftröhre und ließ sie blutend am Boden liegen.

Der Täter war der vierundvierzigjährige arbeitslose Handwerker Frank S., der über die Einwanderung wütend war. Frau Reker war während der vergangenen fünf Jahre in Köln als Beigeordnete für Soziales für Flüchtlingsfragen zuständig gewesen. Sie hatte an unserem Schicksal Anteil genommen und sich auch dann noch für Integration stark gemacht, als immer mehr von uns ankamen – zehntausend im vergangenen Jahr, und Tag für Tag kamen mit den Zügen zweihundert bis dreihundert weitere an. „Geschieht dir recht!“, soll er gerufen haben, als sie zu Boden stürzte. Dann stieß er auf vier ihrer Mitarbeiter ein und rief wohl: „Die Ausländer nehmen uns die Arbeit weg.“

Wir waren entsetzt, dass man diese Frau dafür angriff, dass sie sich für Flüchtlinge eingesetzt hatte – das Töten von Politikern schien viel eher in unser eigenes Land zu passen. In dieser Nacht beteten wir alle für sie. Frau Reker lag im Krankenhaus im Koma, während am nächsten Tag die Wahl stattfand. Sie wurde mit mehr als zweiundfünfzig Prozent der Stimmen gewählt. Gott sei Dank genas sie wieder und wurde Kölns erste weibliche Oberbürgermeisterin.

Bei Frank S. stellte sich heraus, dass er lange Zeit Verbindung zu Neonazis gehabt hatte und bereits drei Jahre wegen Körperverletzung im Gefängnis gesessen hatte. Er hatte sogar an einer Demonstration zu Ehren von Hitlers Stellvertreter Rudolf Hess teilgenommen, der 1987 im Gefängnis Selbstmord begangen hatte.

Zum Glück sind die meisten Deutschen nicht so. Sie sind im Gegenteil sehr gastfreundlich, fast als wollten sie sich damit für den Zweiten Weltkrieg entschuldigen. Wir machten einen Ausflug mit dem Bus in die nahe gelegene Stadt Brühl zu einem großen gelben Schloss mit einem prächtigen Ziergarten mit Springbrunnen und einem See. Beim Spaziergang um diesen herum lächelten die Leute, und selbst die Enten schienen uns willkommen zu heißen. An Weihnachten klopften zwei Leute bei uns an die Tür und brachten jede Menge Geschenke für die Kinder, mich eingeschlossen. Ich war froh, dass ich immer noch als Kind galt. Und an einem anderen Tag kamen Nasrine und ich gerade von einem Arzttermin zurück und trafen einen Nachbarn aus unserer Straße. Er reichte ihr eine Tasche – sie war voller Schokoladenpackungen.

Wir wohnten noch keine zwei Wochen in der neuen Wohnung, als Shiar vorbeikam und wir uns wie früher ein Fußballspiel auf seinem Laptop ansahen. Frankreich spielte in Paris gegen Deutschland und wir waren natürlich für unsere neue Heimat und gegen unsere alten Besatzer, aber leider verlor Deutschland null zu zwei. Nach dem Spiel plauderten wir noch, als wir bemerkten, dass sich die Zuschauer auf dem Spielfeld versammelten. Zuerst dachten wir, sie würden feiern, aber dann hörten wir auf den Kommentar. Es hatte sich ein Terrorangriff ereignet. Drei Selbstmordattentäter hatten sich vor dem Stadion in die Luft gesprengt, weswegen die Polizei die Zuschauer nicht hinauslassen konnte. Die Spieler mussten sogar im Stadion übernachten.

Dann hörten wir von Schießereien in Bars und Restaurants, in denen sich Leute am Abend trafen, und auch in einem Theater namens Bataclan, wo viele junge Menschen das Konzert einer amerikanischen Rockband besuchten. Insgesamt wurden in dieser Nacht hundertdreißig Menschen getötet.

Wenig später übernahm Daesch in einer Verlautbarung die Verantwortung für die Anschläge. „Frankreich und alle, die seinem Weg folgen, müssen wissen, dass sie die Hauptziele des Islamischen Staates bleiben und dass sie weiter den

Geruch des Todes riechen werden, weil sie den Kreuzzug anführen ... und weil sie sich damit brüsteten, den Islam in Frankreich zu bekämpfen und Muslime auf dem Boden des Kalifats anzugreifen mit ihren Flugzeugen." Am Schluss stand die Warnung: „Diese Attacke ist nichts weniger als der Anfang des Sturms."

Wir waren alle sehr bestürzt. Natürlich waren wir nie in Paris gewesen, aber jeder weiß von der Stadt des Lichts. „Diese Welt ist verrückt geworden", sagte Nasrine. „Wenn eine der schönsten Städte der Welt zu einem Ort des Todes wird, dann ist das sehr traurig. Was sind das für Menschen, die glauben, wenn Leute in Syrien sterben, dann muss das auch in Paris so sein?"

Die Angriffe wurden mit der Flüchtlingskrise in Verbindung gebracht, weil neben einem der Attentäter vor dem Fußballstadion ein syrischer Pass gefunden wurde. Er lautete auf den Namen Ahmad al-Mohammad, einen Fünfundzwanzigjährigen aus Idlib, und die griechischen Behörden meldeten, die Fingerabdrücke des Attentäters passten zu den Proben einer Person, die im Oktober mit diesem Pass von der Türkei über die griechische Insel Leros eingereist war. Genau wie wir fuhr der Mann später über Serbien weiter, wo die Behörden wieder Fingerabdrücke nahmen, die zu denen in Griechenland passten. Am nächsten Tag war er nach Aussage eines serbischen Sicherheitsbeamten nach Kroatien weitergereist.

Der französische Premierminister erklärte: „Diese Individuen haben die Flüchtlingskrise ... vielleicht auch das Chaos ausgenutzt, um nach Frankreich zu gelangen." Ein anderer Attentäter, Najim Laachroui, hatte beim Daesch in

Syrien gekämpft und war, getarnt unter anderen Flüchtlingen, Anfang September nach Budapest gereist, wo ihn ein anderer Attentäter abgeholt hatte.

Es war ein schrecklicher Gedanke, dass manche unserer Mitreisenden auf den Wegen durch die Sonnenblumenfelder, in Bussen und Zügen, Terroristen gewesen sein konnten. Bland fand es allerdings merkwürdig, einen Reisepass mitzunehmen, wenn man vorhatte, sich in die Luft zu sprengen, und auf unserer Reise waren wir genügend Schleusern begegnet, die gefälschte Pässe anboten.

Wir machten uns große Sorgen, dass die Leute uns Flüchtlinge nun alle für Terroristen halten und sich vor uns fürchten würden. Wir liefen doch selbst vor dem Terror davon und wollten uns genau vor dieser Art von Angriffen in unserem eigenen Land in Sicherheit bringen. Wir wollten doch niemandem schaden.

Nach den Angriffen gab es einige Demonstrationen gegen die Einwanderer. Deutschland führte auch für Syrer wieder die individuelle Prüfung der Asylgründe ein, anstatt allen Anträgen pauschal stattzugeben, wie es das ganze Jahr über gehandhabt worden war. Das waren keine guten Neuigkeiten für uns, da wir immer noch auf unsere Gespräche warteten. Manche Menschen steckten sogar Asylbewerberheime in Brand – allein im Jahr 2015 zählte man achthundert derartige Anschläge. Im Allgemeinen blieben die Deutschen aber offen und freundlich, wie sie es seit unserer Ankunft gewesen waren. Vielleicht ist es für mich aber auch einfacher, weil ich im Rollstuhl harmlos aussehe.

Wann immer ich von Vorfällen wie den Anschlägen von Paris hörte, war ich froh, dass wir keinen Fernseher besaßen. Auf der Welt geschehen viele schreckliche Dinge, von denen ich lieber nichts wissen will, nach dem bewährten Nujeen-Prinzip: Wenn du glücklich und gesund bleiben willst, dann erspar dir die Nachrichten.

19

ENDLICH SCHÜLERIN

Köln, 30. November 2015

An meinem ersten Schultag überhaupt war ich fast siebzehn Jahre alt, nur ein Monat fehlte noch. Ich war aufgeregt, aber auch glücklich, denn ich konnte jetzt endlich sagen, dass ich in meinem Leben etwas ganz Normales machte. Natürlich war es nicht wie in meinen Träumen. Dort hatte ich wie ein Mädchen aus einem amerikanischen Film ausgesehen. Mit Büchern unter dem Arm und wehenden Haaren war ich in die Schule geeilt und hatte unterwegs mit Freundinnen über Jungs und Filme geplaudert.

In meinen Träumen waren wir nach der Schule zum Beispiel noch in eine Eisdiele gegangen und ich hatte meine Freundinnen gefragt, ob sie die Geschichte vom Pharao und der Sphinx kannten. Wenn nicht, erzählte ich ihnen, wie der ägyptische Prinz Thutmosis einst in der Wüste in der Nähe der Pyramiden eine Gazelle gejagt und sich in der Mittagshitze im Schatten der Sphinx zu einem Nickerchen hingelegt hatte. Im Schlaf erschien ihm die Sphinx und sagte: „Wenn du den Sand beiseite räumst, unter dem ich begraben bin, wirst du König werden.“ Er tat wie geheißen und wurde anstelle seiner Brüder Pharao Thutmosis. Man kann diese Geschichte bis heute auf einer Platte aus Rosengranit zwischen den Vorderpranken der Sphinx nachlesen. Ich stellte mir vor, ich wäre die kluge Streberin der Gruppe, aber dann blicke ich an mir hinunter und sehe die Räder und bin wieder in der Wirklichkeit angekommen. Ja, ich sitze im Rollstuhl und gehe in eine besondere Schule, die mit der aus *High School Musical* nichts zu tun hat.

Jeden Morgen um sieben kommt ein Bus und holt mich ab. Er bringt mich in die LVR-Christophorusschule in Bonn, an der ich von acht Uhr morgens bis halb vier nachmittags Unterricht habe. Das „LVR" steht für den Landschaftsverband Rheinland, der sich um Jugendliche und Behinderte kümmert. Die Schule ist ein großes, cremefarbenes zweistöckiges Gebäude mit grünen Platten unter den Fenstern und einer Dachterrasse aus Beton. Wenn man sie betritt, stehen da statt Fahrrädern und Rollern scharenweise Rollstühle und Gehhilfen. Es gibt auch zwei Tischkicker und ich will lernen, an denen zu spielen.

In meine Klasse gehen außer mir noch zehn Fünfzehnjährige, ich bin also die Klassenälteste und komme mir vor wie eine alte Frau. Die anderen sind überwiegend Deutsche, aber ein Mädchen ist in Amerika geboren, ein Junge hat einen amerikanischen Vater und eine englische Mutter und einer ist Jordanier. Alle sind auf ihre Weise „besonders". Einige haben keine körperlichen Probleme, sondern sind Autisten, zwei sprechen nicht und benutzen zur Verständigung iPads wie Stephen Hawking, sind aber nicht so schlau wie er! Ein Mädchen kann nur sagen, was sie will, indem sie auf rote und gelbe Knöpfe drückt, worauf dann eine Sprachaufnahme abgespielt wird.

Mein erster Schultag war hart, weil ich natürlich kaum

Deutsch sprach. Zum Glück hatte ich in der ersten Stunde Englisch und konnte die anderen entsprechend beeindrucken. Aber dann backten wir eine Pastete und eine Art Keks, was mir sehr schwerfiel, weil ich so etwas nie gemacht habe. Ich bin mit meinen Händen nicht geschickt und habe eine ziemliche Schweinerei angerichtet.

Meine Klasse hat drei Lehrer, die uns in Deutsch, Mathe, Geschichte, Englisch und Naturwissenschaften unterrichten. Anfangs hatte ich große Schwierigkeiten. In Mathe brachte ich die Aufgaben nicht auf den Zeilen des Übungshefts unter und Multiplizieren zum Beispiel hatte ich nie gelernt. Lehrer und Mitschüler waren darüber erstaunt, aber ich lerne schnell und tue einfach das Einzige, was ich gut kann, nämlich zuhören, zuhören, zuhören. Wenn ich mich ärgere, weil mir nichts gelingt, beruhige ich mich damit, dass viele berühmte Menschen Flüchtlinge waren – Albert Einstein, Madeleine Albright, Gloria Estefan oder George Soros. Sogar Steve Jobs war der Sohn eines syrischen Flüchtlings.

Wir haben auch Sport wie Schwimmen, das ich nicht kann, und wir haben eine Mittagspause. Aber natürlich mag ich das Schulessen nicht, deshalb steht Nasrine um sechs auf und macht mir eine Thermosflasche Tee und ein belegtes Brot. Die Lehrer finden, ich hätte zu wenig Kontakt mit den anderen, aber ich will die Zeit zum Lernen nutzen und bin auch, wie ich ihnen sage, kein besonders geselliger Mensch. Ich habe mein ganzes Leben in einem kleinen Kreis mir vertrauter Menschen verbracht und bin unter Erwachsenen aufgewachsen. Es ist ja nicht so, dass ich die anderen Kinder nicht mag. Es gibt ein sehr nettes

Mädchen namens Lily und zwei andere Mädchen, die ich mag, Carmen und Amber. Aber sie haben verschiedene Interessen – sie unterhalten sich über Justin Bieber und Filme wie *Die Eiskönigin*, nicht über *Vom Winde verweht.*

Ich mag Biologie, weil ich dort alles über den Körper lernen kann, falls ich einmal krank werde und zum Arzt muss. Und natürlich Physik, weil ich ja Astronautin werden will, obwohl ich nach der ersten Stunde heulend nach Hause kam, weil der Unterricht so gar nichts mit meiner Vorstellung davon zu tun hatte, wie man eine berühmte Wissenschaftlerin wird. Viel schlimmer: Statt etwas über das Weltall oder die Schwerkraft zu lernen, bastelten wir Weihnachtsbäume auf Holzbrettern, aber ich konnte mit meinen schwachen Fingern das Brett nicht halten, um den Baum draufzuschrauben. Mein Baum sah vollkommen lächerlich aus, und als ich damit nach Hause kam, machten Nahdas Kinder ihn kaputt.

Zweck dieser Schule ist es, uns so selbstständig wie möglich zu machen. Wenn wir hier mit achtzehn fertig sind, machen wir eine sogenannte Berufsausbildung. In Syrien haben wir keine solche Einrichtungen und ich weiß, dass ich großes Glück habe – sogar in Deutschland finden einige, dass Förderschulen wie diese zu teuer sind und Behinderte zusammen mit den anderen Kinder zur Schule gehen sollten. Vielleicht mache ich das eines Tages auch. Ich weiß, dass ich mich in Syrien nicht mit meiner Behinderung auseinandergesetzt habe. Ich bin nicht ausgegangen und hatte keinen Kontakt mit fremden Menschen. Die Lehrer hier finden, ich müsste realistisch sein, akzeptieren, wie ich bin, und lernen, damit zurechtzukommen, also selbstständig zu essen und Rollstuhl zu fahren, statt immer davon zu reden, dass ich Astronautin werden oder laufen lernen will. Aber ich kann nicht vergessen, wie ich in einem Park in der Türkei einmal Nasrine in meinem Rollstuhl habe sitzen sehen und fand, dass das ziemlich furchtbar aussah.

Und nachdem mir schon einmal im Leben eine Seifenoper passiert ist, halte ich alles für möglich.

In der Schule gehe ich zu einer Physiotherapeutin, die sehr nett ist, aber entsetzt darüber war, dass ich so viele Jahre lang keine Übungen gemacht hatte. Ich erklärte ihr das mit dem Asthma, der Revolution und dem Krieg, mit dem alles aufgehört hatte. Ich muss bei ihr auf einer Matte Streckübungen machen, um beweglicher zu werden, und auf einer Art Fahrrad fahren, um Muskeln aufzubauen. Ich spüre schon jetzt eine Veränderung.

Kurz nach Schulbeginn musste ich zu Untersuchungen in ein Bonner Krankenhaus. Bei dieser Gelegenheit hörte ich zum ersten Mal den richtigen Namen für das, was bei mir nicht stimmt – nämlich Tetraspastik. Die schlechte Nachricht war, dass ich, wie der Arzt erklärte, meine Behinderung nicht loswerden kann, sondern lernen muss, damit zu leben. Er sagte, ich müsste noch einmal operiert werden, und verschrieb mir spezielle Tabletten, um meine überaktiven Beine zu beruhigen – die Tabletten verhindern irgendwie, dass das Gehirn den Nerven einen Impuls gibt, aufgrund dessen alles steif wird und meine Beine in die Luft fahren. Ich habe aber insofern Glück, als ich nur das erste Stadium habe. Wenn ich das zweite, dritte oder vierte hätte wie einige Kinder an meiner Schule, könnte ich nicht mal einen Stift halten.

Die Schule schickte mich auch zu einem Augenarzt und zu einem Zahnarzt. „Bei mir muss eine Menge gemacht werden“, sagte ich zu ihnen.

Nasrine besuchte mich eines Tages in der Schule und meinte, einige meiner Klassenkameraden seien zwar viel stärker behindert als ich, aber trotzdem viel selbstständiger. Sie könnten sich eigenständig fortbewegen und sich selbst etwas zu essen und zu trinken holen und bräuchten nicht für alles eine Schwester. Also versuche ich jetzt, selbstständiger zu werden. Ich ziehe mich zum ersten Mal in meinem Leben selbst an und kämme mir die Haare, obwohl Nasrine morgens immer noch früh aufstehen muss, um mich fertig zu machen. Ich träume weiter davon, dass Nasrine eines Tages heiratet und Kinder bekommt und ich studiere und sie mir bei Physik hilft.

Ich kann kaum glauben, dass jemand einen Menschen heiraten würde, der nicht aufstehen kann. Zwar bin ich der Ansicht, dass ich jemanden lieben könnte, und ich kann mir auch vorstellen, Mutter zu sein, aber dennoch schrecken mich solche Gedanken. In unserer Gesellschaft gibt es diese Art von Liebe nicht, die wir aus Filmen kennen. Eine Heirat wäre etwas, dass meine Mutter arrangieren müsste, aber immer, wenn ich das Thema Ayee gegenüber anspreche, sagt sie: „Stopp!“ Vielleicht werde ich ganz und gar zu einer Deutschen und eines Tages genau wie sie heiraten. Aber fürs Erste bin ich noch zu jung dafür und es gibt eine Menge anderer Dinge, über die ich mir Gedanken machen muss.

Ich habe das Gefühl, viel versäumt zu haben. Ich meine,

ich gehe ja erst jetzt zur Schule. Wenn ich dann noch studiere, bin ich bei meinem Abschluss dreißig. Aber die Hauptsache ist, dass ich jetzt endlich das normale Leben führe, von dem ich immer geträumt habe. Ich stehe morgens auf, gehe zur Schule und mache meine Hausaufgaben. Ich wünschte nur, Ayee und Yaba könnten kommen und sehen, wie ich das alles mache – wie ich in aller Frühe aufstehe und dann mit meinem blauen und pinkfarbenen Rucksack mit den roten Ordnern in die Schule gehe.

20

EIN SCHRECKLICHES NEUJAHR

Köln, 1. Januar 2016

Heute bin ich siebzehn geworden, mein erster Geburtstag in unserem neuen Land. Wir haben nicht gefeiert – ich habe meinen Geburtstag nicht mehr gefeiert, seit der Krieg begann und wir Aleppo verlassen haben. Aber es gab eine Überraschung. Von James, dem Schauspieler, der EJ gespielt hat, kam ein Päckchen mit einem Geschenk, einer silbernen Halskette mit einem Steinbock, dem Symboltier meines Sternzeichens. Nasrine konnte es nicht glauben.

Wie sich später herausstellte, war es kein guter Tag. Wir erfuhren erst im Nachhinein, dass in der Nacht zuvor, an Silvester, etwas Schreckliches passiert war. Die Deutschen feiern das neue Jahr mit Feuerwerk und Partys, genauso wie wir zu Hause Newroz feiern. In Köln versammeln die Feiernden sich gewöhnlich am Dom. Auf dem Platz vor dem Hauptbahnhof wurden in dieser Nacht über sechshundert Frauen überfallen und viele davon sexuell belästigt. Gruppen von betrunkenen Männern mit „großen, blutunterlaufenen Augen" randalierten, grapschten junge Frauen an und klauten ihnen Geld und Handys. Einigen Frauen wurden die Schlüpfer heruntergerissen oder es wurden ihnen Böller in die Kleider gesteckt.

Die Polizei wollte verhindern, dass die Vorfälle bekannt wurden, vielleicht um die Spannungen nicht noch zu verschärfen, deshalb dauerte es ein paar Tage, bis die Öffentlichkeit davon erfuhr. Doch dann kam es zu einer Massenhysterie, weil Ralf Jäger, der Innenminister des Bundeslandes, sagte, die Täter seien „ausschließlich" Menschen mit „Migrationshintergrund" gewesen. Die Menschen waren entsetzt und die politische Opposition meinte, das würde eben passieren, wenn man zu viele Flüchtlinge ins Land lässt. Eine Organisation namens Pegida, kurz für „Patriotische Europäer gegen die Islamisierung des Abendlandes", forderte „Ausländer raus" und „Deutschland den Deutschen".

Wir wussten nicht, was wir denken sollten. Dass die syrischen Männer, die wir kannten, so etwas tun würden, war für uns völlig undenkbar. Wie Nasrine sagt: „Das Problem ist, dass es gute Flüchtlinge gibt und schlechte, genauso wie es gebildete Menschen gibt, die andere Menschen nach dem beurteilen, was sie sind, und nicht nach dem Land, aus dem sie kommen, und ungebildete, die das nicht tun." Wir haben eine andere Kultur und vielleicht kommen einige muslimische Männer, wenn sie freizügig gekleidete deutsche Frauen sehen oder von Frauen hören, die schwanger werden, ohne verheiratet zu sein, auf falsche Gedanken, wie man sich hier benehmen sollte. Aber solche Übergriffe werden überall verurteilt.

Einige Flüchtlinge aus Syrien und Pakistan waren so entsetzt, dass sie einen Brief an Angela Merkel schrieben: „Wir treten dafür ein, die Würde und Ehre von Frauen zu schützen. Für uns ist es selbstverständlich, die Gesetze des Aufnahmelandes zu achten. Wir sind froh, endlich in Deutschland Schutz gefunden zu haben.“ Wenig später kam es in Köln zu Hetze gegen Ausländer und Übergriffen auf Migranten. Zwei Pakistaner, drei Guineer und zwei Syrer wurden zusammengeschlagen. Auf Demonstrationen wurden Plakate mitgeführt, auf denen in englischer Sprache stand: „Rapefugees Not Welcome – Stay Away!“ („Vergewaltiger-Flüchtlinge sind nicht willkommen – bleibt weg!“)

Wie sich herausstellte, war es an Silvester in Hamburg und anderen Städten zu ähnlichen Übergriffen gekommen. Die Stimmung veränderte sich. Im ganzen Land kam es verstärkt zu Brandanschlägen auf Flüchtlingsunterkünfte und der wichtige Zentralrat der Muslime in Deutschland bekam so viele Schmähanrufe, dass er die Telefone abstellen musste. Der Vorsitzende des Zentralrats Aiman Mazyek sagte: „Wir erleben eine neue Dimension des Hasses ... Der braune Mob tobt in den sozialen Medien, sieht seine Vorurteile bestätigt und endlich die Chance, seinem Hass auf Muslime, Ausländer, Andersaussehende und Andersdenkende freien Lauf zu lassen.“

Wir hatten noch mehr Angst als nach den Anschlägen von Paris, weil alles hier stattfand, wo wir lebten. Wir fürchteten, die Übergriffe und die durch sie ausgelöste Empörung könnten langfristige Folgen haben – dass die Opposition Frau Merkel für alles verantwortlich macht und sie daraufhin einlenkt und ihre Einstellung ändert. Weniger als die Hälfte der Deutschen unterstützten ihre Haltung und ich glaube, dass bei allem, was Politiker tun, das Eigeninteresse an erster Stelle steht. Das ist nun mal die Realität, auch wenn ich wünschte, ich würde in einer besseren Welt leben.

Wir begannen zu fürchten, man könnte uns aus Deutschland rauswerfen, und wussten nicht, wohin wir fliehen sollten. Die Menschen empören sich, dachten wir, die Lage wird immer schlimmer und wir müssen auf alles gefasst sein. Wir erwarteten Proteste und dass die Menschen sagen würden, man solle die Tore schließen.

„Wir müssen Botschafter für unser Land und die Flüchtlinge sein", sagte ich zu Nasrine.

Die Kölner Polizei verhaftete achtundfünfzig Menschen. Aber in einem Bericht des Kölner Oberstaatsanwalts Ulrich Bremer vom Februar hieß es, nur drei der Verhafteten seien Flüchtlinge gewesen – zwei Syrer und ein Iraker. Die anderen waren Einwanderer aus Nordafrika, die schon länger in Deutschland lebten, drei waren Deutsche.

Als Erinnerung an die schreckliche Silvesternacht stehen jetzt jede Nacht Fahrzeuge von Polizei und Ordnungsamt vor dem Dom. Frau Merkel widersetzte sich Gott sei Dank standhaft Forderungen nach Schließung der Grenzen für Migranten. Und der Flüchtlingsstrom riss nicht ab.

Insgesamt 91 700 Flüchtlinge reisten im Januar 2016 nach Deutschland ein – etwa dreitausend täglich, zwar weniger als ein Drittel der Zahlen des vorangegangenen Herbstes, als wir kamen und die Flüchtlingswelle ihren Höhepunkt erreichte, aber immer noch mehr, als das Land Regierungsvertretern zufolge bewältigen kann. 2015 wurden in Deutschland 1,1 Millionen Asylanträge gestellt, mehr als fünfmal so viele wie 2014. Von den Antragstellern waren die meisten Syrer.

Eine davon war meine dritte Schwester Nahra, die mir das Lesen beigebracht hat. Sie kam zusammen mit ihrem

Mann und ihrem sieben Monate alten Baby auf demselben Weg wie wir, über das Meer. Weil sie später fuhr, hätte die Überfahrt eigentlich schwieriger sein müssen, aber das Meer war so ruhig, dass sie es mit ihrem Handy filmte!

21

EIN ORT NAMENS ZUHAUSE

Köln, Juli 2016

Neulich habe ich eine Liste mit allen Königen und Königinnen von England seit 1066 geschrieben – ich kam auf neununddreißig.

Ich möchte gern einmal England besuchen und mir die Burgen und auch den Tower von London ansehen, denn ich habe von den jungen Prinzen gehört, die dort eingesperrt waren und verschwunden sind, vielleicht weil man sie ermordet hat. Das klingt nach etwas, das Assad tun würde. Ich würde mir auch gern das Empire State Building in New York ansehen und den Winterpalast in Sankt Petersburg, in dem die Romanows gelebt und ihre großen Bälle veranstaltet haben.

Nichts davon scheint inzwischen mehr unmöglich. Ich war gerade auf der ersten Klassenfahrt meines Lebens. Wir haben zweimal in einer Jugendherberge in einem Freizeitpark namens Panarbora übernachtet, ungefähr eine Stunde Fahrt von Köln entfernt. Dort gibt es überall nur Wald und Natur, so weit das Auge reicht. Natürlich hat es geregnet und alles war vollkommen durchnässt.

Tagsüber machten die Lehrer Ausflüge mit uns und sagten uns, wie die Pflanzen, Bäume und Vögel heißen. Außerdem rollten sie uns auf einen großen Aussichtsturm über den Baumwipfeln, allerdings sahen wir nur Nebel. Danach haben wir in der Jugendherberge eine Challenge gespielt – als ich an der Reihe war, sagte ich, ich würde in anderthalb Minuten zehn Hauptstädte aufsagen und zugleich eine heiße Schokolade trinken. Eine Klassenkameradin, die sehr langsam ist, wollte einen von uns malen und anschließend sollten wir raten, wer es war – wie sich herausstellte, hatte sie mich gewählt!

Dann spielten wir „Warme Dusche". Wir setzten uns im Halbkreis und gingen abwechselnd nach vorn. Die anderen mussten dann auf eine Karte schreiben, was ihnen an der betreffenden Person gefiel. In meinem Fall schrieben sie, ich würde gut Deutsch sprechen, sei ein Sprachgenie, hätte ein nettes Lächeln und sei witzig und liebevoll.

Ich wollte schon immer eine solche Klassenfahrt machen, an die ich mich später erinnern kann. Die erste kam spät, aber besser spät als nie. Ich teilte mit drei anderen Mädchen aus meiner Klasse ein Zimmer. Nur eine konnte gehen, aber ich merkte, dass das keine Rolle spielte. Es war das erste Mal, dass ich an einem Ort übernachtete, an dem sich niemand speziell um mich kümmerte, und es fühlte sich gut an. Am ersten Abend hätte ich allerdings fast geweint. Wir machten ein Lagerfeuer und bekamen spezielle deutsche Brote an Stöcken, die wir grillen sollten, aber ich wusste nicht, wie das ging, und verbrannte meins ständig. Ich hasse es, wenn ich mir wie eine dumme Ausländerin vorkomme, und als die anderen dann anfingen, deutsche Lieder zu singen, kannte ich keins davon.

Als der Bus mich wieder in Wesseling absetzte, fragten

meine Leute mich, ob ich sie vermisst hätte. Da wurde mir erst bewusst, dass ich dazu vor lauter neuen Eindrücken gar keine Zeit gehabt hatte. Am traurigsten war es am Schluss der Reise, als die Lehrer sagten, wir würden nach Hause fahren. Ich dachte: Was heißt „nach Hause"? Ich kann nicht in mein Land zurückkehren.

Natürlich denke ich immer an Syrien. Wir haben jetzt einen Fernseher und ein iPad, das Fans von *Zeit der Sehnsucht* uns geschenkt haben, und informieren uns täglich in den Nachrichten oder über Facebook über die Lage zu Hause. Einmal hat jemand einen Film von unserer Straße in Aleppo gepostet. Alles war zerstört wie in Dresden, bis auf unser Haus, das noch stand wie damals, als meine Eltern zurückkehrten. Manchmal, wenn ich sehe, wie immer noch mehr Bomben fallen und noch mehr unschuldige Menschen fliehen, ist mir, als finde der Krieg in einem fernen Land statt und als habe er nichts mit mir zu tun.

Auch wenn man es nicht für möglich gehalten hätte, in Syrien war alles noch komplizierter geworden. Kurz nach unserer Ankunft in Deutschland verstärkten die Russen, die Assad schon die ganze Zeit unterstützt hatten, ihren Einsatz in unserem Krieg. Sie schickten Flugzeuge und flogen Luftangriffe, manchmal bis zu sechzig am Tag. Sie sagten zwar, sie würden den Daesch angreifen, aber vor allem schienen ihre Angriffe den Rebellen zu gelten und auch Krankenhäusern. Sie eroberten Homs für Assad zurück, das jetzt wie eine Geisterstadt aussieht, und vertrieben den Daesch aus der antiken Stadt Palmyra. Anschließend schickten sie ein Symphonieorchester, das inmitten der Ruinen eine Art Siegeskonzert spielte. Jetzt wird die Stadt von den Russen kontrolliert.

Assad hat einen Großangriff auf Aleppo gestartet. Er will es unbedingt erobern, auch wenn er es dabei komplett zerstört, und hat alle Zufahrtsstraßen dichtgemacht. Aber das ist längst nicht alles: Auf die Stadt Daraja in der Nähe von Damaskus hat er, einen Tag nachdem die Vereinten Nationen und das Rote Kreuz die ersten Lebensmittelpakete seit drei Jahren an Hungernde verteilten, so viele Fassbomben abgeworfen, dass ein UN-Beamter kürzlich von der „syrischen Hauptstadt der Fassbomben“ sprach.

„Es stimmt etwas Grundsätzliches nicht in einer Welt, in der Angriffe auf Krankenhäuser und Schulen so alltäglich geworden sind, dass sie keine Reaktion mehr hervorrufen“, sagte Stephen O'Brien, Untergeneralsekretär für humanitäre Angelegenheiten der Vereinten Nationen, vor dem Weltsicherheitsrat. Und weiter: „Von einem wirklichen Erfolg kann man erst sprechen, wenn es die mittelalterlichen Belagerungen nicht mehr gibt, wenn Jungen, die ihren Müttern Medikamente bringen, nicht mehr in das Feuer von Heckenschützen laufen, wenn Ärzte ohne Furcht vor Angriffen lebensrettende Behandlungen durchführen können und wenn jesidische Mädchen sich nicht mehr die Gesichter zerkratzen aus Angst davor, als Sexsklavinnen verkauft zu werden. Das ist die abstoßende Wirklichkeit des heutigen Syrien.“

Aber westliche Politiker halten sich in Bezug auf Assad inzwischen an die Maxime „Lieber das Übel, das man kennt“, und nachdem so viel von seiner Grausamkeit die Rede war und davon, dass er eine rote Linie überschritten hätte, scheint man sich jetzt auf einmal mit ihm abzufinden. Nur der Daesch scheint dem Westen Sorge zu machen, weil er so viele junge Menschen aus dem Westen anzieht, die bei ihrer Rückkehr dann in Städten wie Paris oder Brüssel Attentate verüben. Der Westen bombardiert ihn im Irak und in Syrien und es heißt, der Daesch hätte einen großen Teil seines Territoriums und viele Anführer verloren und viele seiner Anhänger würden sich bereits auf das Ende des Kalifats vorbereiten.

Manbidsch wurde, wie wir gehört haben, durch unsere kurdischen YPG in Zusammenarbeit mit einigen arabischen Scheichs vor Ort nach zwei Jahren großenteils vom Daesch zurückerobert. Etwa fünfundvierzigtausend Menschen sind geflohen, aber Tausende sind noch in ihren Stadtteilen eingeschlossen und haben keine Nahrungsmittel. Manbidsch ist von zentraler Bedeutung für den Nachschub des Daesch und deswegen besonders wichtig für ihn. Unsere kurdischen YPG werden übrigens von den USA unterstützt. Bedauerlicherweise sind deren Luftangriffen aber auch schon Dutzende von Zivilisten und Kindern zum Opfer gefallen. Große Gebietsrückeroberungen in Nordsyrien gehen auf das Konto der Zusammenarbeit zwischen YPG und US-Luftwaffe, was uns hoffen lässt, dass wir unser Kurdistan bekommen werden. Sorgen macht den Menschen dagegen, dass Präsident Erdoğan mit türkischen Flugzeugen Ziele jenseits der Grenze bombardieren lässt. „Manbidsch gehört nicht den Kurden, dort wohnen Araber“, hat er gesagt. „Notfalls nehmen wir die Sache selbst in die Hand.“

Wir skypen täglich mit meinen Eltern in Gaziantep. Yaba

ist traurig. „Ich glaube, mein Land ist verloren", sagt er. „Überall wird gekämpft. Ich habe meine Felder zurückgelassen und meine Kinder beten nicht." Er jammert immer, dass wir nicht beten, was aber nicht stimmt. Ich bin religiöser, als ich aussehe, und in einem sehr strenggläubigen Land aufgewachsen. Meine Schwestern fasten an Ramadan alle. Aber eins sage ich meinem Vater nicht. Ich gehe mit meiner Klasse manchmal in die Kirche. Die Musik gefällt mir, sie ist wahnsinnig schön. Aber die Lieder singe ich nicht mit, damit ich nicht versehentlich einen Vers aus der Bibel singe. Im Islam hat alles Folgen. Und im Ramadan in die Kirche zu gehen – was für eine Ironie!

Ich lebe mich allmählich in der Schule ein, spreche Deutsch und habe sogar Freundinnen. Manchmal träume ich von ihnen statt von den Bomben, obwohl die Lehrer immer noch meinen, ich hätte zu wenige Kontakte. Die Schule hat einen neuen Rollstuhl für mich organisiert, der blau ist, meine Lieblingsfarbe, und nicht so breit wie der letzte, in dem ich richtig versunken bin. Vor allem ist er viel leichter und ich kann selbst damit fahren, sogar den Bordstein hinauf und hinunter, und ich habe angefangen, Rollstuhlbasketball zu spielen.

Nasrine lernt jetzt täglich Deutsch, vielleicht verliere ich also bald meinen Job als Familienübersetzerin. Aber inzwischen macht mir das nicht mehr so viel aus, weil ich denke, dass ich vielleicht auf andere Weise nützlich sein kann.

Jetzt, wo wir einen Fernseher zu Hause haben, sehen wir wieder wie in alten Zeiten alle zusammen Fußball und ich bestelle mir sogar meine Lieblingspizza nach Hause. Wenn

Barcelona spielt und verliert, besonders gegen Real Madrid, schreie ich Nasrine an: „Geh raus, ich spreche nicht mehr mit dir!" Sie findet das nicht gut, aber ich bin froh, dass ich trotz allem noch ein normaler Teenager bin, der schreien kann, wenn Barcelona verliert, und dass ich meinen Lebensmut nicht verloren habe. Bei der Europameisterschaft haben wir unser neues Land Deutschland unterstützt und waren entsprechend traurig, als die Deutschen im Halbfinale verloren.

Bei einem Besuch des Kölner Zoos habe ich viele Tiere gesehen, die ich aus Dokumentarfilmen kannte, zum Beispiel rosa Flamingos, Giraffen, die keine Stimmbänder haben, und Piranhas, die in neunzig Sekunden einen Menschen auffressen können. Ein Vogel mit einer Art Rock aus bunten Federn betrachtete mich in meinem Rollstuhl, als seien wir beide merkwürdige Geschöpfe. Sogar Kurden begegneten wir im Zoo – wir Kurden erkennen uns immer!

Jetzt, wo wir uns hier eingelebt haben, habe ich eine lange Liste von Menschen, über die ich mehr erfahren will, zum Beispiel Margaret Thatcher, Steve Jobs, Bill Gates und auch Einstein – war er verrückt oder ein Genie? Ich würde auch gerne noch einmal in die österreichischen Alpen reisen und das Schloss besuchen, in dem Porträts der „Schönen" und des „Biests" aus dem wirklichen Leben hängen – der beiden Menschen, deren Geschichte ich als Kind besonders geliebt hatte. In Aleppo habe ich einmal einen Dokumentarfilm mit dem Titel *Die wahre Geschichte von „Die Schöne und das Biest"* über einen Mann namens Petrus Gonsalvus gesehen, der im 16. Jahrhundert in Teneriffa geboren wurde und wie ein Wolf von Kopf bis Fuß mit Haaren bedeckt war. Er litt an einer seltenen Krankheit namens Hypertrichose, die heute weltweit rund fünfzig Menschen haben. Als Junge kam er an den Hof des französischen Königs Heinrich II. und die Königin, Katharina von Medici, verheiratete ihn mit einer schönen Frau, die nicht wusste, wie er aussah. Trotzdem blieb sie bei ihm und gebar ihm sieben Kinder, sie muss ihn also aufgrund seiner inneren Schönheit geliebt haben. Die beiden wurden an den europäischen Höfen wie Kuriositäten herumgezeigt und gemalt. Aber diejenigen ihrer Kinder, die die Krankheit geerbt hatten, wurden ihnen weggenommen und an Adlige in ganz Europa verschenkt wie Schoßtiere.

Da ich schon von Kuriositäten spreche: Im Juni 2016 wurde ich zusammen mit einer Gruppe von Flüchtlingen nach Berlin eingeladen, um dort eine Frau namens Samantha Power kennenzulernen, die Botschafterin der Vereinigten Staaten bei den Vereinten Nationen ist. Ich fuhr zusammen mit Nasrine mit dem Zug und wir fanden es lustig, dass Zugfahren für uns jetzt schon etwas ganz Normales war. Ich freute mich schon auf die berühmte Stadt, die bis zum Jahr von Nasrines Geburt von einer Mauer geteilt gewesen war und in der Hitler und Eva Braun sich im Bunker umgebracht hatten.

Wir waren ein rundes Dutzend Flüchtlinge, die alle ihre Geschichte erzählten. Es war herzzerreißend und ich wünschte mir, ich hätte es nicht anhören müssen. Die Flüchtlinge zeigten aber auch, wie sie versuchten, einen positiven Beitrag zum Leben in ihrem neuen Land zu leisten.

Einer war ein Arzt namens Hamber, ein politischer Gefangener aus Damaskus, der versuchte, in Deutschland als Arzt zugelassen zu werden. In der Zwischenzeit arbeitete er als freiwilliger Übersetzer für Flüchtlinge, die in Berlin eine ärztliche Untersuchung hatten.

Außerdem gab es einen jungen Mann namens Bourak, der aus Aleppo kam wie wir. Er hatte wie Nasrine an der Universität studiert, in seinem Fall Informatik, und natürlich auch das Studium abbrechen müssen. Jetzt lernte er Deutsch und wollte unbedingt weiterstudieren. Er hatte eine App mit dem Namen BureauCrazy entwickelt, die Asylbewerbern bei ihrem Antrag half und die Formulare in mehrere Sprachen übersetzte.

Botschafter haben nicht viel Zeit, deshalb mussten wir uns kurz fassen. Als ich an der Reihe war, sagte ich zu Samantha Power: „Wir sind nur Menschen, die täglich alles dafür geben, sich am Morgen die Zähne putzen und zur Schule gehen zu können." Außerdem fragte ich: „Alle wollen mit mir sprechen, weil ich immer lächle – ist ein lächelnder Flüchtling wirklich so selten? Bin ich eine Art Alien?"

Bland, Nasrine und Nahda haben alle Asyl erhalten. Sie mussten vor einem Düsseldorfer Gericht Fragen beantworten, dann bekamen sie ihre Aufenthaltserlaubnis. Ich warte noch, vielleicht weil ich minderjährig bin. Statt einer Gerichtsverhandlung hatte ich ein Gespräch mit meinem deutschen Vormund, einer Frau. Sie fragte mich nach meiner Reise und dem Grund meiner Flucht aus Syrien und ob ich schreckliche Dinge erlebt und irgendwelche Beweise für die Schwierigkeiten in meinem Heimatland hätte. Nasrine und ich mussten hinterher lachen – sah sie denn keine Nachrichten?

Nahda hat eine Familienzusammenführung beantragt und hofft, dass ihr Mann Mustafa nachkommen kann. Es ist jetzt fast ein Jahr her, seit die beiden sich am Strand in der Türkei voneinander verabschiedet haben. Nahra ist mit ihrem Mann in die Nähe von Hamburg gekommen und wartet dort auf Asyl. Wir hoffen, dass wir sie bald sehen. Nur Jamila ist noch in Syrien, in Kobane, weil ihr Mann bleiben wollte. Sie haben jetzt zwar Strom und der Daesch ist abgezogen, aber das Leben ist hart und die Schulen für die Kinder haben alle geschlossen.

Ich weiß, dass wir Glück gehabt haben. Meine Cousine Evelin, die in derselben Gruppe wie Nahda durch Europa gereist ist, ist immer noch in einem Lager, das auf einem Basketballplatz eingerichtet wurde. Sie sagt, ihr würden ständig Sachen geklaut – das Handy und sogar die Kleider, wenn sie sie zum Trocknen aufhängt –, und sie bekommt jeden Morgen dasgleiche Frühstück, nämlich drei Scheiben Brot, Butter und Marmelade. Um Taschengeld zu erhalten, muss sie stundenlang anstehen. Von Freunden in Berlin hören wir, dass sie sich aufgrund der feindseligen Stimmung nicht mehr aus dem Haus trauen. Einige wollen sogar in die Türkei oder nach Syrien zurück, aber das ist jetzt unmöglich. Mein Bruder Mustafa und seine Frau Dozgeen haben vor einem Jahr in der Türkei über UNHCR, das Flüchtlingshilfswerk der Vereinten Nationen, den Antrag gestellt, nach Amerika zu gehen, sie warten aber immer noch auf einen Termin für das Gespräch.

Niemand kommt mehr auf dem Weg, den wir genommen haben. Deutschland hat seine Einstellung zur Aufnahme von Flüchtlingen nach den Übergriffen von Köln geändert und im März schloss die Europäische Union ein Abkommen mit der Türkei. Für sechs Milliarden Euro sollte die Türkei Grenzen und Küste schließen und den Flüchtlingsstrom stoppen. Mustafa sagt, man sehe in Dscharablus jetzt viel Stacheldraht und türkische Soldaten in Panzern. Als die Grenzen dichtgemacht wurden, saßen viele Flüchtlinge in Griechenland fest, auch in den Lagern auf Lesbos. Mehr als fünfzigtausend befinden sich noch dort, auch einige unserer Cousins und Cousinen, die von Idomeni aus nach Mazedonien einreisen wollten.

Wer Syrien jetzt verlassen will, muss in den Libanon gehen, der an der Grenze seiner Aufnahmefähigkeit angelangt ist, da ein Fünftel der Bevölkerung bereits aus Syrern besteht, oder nach Jordanien, das zusätzlich zu seiner Bevölkerung von 6,5 Millionen Menschen 1,3 Millionen syrische Flüchtlinge aufgenommen und die Grenze vor Kurzem geschlossen hat. Tausende weitere Flüchtlinge waren damit in der Wüste gestrandet. Unsere eigene Flucht kommt mir schon lange her vor. Obwohl der Anlass dazu traurig war, ist sie in meiner Erinnerung das größte Abenteuer meines Lebens, eine Geschichte, von der ich meinen Enkeln erzählen werde.

Vor Kurzem bekamen wir Besuch von Fans von *Zeit der Sehnsucht*, die von mir gehört hatten. Sie schenkten uns Sachen wie blaue Kopfhörer und das iPad und begleiteten Nasrine und mich auf eine Bootsfahrt auf dem Rhein. Nasrine musste zu meiner Überraschung weinen. Sie sagte, sie müsse an die Bootsfahrt nach Griechenland denken.

„Für dich war das okay, aber du warst ja nicht verantwortlich", sagte sie.

Das kleinste Elementarteilchen des Universums ist das Quark, und genauso fühle ich mich inmitten der Massen von Migranten. Seit Kriegsbeginn 2011 haben rund fünf Millionen meiner Landsleute Syrien verlassen. 1,1 Millionen davon sind nach Europa gekommen und davon vierhundertdreißigtausend wie wir nach Deutschland. Ein Viertel der Flüchtlinge sind Minderjährige unter achtzehn wie ich.

Viele Alternativen haben wir nicht. Von denen, die in Syrien geblieben sind, wurden über zweihundertfünfzigtausend getötet. Einige werden schon so lange belagert, dass sie seit zwei Jahren den Mond nicht mehr gesehen haben. In Deutschland nennt man uns „Flüchtlinge". Für Nasrine klingt das wie ein Vogel, aber ich hasse das Wort, genauso wie die Wörter „Migrant" und „refugee". Sie klingen so hart.

Vor Kurzem fand der Prozess gegen Frank S. statt, den Mann, der die Kölner Oberbürgermeisterin Frau Reker töten wollte. Frank S. meinte, dass Deutschland auf dem Weg in die „Selbstzerstörung" sei, weil es so viele Flüchtlinge aufnehme. Er habe die Tat als letzte Gelegenheit betrachtete, etwas zu ändern, sagte er vor Gericht. Einem Polizisten sagte er nach seiner Festnahme sogar, er habe auch Frau Merkel töten wollen. Wegen versuchten Mordes wurde er zu vierzehn Jahren Haft verurteilt. „Er wollte ein Signal gegen die Flüchtlingspolitik der Bundesregierung setzen", sagte die Vorsitzende Richterin Barbara Havliza in ihrer Urteilsbegründung. „Er wollte ein Klima der Angst schaffen und die Politik beeinflussen."

Dann, in der dritten Juliwoche, als in Deutschland schon Ferienstimmung herrschte, erlebte das Land plötzlich sieben Tage des Terrors. Es begann an einem Mittwoch mit einem siebzehnjährigen afghanischen vielleicht auch pakistanischen Flüchtling, der bei Würzburg in einem Zug vier Menschen verletzte und anschließend noch eine Spaziergängerin, bevor die Polizei ihn erschoss.

Vier Tage später lockte ein gestörter deutsch-iranischer Achtzehnjähriger ein paar Jugendliche mit dem Versprechen, ihnen einen auszugeben, zu einem McDonald's und eröffnete das Feuer auf die jungen Leute. Wieder zwei Tage später kam es zu weiteren Anschlägen in Bayern. Ein einundzwanzigjähriger Syrer tötete eine Polin mit einer Machete und ein anderer sprengte sich vor dem Eingang zu einem Musikfestival mit einer Bombe, die er im Rucksack trug, in die Luft, und verletzte fünfzehn Menschen.

Drei der vier Attentäter waren Flüchtlinge, zwei davon Syrer. Dementsprechend werden Flüchtlinge wieder misstrauisch beäugt. Ein niederländischer Politiker forderte sogar ein Einreiseverbot von Muslimen in die EU. „Wir haben ein Monster hereingelassen, und das Monster heißt Islam", erklärte er.

Solche Worte lassen uns erschauern, wo sich doch diese Attentäter gerade nicht dem Geist des Islam entsprechend verhalten haben. Aber natürlich lassen solche Taten die Menschen misstrauisch werden. In gewisser Weise bin ich daher sogar froh, dass jetzt der Weg versperrt ist und kaum noch neue Flüchtlinge ankommen.

Wir fragen uns sorgenvoll, wie viel Durchhaltevermögen Frau Merkel hat. Sie hat sich denen, die uns loswerden wollten, stets entgegengestellt, aber diese Angriffe richteten sich gegen ihre eigene Staatsangehörigen, und anders als in unserem Teil der Welt hören Politiker in Ländern wie Deutschland auf ihre Bevölkerung. Niemand wird sich um uns scheren, wenn wir deren Land kaputt machen.

Arme Europäer – sie erleben jetzt, was wir erlebt haben. Sich unsicher zu fühlen ist nichts Gutes. Wir schrecken immer noch zusammen, wenn irgendwo ein Knall oder eine kreischende Stimme zu hören ist. Ich will nicht, dass es in meinem neuen Zuhause genauso werden wird.

Die Frau, die über uns wohnt, redet immer noch nicht mit uns. Aber wie wir inzwischen wissen, nicht nur deshalb, weil wir Flüchtlinge sind. Wie ich gehört habe, scheint der frühere Hausbesitzer seinen beiden Töchtern bei seinem Tod jeweils die Hälfte des Hauses vererbt zu haben. Die eine Tochter wohnt über uns und will wohl die untere Hälfte kaufen, damit sie das ganze Haus hat, aber der Mann ihrer Schwester will das nicht und vermietet die Wohnung deshalb an uns.

Ich sehe die Sache so. Also, ich weiß, dass wir teuer sind. Die Versorgung der Migranten hat die deutschen Steuerzahler im Jahr 2015 laut dem ifo-Institut München über dreiundzwanzig Milliarden Dollar gekostet. Aber wenn man uns die Chance gibt, können wir dazu einen Beitrag leisten. Wenn man Flüchtlinge nicht aus humanitären Gründen aufnehmen will, warum nicht wegen des wirtschaftlichen Nutzens? Wer es trotz der vielen Leute, die einen ausrauben und betrügen oder aufhalten wollen, geschafft hat, hierherzukommen, muss über einiges Durchhaltevermögen verfügen und weiß sich zu helfen. Die meisten von uns Flüchtlingen haben eine berufliche Qualifikation oder Ausbildung. Ich weiß, ich bin nicht zur Schule gegangen, aber ich spreche immerhin fließend Seifenopern-Englisch.

Deutschland hat zum Beispiel die niedrigste Geburtenrate der Welt und seine Bevölkerung schrumpft seit Jahren. Im Jahr 2060 wird es statt einundachtzig nur noch siebenundsechzig Millionen Einwohner haben. Um die Wirtschaft in Gang zu halten und Europas größte Wirtschaftsmacht zu bleiben, braucht es die Arbeitskraft von uns Ausländern. Deutschland hat bereits zweihundertvierzigtausend Syrern Asyl gewährt, darunter meinen Geschwistern, wenn auch noch nicht mir. In der Europäischen Union leben fünfhundert Millionen Menschen, also wie bereits gesagt, selbst wenn alle 1,1 Millionen Syrer aufgenommen würden, wären das nur etwas über 0,2 Prozent – viel weniger, als nach dem Zweiten Weltkrieg aufgenommen wurden, den man immer als Bezugsgröße nimmt. Einige Länder haben nur ganz wenige Flüchtlinge hereingelassen. Großbritannien hat nur 5465 genommen, ein Viertel der Flüchtlinge, die im vergangenen Jahr allein nach Köln gekommen sind. Vermutlich wächst die britische Bevölkerung im Unterschied zur deutschen. Premierminister David Cameron hat angekündigt, bis 2020 weitere zwanzigtausend syrische Flüchtlinge aufzunehmen, aber er musste zurücktreten, nachdem er ein Referendum verloren hatte. Die Bevölkerung hat sich entschieden, die EU zu verlassen, unter anderem deshalb, weil sie keine weiteren Migranten im Land wollte.

Wer uns kennenlernt, wird feststellen, dass wir gar nicht so anders sind. Wie gesagt, wir haben nur deshalb kein Familienfoto, weil wir nicht entfernt damit gerechnet haben, dass wir nicht mehr nach Aleppo zurückkehren würden.

Ich wollte immer ins Weltall fliegen und einem Alien begegnen, aber hier fühle ich manchmal wie einer.

Ich vermisse mein Zimmer im fünften Stock in Aleppo, in dem ich immer ferngesehen habe. Jetzt habe ich ein wirkliches Leben. Manchmal verdränge ich es, indem ich Kopfhörer aufsetze, den Fernseher einschalte und mich in die alte Zeit zurückversetze. Mir ist, als würde die alte Nujeen nach und nach gelöscht und eine neue geschaffen. Ich vermisse mein Land, sogar das Haus mit den Katzen und Hunden, und ich vermisse, wie die Türen zu unseren Wohnungen immer offen standen. Ich vermisse den Klang des *azaan* – des Gebetsrufs, der auf unserem Balkon so gut zu hören war. Ich habe gehört, dass einige Flüchtlinge auf ihrem Handy sogar eine App damit eingerichtet haben. Und ich fühle mich schuldig, weil ich meine Heimat verlassen habe.

Vor allem aber vermisse ich Ayee und Yaba und meine Schwester Jamila. Ich habe Angst, dass ich meine Eltern nicht mehr wiedersehen werde, weil sie schon alt sind, und ich mache mir Sorgen, dass ich einmal ganz allein sein werde.

Ich vermisse Syrien nicht, wenn ich daran denke, wie schwierig mein Leben dort war. Wenn ich daran denke, was für eine Angst ich hatte und in welcher Gefahr wir schwebten, danke ich Gott dafür, dass wir hier sind. Nur Gott weiß, wann alles vorbei sein wird. Das Syrien, das wir kannten, wird es jedenfalls nicht mehr geben. Ich warte auf den Tag, an dem der Tod wieder etwas Nichtnormales für mich sein wird.

Vielleicht bekommen wir eines Tages ja unser Kurdistan, unser Rojava. Gerade habe ich auf Youtube ein Video gesehen, das den Titel trug: „Zehn Länder, die es in der Zukunft vielleicht geben wird" – und welches stand an erster Stelle? Kurdistan!

Ich frage mich auch, ob wir einander, wenn wir je zurückkehren, überhaupt noch kennen würden. Denn ich habe mich verändert und mein Land sich auch.

Nach Deutschland zu kommen war mein Traum. Astronautin werde ich vielleicht nie werden. Vielleicht lerne ich auch nicht zu laufen. Aber es gibt viele gute Sachen in dieser Gesellschaft. Die würde ich gern mit Gutem aus meiner Herkunftsgesellschaft zusammenbringen und einen Nujeen-Cocktail daraus mischen.

Ich trage in der Schule stolz mein neues gelbes T-Shirt mit der Aufschrift „Girls Love Unicorns" und die silberne Kette des Seifenopernstars und ich kann träumen. Und wer meine Geschichte gelesen hat, weiß jetzt hoffentlich, dass ich nicht nur eine Zahl bin – das ist keiner von uns.

DANKSAGUNG

Ich danke meiner Familie, dass sie dieses unerwartete Nachzüglerkind so liebevoll und geduldig aufgezogen hat.

Ich danke Gott für alles, was er mir gegeben hat, und bete, dass die Geschichte meines Lebens ein Happy End haben wird.

Die Ereignisse des letzten Jahres hätte ich mir in unserer Wohnung im fünften Stock in Aleppo nie erträumen können: Das Mädchen, das nie sein Zimmer verlassen und die Außenwelt nur durch den Fernseher erlebt hat, durchquert einen ganzen Kontinent mithilfe aller Transportmittel – bis auf eine Straßenbahn, ein U-Boot und, natürlich, ein Raumschiff!

Ich bin nur einer von Millionen Flüchtlingen, von denen viele noch Kinder sind. Und meine Flucht war einfacher als die der meisten anderen. Dennoch wäre es ohne die netten Menschen, die mir auf der Reise geholfen haben, nie möglich gewesen: von den alten Damen und Fischern am Strand von Lesbos bis hin zu den Freiwilligen und Katastrophenhelfern, die uns Wasser gegeben und mich geschoben haben.

Meine Dankbarkeit gegenüber Frau Merkel und Deutschland dafür, dass sie mir ein Zuhause gegeben und meine erste Schulbildung ermöglicht haben, kann ich kaum in Worte fassen. Meine Lehrer Ingo Schrot, Andrea Becker und Stefanie Vree sowie meine Physiotherapeutin Bogena Schmilewski haben mich hier ungeheuer unterstützt. Danke an meine deutsche Vormundin Ulrike Mehren, dass sie sich so um mich kümmert.

Ein großer Dank auch an die Autoren von *Zeit der Sehnsucht*, die keine Idee hatten, dass sie einem kleinen Mädchen in Aleppo Unterricht gaben. Besonders dankbar bin ich Melissa Salmons, die sich die Geschichte um EJ und Sami ausgedacht hat – und den wunderbaren, warmherzigen Fans, vor allem Giselle Rheindorf Hale.

Ich bin Christina wahnsinnig dankbar, dass sie meine Geschichte so gut in Worte gefasst hat, und ihrer Familie Paulo und Lourenco für ihre Unterstützung (obwohl sie Cristiano Ronaldo mögen … bei dieser Gelegenheit übrigens herzliche Glückwünsche an Portugal, dass sie die EM gewonnen habe! Schade, dass es nicht Spanien war!)

Danke, Fergal Keane, dass du uns zusammengebracht hast! Danke auch an unseren Agenten David Godwin, die fabelhafte Redakteurin Arabella Pike und ihr Team, bestehend aus Joe Zigmond und Essie Cousins, den großartige Lektor Peter James, den Designer Julian Humphries und an Matt Clancher und Laura Brooke, die so viel für das Buch getan haben.

Mehr als allen anderen zusammen danke ich meiner Schwester Nasrine, dass sie mich durch ganz Europa geschoben und dabei meine Belehrungen ausgehalten hat, auch wenn sie nicht immer zugehört hat.

Christina Lamb möchte sich bei all den Menschen bedanken, die ihr dabei geholfen haben, über die Flüchtlingskrise zu berichten – besonders bei Babar Baloch (UNHCR), Alison Criado-Perez (MSF) und bei Familie Catrambone.

APPENDIX

MEINE REISE

Insgesamt zurückgelegt: ca. 5327 km
Kosten: ca. 3003 Euro

Syrien

27. Juli 2012:	Aleppo nach Manbidsch, 90 km im Minibus
August 2014:	Manbidsch nach Dscharablus, 39 km in Onkel Ahmeds Auto, 46 Euro, um die Grenze zu überqueren
Am selben Tag:	Dscharablus nach Gaziantep (Türkei), 170 km in Onkel Ahmeds Auto

EIN JAHR SPÄTER
2015

Türkei

22. August:	Gaziantep nach Izmir, 1112 km im

	Flugzeug, 300 Euro pro Person Flughafen Izmir zum Basmane Platz, 29 km im Taxi, 15 Euro
1. September:	Izmir nach Behram, 251 km in Bus und Taxi, 100 Euro
2. September:	Behram nach Skala Sikamineas, Lesbos (Griechenland), 13 km im Boot, 1330 Euro pro Person plus jeweils 50 Euro für eine Rettungsweste

Griechenland

3. September:	Skala Sikamineas nach Mitilini, 45 km im Auto
9. September:	Mitilini nach Athen, Taxi vom Pikpa Camp zur Fähre, 10 Euro, 420 km mit der Fähre, 60 Euro pro Person
14. September:	Athen nach Thessaloniki, 502 km mit dem Zug, 42 Euro pro Person Thessaloniki nach Evzonoi, 88 km im Taxi, 100 Euro
15. September:	Evzonoi nach Gevgelija (Mazedonien), 2 km zu Fuß

Mazedonien

15. September:	Gevgelija nach Lojane, 201 km im Taxi, 200 Euro Lojane nach Miratovac (Serbien), 3 km zu Fuß

Serbien

15. September:	Miratovac nach Belgrad, 392 km im Bus, 35 Euro pro Person Belgrad nach Horgoš, 200 km im Taxi, 210 Euro
16. September:	Horgoš nach Röszke, 13 km im Bus, 5 Euro pro Person Röszke nach Apatin, 126 km im Taxi, etwa 125 Euro

Kroatien

16. September:	Von Apatin zu Fuß durch die Felder nach Kroatien, dann mit dem Polizeibus in ein kleines Dorf (Name unbekannt) Aus dem kleinen Dorf nach Zagreb, 336 km im Bus
17. September:	Zagreb nach Zumberački, 34 km im Taxi,

	100 Euro Zumberački nach Slovenska Vas (Slowenien), 1 km zu Fuß

Slowenien

17. September:	Slovenska Vas nach Periščе, 4 km im Polizeibus
18. September:	Periščе nach Postojna, 161 km im Bus
20. September:	Postojna nach Logatec, 27 km im Bus Logatec nach Maribor, 159 km im Zug Marigor nach Spielfeld (Österreich), 19 km im Taxi, 5 Euro

Österreich

20. September, Mitternacht:	Spielfeld nach Graz, 50 km im Bus
21. September:	Graz nach Salzburg, 278 km im Zug, 60 Euro pro Person Salzburg zur Saalachbrücke, 8 km im Polizeibus Saalachbrücke nach Rosenheim (Deutschland), 85 km im Bus

22. September:	Rosenheim nach Neumarkt, 220 km im Bus Neumarkt nach Nürnberg, 43 km im Taxi, 50 Euro Nürnberg nach Köln, 429 km im Zug, 115 Euro pro Person
23. September:	Köln nach Dortmund (Flüchtlingsaufnahme), 95 km im Zug, 45 Euro pro Person
24. September:	Dortmund nach Essen, 40 km im Bus
15. Oktober:	Essen nach Wesseling, 89 km im Minibus